KB259753

'동아'
트라우마

'동아' 트라우마

발행일 초판2쇄 2014년 7월 10일 · **엮은이** 유선영 · 차승기

펴낸이 노수준 · 박순기 · **펴낸곳** (주)그린비출판사 · **주소** 서울 마포구 동교로17길 7, 4층(서교동, 은혜빌딩)

전화 02-702-2717 · **이메일** editor@greenbee.co.kr · **등록번호** 제313-1990-32호

ISBN 978-89-7682-773-9 93300

이 도서의 국립중앙도서관 출판시도서목록(CIP)은 서지정보유통지원시스템 홈페이지(http://seoji.nl.go.kr)와

국가자료공동목록시스템(http://www.nl.go.kr/kolisnet)에서 이용하실 수 있습니다.(CIP제어번호: CIP2013001861)

이 책은 2007년 정부(교육과학기술부)의 재원으로 한국연구재단의 지원을 받아 수행된 연구임(KRF-2007-361-AM0005).

나를 바꾸는 책, 세상을 바꾸는 책 www.greenbee.co.kr

아이아 총서 103

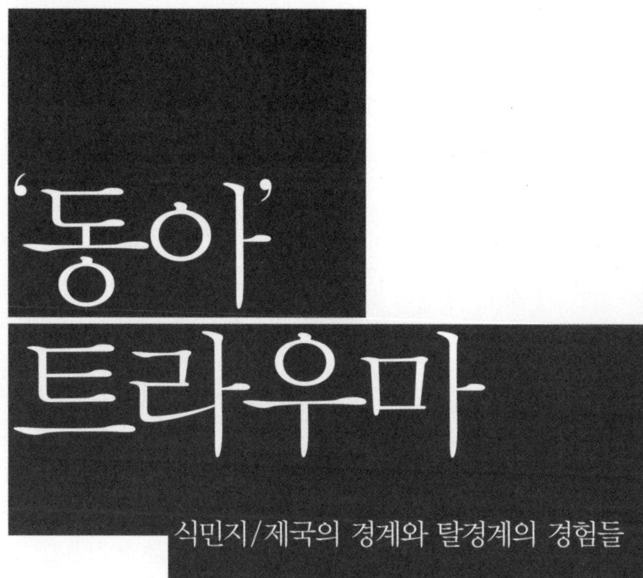

'동아' 트라우마

식민지/제국의 경계와 탈경계의 경험들

성공회대학교 동아시아연구소 기획
유선영·차승기 엮음

그린비

1931년 7월 4일 중국인이 가장 많이 거주했던 평양에서 중국인을 협박, 구타, 힐난하는 등 6건의 경미한 사건이 발생했다. 이때까지 조선에서는 누구도 이 사건들이 다음 날 사망자 119명, 행방불명 63명, 중상자 163명(경무국 발표)의 희생자를 만들 '중국인 대학살'의 예후라고 생각하지 않았다. 7월 5일, 중국인이 경영하는 요릿집 동승루(東昇樓)에 10명의 아이들이 돌을 던지면서 시작된 중국인에 대한 제노사이드(genocide)에는 평양시민 총 1만 여 명이 가담했고, 작게는 7~8명, 많게는 3~400명씩 패를 지어 몰려다니며 중국인 가옥과 상점을 습격하여 진열된 상품들, 집기, 시설물을 부수고 중국인은 보는 대로 때리고 짓밟았다. 만주에서 중국인들이 목욕하던 조선인 4명을 때려죽였다, 대치령에서 30여 명을 몰살했다, 창춘에서 동포 60명이 학살되었다는 등의 유언비어가 삽시간에 퍼지며 군중을 선동했고 폭력성에 불을 지폈다. "유아와 부녀자의 박살 시체가 시중에 산재"했고 갓난아이가 이미 죽은 줄도 모른 채 품에 안고 경찰서로 피신한 피칠갑의 여인은 경찰서에 당도하자마자 실신하기도 했다. 중국인 요정이 모여 있는 대동강변에서 중국인 포목상과 잡화상이 밀집한 서문통까지 폭도들이 부수고 집어던진 집기, 이불, 가구, 상품들로 통행이 불가능할 정도였고 밤 11시쯤 평양의 중국인 가옥과 상점은 전부 파괴되었다. 7월 6일 경찰은 평양시민 1,200여 명을 검거했다.[1] 중국인 학살은 인천, 원산, 서울 등 전국에서 자행되었고 총 142명의 사망자, 546명의 부상자, 410만 원의 재산피해를 내고서야 끝났다. 사건 직후 불안과 공포감에 떨던 중국인 34,000여 명은 귀국길에 올라야 했다.

1920년대 중반 이래 조선으로 단기 혹은 장기 체류 노동을 위해 이주한 중국인 노동자 수는 날로 증가했고, 1932년의 경우 64만여 명의 중국인 노동자가 조선의 관영사업에 고용될 정도였다. 조선인보다 낮은 수준의 임금으로 노동력을 팔 수 있는 중국인 노동자가 유입되면서 생계에 위협을 느낀 조선인 노동자들은 일본으로 만주로 먹을거리, 일자리를 찾아 떠돌았다(마이클 김, 「제국의 경계를 재구성하는 관점에서 바라본 식민지 조선의 중국인 이주 노동자 문제」). 이러한 '반중(反中) 정서'의 여건은 조성되고 있었지만, 평양 중국인 학살사건, 즉 제노사이드의 도화선이 되었던 것은 7월 2일 중국 지린성(吉林省) 창춘(長春)에서 조선인과 중국인 농민들 사이에 일어난 분쟁 사건, 이른바 '완바오산(万寶山) 사건'이었다. 친일파 중국인들이 자신들의 명의로 땅을 조차(租借)하여 조선인 이주농민들에게 임대했고, 벼농사를 위해 밭에 물을 채워 논으로 변경하는 과정에서 인근 중국인 농민들의 밭이 침수되자 이곳저곳에서 집단분쟁이 일어났다. 이에 중국 관청과 일본 영사관이 개입해 분쟁을 진압한 것이 '완바오산 사건'의 전말이었다. 어느 편에서도 다치고 죽은 사람이 없었으나 『조선일보』가 '조선인 농민 다수가 중국인에게 맞아 다쳤다'는 오보를 내면서 이에 격분한 조선인들이 중국인을 상대로 분노

---

1) 오기영, 「평양폭동사건 회고, 재만동포 특집」, 『동광』 25호, 1931.9, 10~12쪽.

와 증오를 폭발시킨 것이다. 그러나 따지고 보면, 또 누구나 알고 있었듯 이 '오보된 완바오산 사건'이 직접적인 도화선인 것은 분명하지만, 중국인에 대한 제노사이드에서 분출된 조선인 군중의 분노와 폭력성은 1920년대 중반부터 만주 이주 조선인들을 상대로 극심하게 자행되었던 중국 관민의 살인과 폭력, 집단학살, 약탈, 재산몰수, 과당징세와 소작료 인상, 추방과 구축(驅逐) 등 일련의 '지난 일들'에 뿌리를 두고 있었다.

이 두 사건은 표면적으로는 한국인과 중국인 사이에 일어난 민족 차원의 적대와 증오, 분노를 지시하지만 실질적이고 근본적인 원인을 제공한 것은 아시아 정복과 제국의 건설을 추진하던 일본이었다. 제1차 세계대전 이후 일본의 중국 대륙 침략 정책이 노골화하면서, 강제병합 이후 중국 관내와 동북부/만주 지역, 러시아로 이주했던 조선인들은 일본의 전위대, 앞잡이, 주구(走狗), 제국주의의 개로 취급받았다. 조선인이 오면 일본의 영사관과 경찰대가 일본 신민 보호를 빌미 삼아 들어오고, 치외법권을 주장하면서 친일 중국인들을 사주하여 땅을 사고, 이를 다시 조선인에게 임차하는 식으로 세력을 확장했기 때문이다. 또 독립운동 및 사회주의 혁명운동에 가담한 '불령선인'(不逞鮮人)들의 검거를 위해 국경을 넘는 일본 군대와 경찰력도 위협적이었다. 중국과 일본의 적대적 국제관계 안에서 일본은 모호하고 불안정하게 조선인의 신분과 정체성을 규정하였고, 중국에서 토지 소유와 경작은 물론 상업적 권리를 필요로 했던 조선인 이주자들은 스스로를 '이등신민'으로 자위하며 만주에서 기회주의적으로 처신하기도 했다. 이렇듯 제국주의와 식민주의가 각인된 지정학적 장소로서의 '동아'(東亞)에서 중국인과 조선인, 조선인과 일본인, 중국인과 일본인의 적대와 증오가 민족 간 폭력 사건으로 배양되고 분출되곤 했다. 그러나 일상에서 이 적대의 감각은 서로에 대한 외

면, 냉소, 무시, 경멸, 무관심, 증오의 감정과 정서로 내면에 자리하였다
(유선영, 「'동아' 트라우마, 제국의 지정학적 공간과 '이등신민'의 정치학」).
평양 폭동 사건은 이 적대와 분노, 재만 동포에 대한 연민과 동일시의 감
정선 위에서 제노사이드 형태로 폭발한 것이다.

　　메이지 유신 이래 일본은 아시아의 강국으로 전환하면서 범아시아
주의 그리고 만주사변을 전후하여 대동아주의를 강변하면서 동양적 왕
도 사상으로 통치되는 아시아에서 보호자가 될 것을 자처했지만 이 제
국과 식민주의의 질서는 일본을 정점에 둔 다민족 국민국가의 질서였고,
왕도질서가 아닌 민족 간 차별과 위계, 분할을 근간으로 한 인종질서였
다. 인종주의에 기반한 제국주의와 식민주의는 동아시아 민족들에게 트
라우마였다. 이 트라우마는 제국주의에 대해서뿐만 아니라 이를 매개로
하여 피억압·피지배 민족 간의 증오와 폭력, 분노와 적대, 슬픔과 원한으
로 분출되었다. 제국의 아시아로서의 '동아'는 민족 차별의 아시아였으
며, 국경을 넘어 이주와 이동을 되풀이해야 했던 아시아 디아스포라들에
게 일본, 제국, 아시아란 자기존엄성에 기반한 사회관계를 파괴했을 뿐
아니라 민족정체성, 생활방식, 세계관과 가치체제에 깊은 상흔과 균열을
낸 트라우마였다는 것이 이 책의 문제 지점이고 사유의 시작점이다.

　　19세기 말 이래 제국주의가 추동한 지구화의 흐름은 식민지에서 제
국으로, 제국에서 식민지로, 식민지에서 다른 식민지로, 나아가서는 제
국의 법역(法域)을 벗어나 미국, 유럽, 남미, 동남아시아 등 이민족의 사
회로 생계를 위해 이주한 수많은 피식민지인 디아스포라를 양산했다. 아
시아에서 일본은 과잉인구 문제를 해소함과 동시에 식민지 개척과 지
배를 위해 척식회사, 개발회사 등의 명칭으로 관변 이민 조직과 기구들
을 조직·운영하였고 거대한 제국의 척식 네트워크를 형성하였다(조정

우, 「'척식'이라는 비즈니스: 식민지 국가기업으로서의 척식회사」). 이러한 제국의 이민기계(migration machines)들을 통해서 또는 개별적인 밀항, 월경, 도주와 도피, 망명의 경로를 통해서 식민지의 신민들은 제국의 '외지'(外地) 또는 그 밖으로 퍼져 나갔다. 그런가 하면 '내지'(內地)로 이동해 간 피식민지인들은 식민지/제국의 사법적·영토적 경계를 넘나들면서 내지의 법·언어·문화 내부 곳곳에 '구멍'을 만들어 내기도 했다. 이 '구멍'은 조선/일본, 저항/친일, 민족/계급 등의 대칭 개념들이 충돌하며 만들어 내는 지배적 담론장에는 가시화되지 않는 예외적인 장소였지만, 그렇기 때문에 또한 같은 내지에 있었던 오키나와인, 대만인 등과 직접 대면할 수 없는 장소이기도 했다. '동아' 트라우마는 일본을 통하지 않고서는 대면할 수 없었던 식민지/제국 체제의 '배치'의 산물이기도 했던 것이다(차승기, 「내지의 외지, 식민본국의 피식민지인, 또는 구멍의 (비)존재론」).

제국의 피식민지인이자 이등신민이 되어 만주로 이주했던 조선인들이 이등민족이 되어 제국의 다민족 인종질서에서 비교우위를 갖고자 했다면, 내지로 이주한 조선인들은 구조화된 차별의 체계 안에서 출신 지역에 따라 대립과 갈등의 분열을 보이기도 했다. 내지로 이주하여 도시 주변에 잡거하면서 비로소 집단적으로 대면하게 된 서로 다른 지역 출신의 조선인들에게 지방주의적 분할선들이 형성되곤 했던 것이다. 출신 지역별로 이주 경로, 이주 지역, 직종에 차이를 발생시키는 식민지-식민본국 사이의 이동 체제가 피식민지인 내부의 지방주의라는 또 다른 분할선을 작동하게 만들었다. 이는 차별을 체계화함으로써 피차별자 사이에 내적인 경쟁을 촉발하는 식민지/제국 통치의 성격을 엿볼 수 있게 함과 동시에, 식민지/제국 체제 내에서의 지역 경계의 변동, 역내 이동에 대한 당국의 관리·조절 및 인구 지배의 동역학을 이해하게 해준다(차승기, 「지방주의의 역사−지정학 : 식민지 시기 내지 이주 조선인들의 지방주의적 갈등」).

제국주의가 초국적 이주와 이동을 추동하는 주요인이 되는 20세기 전반기의 이동 유형 가운데 빼놓을 수 없는 것이 제국에서 식민지로 이동하는 식민자 유형의 디아스포라들이다. 이들은 식민지에서 정복자로 군림하는 동시에 피지배민들과 사적인 관계 또는 친교를 통해 피식민지인이 함께 얽혀 들어간 복잡하고 독특한 내면의 과정을 경험한다. 나카지마 아쓰시(中島敦, 1909~1942)의 소설이 식민지의 저주받고 소외된 인물들을 포착하면서 식민지배에 동화될 가능성이 있는 인물들을 시야의 배면으로 밀어내고 있는 것은 서구와는 다른 일본과 조선의 식민지 권력관계의 특이성을 암시해 준다. 특히 식민지 도시 경성은 피식민지인에게는 끝없이 배회하지 않을 수 없는 공간이지만 식민자에게는 일시적인 방황을 통해 성장하게 하는 공간이라는 점에서, 식민자와 피식민지인은 공존할 수 없는 세계로 분열되어 있었다(이헬렌, 「나카지마 아쓰시의 조선소설 : 식민지 도시공간 '경성'을 중심으로」). 불안, 배제와 차별이 일상화된 피식민지인 디아스포리제이션(diasporization)의 과정은 코즈모폴리터니즘의 정치윤리학을 근대의 윤리학으로 정립하고, 지구의 다른 영토와 민족들에게서 환대받을 권리를 주장하는 서구 백인 및 제국의 이론, 정치철학, 사상, 윤리학과는 아무런 상관이 없다. 다만 그런 이론과 철학을 성립시키는 타자의 자리와 장소에 배치될 뿐이다. 그들은 제국에 동화될 수 없는 비국민/이등신민으로 배치되며, 문명화될 수 없는 야만성과 후진성을 신체에 각인한 인종으로 규정된다. 그들의 초국적 이동성은 문명의 접촉을 통해 문화적으로 진화된 혼종을 생산하는 이동성이 아니라 제국의 음지, 구멍, 바깥, 변경으로 고립되고 숨어드는 이동성이다. 그들은 문명화되는 것이 아니라 어느 공간에서도 주인이 될 수 없는, 자신의 장소를 상실한, 존재의 안정감을 성취할 수 없는 이방인으로 존재한다. 제국의 인종질서와 복수의 분할선의 규정을 받으며, 트랜스내셔널 인류사에서 예외적인 피식민지인 디아스포라로 구성되는 것이다(유선영, 「20세기 전반기, 초국적 이동의 예외로서 식민지민의 이동」).

이 책에 실린 20세기 전반기, 제국 일본을 매개로 혹은 그것을 우회하여 초국적 이동을 생존과 실존의 문제로 선택하게 된 이주자들의 모습과 유형은 제국의 '아시아'('동아')를 트라우마로 경험하게 되는 불안정하고 소외되고 타자화된 피식민지인 디아스포라의 모습이다. '아시아'를 따옴표 안으로 유보시킬 수밖에 없는 것은 그것이 문화적으로 구성된 정치적 상상의 산물이기 때문이다. 이 정치적 상상의 식민주의적 작동으로 인해, 더구나 식민주의 체제가 냉전 체제로 전환된 역사적 시간대 안에서 고착됨으로 인해, '아시아'는 20세기 후반 이후의 자본과 지식과 문화의 전 지구화에 대응하는 지역주의적 사고를 불가능하게 하는 것이 되었다. 군사·영토 분쟁은 물론이고 경제·문화 영역에서 아시아 민족들 간의 적대와 혐오, 반감이 반복적으로 생산되면서, 상상된 '아시아'를 밀어내고 민족을, 민족주의를, 국가주의를 전면화하는 힘이 더 강력히 작용하고 있다. 이 힘은 특정한 조건들과 맥락 안에서 불연속적으로, 우발적으로, 감정적으로 불합리하게 모습을 드러내기도 하고 테러, 폭력, 분쟁과 무관심, 냉소의 형태로 분출하기도 한다. 그래서 식민주의와 제국의 과거 역사는 현재의 일상을 붙들고 있는 퇴행적 힘이다. 당대에 아시아를 재구성하고자 하는 모든 노력과 시도들을 잡아당기는 퇴행적이고 때로는 파괴적인 힘의 역사가 '동아' 트라우마의 역사인 것이다.

　　여기까지가 성공회대학교 동아시아연구소가 인문한국(HK) 프로젝트 '문화로서의 아시아'의 2단계 어젠다 '이동하는 아시아'의 연구를 수행하면서 20세기 전반기(식민주의/제국주의 시기)에서 발견한 '아시아'이다. 이 시기 '아시아'는 제국의 아시아였다. 그리고 제국주의와 식민주의가 트라우마라면 '아시아'도 트라우마일 수밖에 없다는 것이 우리의 결론이다. 20세기 전반기 식민지 조선인, 중국인, 일본인 등이 국경을 넘는 이주를 통해 조우하고 잡거(雜居)하게 되면서 '아시아'는 보통 사람들의 일상이 된다. 그러나 이주를 통해 경험된 '아시아'의 일상은 식민주의와 제국주의가 각인된 분할선들을 따라가거나 가로지르면서 형성된 것이었기에 그 자체로 상처투성이였다. 국경과 민족의 경계를 넘어서고 왕복하는 탈경계성의 경험은 지리적, 인류적, 문화적 차원의 이동이라는 구체적인 행위를 통해 비로소 경험되고 감각된다는 점에서 이동은 경계와 탈경계의 경험 양식이다. 20세기 전반기 '아시아'에서의 경계와 탈경계의 경험을 앞서 규정짓고 있던 것은 다름 아닌 식민주의와 제국주의였다. 폭력적인 분할선들을 온몸으로 관통하거나 우회하거나 가로지른 이주자들에게 '아시아'는 트라우마로 남아 있었다. 따라서 주어진 지리적 인접성에 기초해 만들어지는 단순한 지역주의적 상상으로서의 '아시아'는 여전히 의미가 결여된 기호 또는 정치적으로 과잉된 표상, 그래서 오히려 우리를 과거의 원경험으로 퇴행시키는 힘이다.

전체 집필자를 대신해서

2013년 3월 13일

유선영·차승기

차례

서론 _ 20세기 전반기, 초국적 이동의 예외로서 식민지민의 이동

: 트랜스내셔널 디아스포라와는 다른 식민지민의 예외성

유선영

식민지민의 이주는 식민지민의 시선에서 구성될 때, 즉 돌아가고 연대해야 할 대상인 모국을 상실한 민족의 입장에서 구성할 때, 일반적으로 통용되는 디아스포라 개념과는 다른 이주의 맥락과 과정, 경로가 드러난다. 20세기 전반기의 동화주의, 1970년대 이후 또는 1990년대 지구화론과 트랜스내셔널리즘에서 구성한 코즈모폴리턴과 디아스포라 논의는 식민주의 문제 틀을 상대적으로 약화시킨 채 제국주의와 식민주의 역사가 만들어 낸 초국적 이동과 이주의 문제에서 한발 비켜나 있다. 이 주류의 논의들이 메트로폴리스에서 제국과 중심부의 시선으로 구성된 때문이다. 이 글은 식민지민의 초국적 이동의 역사성은 식민지민의 사례를 통해 다르게 구성되어야 하고 또 이 다름이 아직도 해소되지 않고 있음을 드러내기 위해 쓰여졌다.

초국적 이동의 주류 논의에서 빠진 식민주의

1) 20세기 전반기의 지구적 이동과 동화주의 프레임

19세기 후반 이래 근대의 변화들, 즉 제국주의와 식민주의, 산업화, 도시화의 역사적 동인들은 국경을 넘어 삶의 근거지를 바꾸는 초국적 이주자를 양산하였고 제국주의의 이해관계를 근간으로 한 국제관계도 시공간적으로 확장되고 복잡해지고 다층화되는 초국성(transnationality)을 드러내며 진행되었다. 대양을 횡단하는 지구적 규모의 이주는 최소한 1820년대에 시작하여 1870년대에 비약적으로 급증하였으며 1920년대에 정점을 이뤘다. 이후 민족주의와 국민국가 프레임이 국제정치에 개입하면서 제약이 가해지기 시작했지만 1940년대까지 강력한 산업화를 추진하면서 경제력이 집중된 북미, 유럽, 일본으로의 초국적 인구 이동은 계속되었다. 1846~1940년간 원거리 이민의 주요 흐름은 유럽에서 아메리카 대륙으로, 인도와 남동부 중국에서 동남아시아·인도양 연안국들과 태평양 연안국가로, 동북아시아와 러시아에서 만주·시베리아·중앙아시아와 일본으로 가는 것이었다. 세계적으로 약 1억 5천만 명이 국경을 넘어 이주한 것이다.[1] 20세기 초에 유럽에서 미국으로 매년 1백만 명이 이주했을 만큼 미국, 영국 등 유럽, 캐나다, 남미 등의 일부 지역에서는 인구분포를 바꿀 정도의 집단이주가 이루어졌고, 이러한 민족이동 흐름을 주도한 것은 과잉인구 상태의 중국, 인도, 아프리카, 카리브해 서인도제도인들로서, 그들은 전 세계의 사탕수수 농장, 철도 공사, 도시 건조, 상업에 필요한 노동력을 공급하였다.[2] 이 지구적 이주의 흐름들 안에서 조선인도 일본과 만주를 비롯하여 미국(하와이), 대만, 동남아시아, 중남미 등으로 흩어졌다. 만주의 경우 해방 전까지 약 170~220만 명의 조선

---

1) Adam McKeown, "Global Migration, 1846~1940," *Journal of World History*, Vol.15(2), 2004, pp.155~160.
2) Herbert Samuel, "Immigration", *The Economic Journal*, Vol.15, No.59, September 1905, pp.317~339.

인이 이주한 것으로 추정되며 일본에는 1930년까지 약 100만 명의 체류 노동자 및 정착민이 이주했다.

　대부분의 식민지가 해방을 맞이한 2차대전 종전까지 초국적 이주는 크게 1차대전 종전을 기준으로 하여 전후의 두 시기, 즉 1870~1918년간과 1919~1945년간의 시기로 구분할 수 있다. 이 두 시기는 우드로 윌슨(Woodrow Wilson)의 민족자결주의가 세계의 약소국을 동요시키고, 제국주의를 대체하는 국제연맹 체제로의 전환, 그리고 이런 국제정세의 변화에 대응한 국민국가 프로젝트가 심화되어 간 시기로 특징지을 수 있다. 국민국가 체제로 세계가 완전 재편되기 전, 아직 제국주의 열강의 산업화와 자원 경쟁이 우세한 가운데 국경과 대양을 넘는 인구 이동이 비교적 자유롭고 또 이주자가 시민권을 획득하는 것이 용이했던 1870~1919년 시기와 국민국가 체제와 그 안팎을 이루는 이데올로기이자 세계를 보는 관점으로서 민족주의가 보다 강하게 초국적 이주를 제한하던 1919~1945년 시기로 구분될 수 있는 것이다.[3] 1870~1919년간은 제국과 식민지에서 공히 강도 높은 산업화와 식민주의가 진행된 시기로, 산업화에 필요한 노동력을 식민지에서 충원하는 한편 식민지를 통

---

3) Andreas Wimmer & Nina Glick Schiller, "Methodological Nationalism, the Social Sciences, and the Study of Migration : An Essay in Historical Epistemology", *International Migration Review*, Vol.37, No.3, Fall 2003, Transnational Migration : International Perspectives, pp.155~156 : 위머와 실러는 1차대전 시기 부상한 국민국가 형성 프로젝트를 기점으로 민족주의가 20세기에 걸쳐 초국적 이동을 둘러싼 관점, 제도, 연구와 이론 변화와 어떻게 연관되는지를 정리한 연구에서 초국적 이주를 크게 4단계의 시기로 구분하고 있다. 전후의 두 시기는 1946~1989년간과 1990~현재까지의 기간이다. 1946~1989년간은 냉전기로 국민국가 체제가 영토주의를 기반으로 강화되면서 이동에 제한을 둔 시기로 규정하고 1990년 이후는 탈민족주의와 디아스포라 개념에 근간한 트랜스내셔널리즘의 변화가 진행되는 시기로 구분하였다.

치하는 데 필요한 일정 규모의 자국 인구를 식민지로 이주시키는 식민화가 추진되었다. 따라서 집단 또는 자유 이주가 비교적 자유롭게 이루어졌고 시민권 획득도 이후에 비해 용이했으며 이주자가 모국과 종교적·정치적·사회적·문화적 귀속감 혹은 연대를 유지하는 것이 용인되던 시기이다. 그러나 한편에선 국민국가 기획이 발동하면서 이주자를 자국민과 구분하는 민족주의 프레임이 형성되기 시작한 시기이기도 하다. 이주자의 인종적 및 민족적(ethnicity) 차이를 강조하면서 자국의 영토에서 오랜 세대에 걸쳐 조상과 문화적 특성을 공유하는 국민과 이주자를 구분하는 범주적 분류법이 형성된 것이다. 이런 정세의 변화 속에서 이주자는 점차 자국의 시민권, 주권과 국가를 위협하는 존재로 구성되어 갔다. 1919~1945년간은 민족주의 시각이 강고해지면서 이주자의 차이를 인정하기보다, 그들을 현지 문화에 동화되어야 하는 타자, 소수자, 이방인으로 설정하였다. 동화는 이주자가 국민국가 체제에서 시민권과 국민의 자격을 얻기 위한 요건이었으며 이에 따라 동화론 또는 동화주의는 주류적 관점으로 확립되었다. 하지만 이 시기 주류 동화론은 완전한 동화의 가능성을 고려하지 않았으며 그보다는 이주자를 두 문화 사이에 끼어 있는 경계인(marginal man)으로 설정하는 이중성을 노정했다. 이주자가 본래적으로 가진 종교적·문화적·민족적·인종적 차이를 인정하면서 동시에 동화를 주장하는 사유의 충돌과 모순이 드러나지 않은 채 지속된 것이다.[4]

　　1919~1945년간의 민족주의 프레임이 이주자를 동화론으로 접근하는 한편에서 경계인 개념을 통해 완전한 동화의 불능성을 시사한 대

---

4) *Ibid.*, pp.586~592.

표적인 논자는, 이민국가 미국에서 이주자의 사회통합을 위해 아메리카
니제이션(Americanization)을 이론적으로 뒷받침했던 시카고대학 사회
학파 로버트 파크(Robert Park)이다. 이주자는 현지 사회에 동화해야 하
는 존재이고 동화되었다고 함은 곧 인종, 문화, 민족성 면에서 다른 두 세
계에 걸쳐있는 경계인의 사회적 위치에 도달하는 것이라고 역설한 것이
다. 그가 초국적 이주자를 이방인(stranger)으로 규정할 때, 동화된 이방
인은 불안정한 인성(personality)과 양 세계에 걸쳐 있는 삶의 유동성을
내면화한다고 할 때, 그래서 그는 두 문화의 뒤섞임과 융합을 경험하고
실천하는 문화혼종(cultural hybrid)이라고 정의할 때,[5] 이 경계인은 완
전히 동화될 수 없는 이방인 상태에 머문다고 말하는 것이나 진배없다.
파크의 경계인 개념은 계몽주의의 '환대의 윤리', 즉 서로 다른 문명들의
접촉과 긴장, 갈등을 통해 문명은 발전한다는 (서구 편향의) 문명화론에
토대를 두고 있다.

　　문명화론은 이방인 개념을 정초한 지멜(Georg Simmel)의 사유에
도 초석이 되고 있다. 파크가 현존하는 경계인 유형으로 서구 메트로폴
리스에서 초국적 삶을 유지하는 성공한 유대인을 예로 든 것은,[6] 지멜이
유럽의 금융, 지식, 예술, 상업 부문에서 자신의 이동성을 무기 삼아 성공
한 유대인 코즈모폴리턴을 현지 사회에 공헌하는 이방인 유형으로 제시
한 것의 연장이다. 지멜은 이방인이 두 개 문화에 걸쳐 있기 때문에 현지
사회의 문제들에 대해 토박이들보다 초연할 수 있어 공정하고 객관적일

---

5) Robert E. Park, "Human Migration and the Marginal Man", *American Journal of
　 Sociology*, Vol.33, No.6, 1928, pp.882~883.
6) *Ibid.*, pp.892~893.

수 있다고 주장했다. 또 이주자는 고도의 이동성(초국적 네트워크)을 구현하고 있어 금융이나 중개업, 상업 등 오랜 정착민 생활을 해온 현지인들이 할 수 없는 사회적·경제적 역할(직업)을 수행할 수 있다고 했다.[7] 어느 사회나 필요한 이동성의 요소를 이주자들이 제공하므로 기여적이라는 것이다. 파크는 이 유럽 문화에 동화한 성공한 유대인 코즈모폴리턴에게 경계인이라는 사회심리적 속성을 부여하면서 두 문화 사이에 걸쳐 있는 자의 불안정한 내면과 모순적 감정 상태까지 끌어낸 것이다. 이주 1세대는 모국, 고향과 그곳에 살고 있는 친족과의 관계를 중시하고 고향에서 자신의 사회적 지위를 인정받는 데 의미를 부여하지만, 2세대는 사회적·경제적 성공을 위해 전략적·적극적으로 동화와 적응을 시도하게 된다. 그런 2세대에게서 경계인의 민감성, 과도한 관심과 주의력, 인종의식, 열등감, 원인 불명의 질병, 다양한 보상기제, 타자의 시선에 비쳐진 자신을 바라보는 이중의식(double consciousness)이 혼혈인만큼은 아니지만 더 강하게 나타난다는 연구 결과[8]는, 동화할수록 경계인적 속성을 심화하게 되는 '동화의 역설'을 드러낸다. 그것은 동일성을 요구하면서 차이를 전제하고, 동화되었다고 하면서 충성심을 의심하는 이중성을 내재한 이론이고 정책이다.

　무엇보다 동화주의에서 말하는 동화는 개인 차원에서 이루어지는 변화라는 점을 간과해서는 안 된다. 이주자가 주류 사회에 동화하고자

---

7) Georg Simmel, "The Stranger"(1908), ed. & trans. Donald N. Levine, *Georg Simmel: On Individuality and Social Forms*, Chicago & London : The Univ. of Chicago Press, 1971, pp.143~149.
8) Everett V. Stonequist, "The Problem of the Marginal Man", *American Journal of Sociology*, Vol.41(1), 1935, pp.6~7.

한다면 그는 자신의 민족적 특징과 속성들, 문화와 거리를 두거나 등을 돌려야 한다. 이 순간이 그에게는 자신의 정체성을 선택하는 결정적 순간이며 민족의 일원이 아닌 욕망을 가진 개인 주체로 전환하는 순간이다. 동화론이 겨냥하는 것이 바로 이 성공하고자 하는 욕망을 가진 개인을 민족적 집단에서 분리해 내는 것이다. 파크가 이주 민족의 자기들만의 집단적이고 공동체적인 삶을 동화가 아닌 공생(symbiosis)라고 규정하면서 부정적 편향을 드러낼 때, 동화론이 궁극적으로 민족성을 해체하고 개인화를 도모하는 이론이란 사실이 분명해진다. 그는 미국에서 전통 기모노를 단체복처럼 입고 다니며 외양에 직접적으로 자신의 민족적 식별 표시를 하는 일본인들, 게토에 고립된 채 자기들끼리만 거주하는 유대인들, 주기적으로 이동하지만 현지 사회에는 아무 관심도 없는 집시들은 사회적 관계를 형성하고 문화적으로 섞이는 개인이 아니라 자기들의 민족공동체와 문화를 고수하며 변화를 거부하는 민족의 이름으로만 존재하는 집단들로 규정했다. 그들은 공통의 경제계에서 공존할 뿐 문화적으로도 사회적으로도 섞이지 않는 생활방식, 즉 공생할 뿐이라며 초국적 이주의 바람직하지 않은 사례로 제시한 것이다.[9]

2) 20세기 전반기 코즈모폴리턴과 디아스포라 유형의 형성

이것이 20세기 전반기 지구적 규모의 초국적 이주를 대하는 주류의 시선이었다. 주지하다시피 이는 이주자를 받아들이는 제국과 메트로폴리스의 입장을 반영한 것이며 애초부터 이주자의 시각과 입장은 배제되어 있다. 이주자가 직면하는 세계는 처음부터 불평등하다. 그들은 사회

---

9) Park, "Human Migration and the Marginal Man", p.891.

의 위계 구조에서 가장 밑자리를 차지하는 주변인, 타자, 소수자, 외부자로 존재하며 차별적 현실에 던져진 존재들이다. 세계는, 특히 국민국가 체제는 인종, 민족, 계급, 문화, 젠더 등의 범주를 상호교차시키면서 복잡한 위계 구조를 작동시키고 있고 이주자는 그 불평등한 사회질서 안에서 불평등을 당연하게 받아들이며 새로운 생활을 시작하는 자이다. 이것이 현실이다. 고프먼(Erving Goffman)이 지적했듯이 다른 나라에 이주한 민족 집단은 절대 개인으로 인식되거나 호명되지 않는다. 다만 민족적 자질과 특성에 대한 고정관념(스테레오타입)으로만 인식된다.[10] 이주자는 이름이 없다. 다만 민족이라는 추상적 범주로만 식별되는 존재이다. 지멜이 이주 유대인에게 코즈모폴리턴의 정체성을 부여한 것은 유대인을 개인이 아닌 (유럽인이나 미국인과는 다른 민족적 자질을 가진) 유대인으로만 인식하는 유럽인들의 오랜 편견에 직면했기 때문이다.[11] 그리고 파크가 코즈모폴리턴에게 세계시민의 자유와 정주민이 가질 수 없는 혼종성의 미덕을 부여하는 동시에 경계인의 불안정한 인성 구조도 부여한 것은, 인종, 민족, 문화의 위계적 분류법에 기초해 있는, 영토에 고착된 국민국가의 무의식인 것이다. 이렇듯 20세기 초반 유대인 코즈모폴리턴은 근대적 시공간의 압축을 구현하는, 다시 말해 시대의 변화를 견인하는 고도의 이동성(high mobility)으로 금융, 무역, 상거래, 지식과 예술 방면에서 두각을 나타내는 성공한 이주자의 이념형으로 정립되었다. 코즈모폴리턴이 계몽주의적 세계시민과 근대의 이동성을 결합한 하나의 사회적 유형으로 정립되게 된 것이다.

---

10) Erving Goffman, *Stigma : Notes on the Management of Spoiled Identity*, Englewood Cliffs, NJ : Prentice Hall, 1963, p.14.
11) Simmel, "The Stranger", p.148.

　　이런 가운데 1850년대 하와이 농장 노동자로 시작한 중국인의 (자유)이주 양상을 다룬 1930년대 연구들은, 중국인들이 초기에 영주(永住)를 목적으로 한 정착 이주가 아닌 단기 체류 노동자로 이주했음에 주목한다. 그리하여 이주지인 하와이와 미국이라는 국가보다는 떠나 온 중국의 고향, 친족, 마을공동체와 연결망을 유지하는 한편 고향의 발전과 안정을 물적으로 지원하고 기여하고자 했다. 또 형편이 되면 선물, 기부금과 물품을 가지고 귀향하여 사회적 인정을 받고는 했다. 이주자임에도 고향과의 연대에 더 의미를 부여한 채 차이나타운에 의존하는 체류자 태도로 살아간 것이다.[12] 이는 파크가 말한 문화적으로나 사회적으로 고립된 채 다만 동일한 경제권역에서 필요한 노동력만 제공하며 살아가는 공생의 방식이다. 이런 체류자 태도가 만연했던 것은, 특히 신해혁명(辛亥革命) 전에 이주한 중국인들은 국가나 민족의식이 약한 대신 자신이 태어나고 성장한 고향, 동성(同姓)의 친족과 친지에 대한 관계에 더 의미를 부여한 것과 연관 있다. 친족 관계가 바로 사회적 관계인 동성 공동체에서는 그의 가족 및 가문의 서열이 곧 사회적 지위인데 하와이 체류 노동자라는 지위는 대체로 고향에서 그들이 가졌던 사회적 지위와 일치하지 않았다. 이 지위 불일치 상황이 고향 및 친족과의 지속적 관계 유지 및 연대에 애착을 갖게 한 요인이라는 분석도 있다. 고향에서 유력자, 기부자, 지원자로 대접받고 영향력을 행사하는 것 자체가 이주가 초래한 부재의 시간을 역전시키는 보상으로 간주된 것이다. 그러나 영향력을 유지하기 위해선 하와이에서 성공할 필요가 있었고 2세대, 3세대가 태어나고 자라면서 현지 사회에도 눈을 돌리게 된다. 체류자가 아닌 정착민

---

12) Paul C. P. Siu, "The Sojourner", *American Journal of Sociology*, Vol. 58(1), 1952, p. 34.

의 태도를 갖게 된 것이다. 그리고 불평등에 집단적으로 대처하기 위해 민족 단체를 결성하면서 중국의 국력이 자신들의 삶에 미치는 영향을 깨닫게 되었으며 자연스레 민족의식, 동포 간 연대와 조직화, 그리고 고향이 아닌 고국의 발전과 번성에 관심을 기울이게 되었다는 것이다. 중국인 디아스포라에게 이런 변화가 일어난 것이 1930~1940년대이다.[13]

다시 말해 현지에 동화하면서 고국의 정치적, 경제적 발전에도 영향을 행사하고 기여하는 디아스포라의 양가적 정체성이 형성되게 된 것이다. 중국 근대성의 한 특징을 구현하면서 아시아적 디아스포라의 상징이 된 중국계 디아스포라는 이렇게 구성되었다. 19세기 후반부터 화상(華商)이라는 독특한 초국적 네트워크를 형성하면서 중국적 규범과 문화로 연결된 공동체를 유지함으로써 성공적인 자본주의 문화를 구성하는 한편 중국의 정치·경제에 영향을 행사하는 중국계 디아스포라는 20세기 전반기에 이미 완성되었다고 볼 수 있다. 그러나 이런 중국계 디아스포라도 1990년대 이후의 탈민족주의 프레임에서 보면 다른 국가는 물론 동일 국가 안에서도 경제적, 정치적, 문화적, 사회적 맥락에 따라 서로 차별적인 다양한 유형의 디아스포라로 존재하고 있음이 드러난다. 트랜스내셔널 세계시민의 지향성을 갖기도 하고, 출신 국가의 문화적 규범과 정치경제적 문제들에 더 관심을 갖는 민족주의적 디아스포라로 기울기도 하고 또는 거주하는 지역의 지방성에 더 규정되기도 하는 다양한 유형으로 존재하는 것이다. 이런 차이가 구성되는 것은 그들이 거주하는

---

13) Clarence Glick, "The Relation between Position and Status in the Assimilation of Chinese in Hawaii", *American Journal of Sociology*, Vol.47(5), 1942, pp.667~679 ; Clarence Glick, "Transition from Familism to Nationalism among Chinese in Hawaii", *American Journal of Sociology*, Vol.43(5), 1938, pp.734~743.

사회의 정치, 경제, 문화적 맥락 안에서 생존과 발전을 위해 전략적으로 민족정체성을 선택하기 때문이다.[14]

유대인 코즈모폴리턴과 중국인 디아스포라는 20세기 전반기 초국적 이주자를 설명하고 분석하는 중요한 두 개의 이념형이다. 1930~1940년대에 디아스포라라는 개념은 아직 학술적 개념으로 구성되지 못했지만 중국인 이주자들의 생활양식은 오늘날 트랜스내셔널리즘에서 다루는 디아스포라의 그것이다. 이 연구는 여기서 의문을 갖는다. 20세기 전반기 일본의 식민지배 상태에서 생존을 위해 일본, 미국(하와이), 러시아, 중국을 비롯하여 멕시코 등 중남미, 브라질 등 남미, 일본의 또 다른 식민지인 대만과 만주로 이주했던 식민지민 조선인들의 상황도 코즈모폴리턴과 디아스포라 개념으로 사유할 수 있는가? 일례로 기존의 디아스포라에 대한 정의와 관점을 정리하면서 아홉 가지 유형의 디아스포라를 분류한 한 연구에서, 식민지민이 되어 고국을 떠난 디아스포라 유형은 고려되지 않는 반면 제국에서 식민지로 야망을 이루기 위해 떠난 식민자는 한 자리를 차지하고 있다.[15] 또 디아스포라를 긍정적 및 피해자 유형으로 구분하고 피해자 혹은 희생자 디아스포라 계보에 유대인, 노예무역의 희생자가 된 아프리카인, 터키의 침략으로 세계로 흩어진 아르메니아인, 이스라엘에 의해 쫓겨난 팔레스타인, 기근으로 고국을 떠난 아일랜드인을 나열하지만 식민지민의 경우는 언급하지 않는다. 대신 이런 희생자-피해자 전통은 극복되어야 한다면서 그 이유로 디아스포라는

---

14) William Callahan, "Beyond Cosmopolitanism and Nationalism : Diasporic Chinese and Nationalism in China and Thailand", *International Organization*, Vol.57(3), 2003, pp.481~517.

훨씬 복잡·다양하게 구성되기 때문이라고 주장한다. 일례로 피해자 계보의 원형을 이루는 유대인의 지식, 예술 등 정신 부문의 성취를 비롯하여 미국에서 물질적·정치적 번성을 이룬 아르메니아인, 예술 활동이 활발한 아프리카인, 심지어 팔레스타인인도 고등교육을 받는 등 이주의 긍정적 변화가 있다는 것이다.[16] 이런 식으로 제국주의에 포획된 식민지민의 초국적 이동을 생략하는 것은 공정한가?

초국적 이동을 규정하는 식민주의라는 문제 틀

20세기 전반기 식민지민의 초국적 이동의 성격은 어떻게 규정될 수 있는가? 분명한 것은 제국, 서구, 메트로폴리스, 산업화와 자본의 이동, 국민국가 프로젝트를 반영한 동화론, 코즈모폴리터니즘, 초국적 디아스포라에 대한 기존의 논의들은 식민 상태의 모국을 떠나 다른 나라로 생활 근거지를 바꾸는 식민적 이동의 특수성을 온전히 설명할 수 없다는 사실이다. 그것은 동화론이나 디아스포라 개념이 이주 이후 현지 사회에

---

15) Robin Cohen, "Diasporas and The Nation-State : From Victims to Challengers", *International Affairs*, Vol.72(3), 1996, pp.514~515 : 아홉 가지 디아스포라 유형 중 몇 개에만 해당되어도 디아스포라로 분류할 수 있다고 하였다. ①고국에서 퇴출된 트라우마를 가진 채 적어도 2~4개 나라 이상의 외국으로 흩어진 경우, ②일, 무역, 식민지의 야망을 좇아 고국을 떠난 경우, ③고국에 대한 집단적 기억과 신화, 장소, 역사, 성취를 유지하는 경우, ④선조의 고향을 이상화하면서 그것의 유지, 복구, 안전과 번영을 위해 집단적인 기여를 하는 경우, ⑤귀환(귀향)을 통해 집단적 인정(공인)을 성취하는 경우, ⑥오랜 기간 자기 문화와 역사, 신념, 공통운명체라는 독특함에 기반한 민족적 의식을 강하게 유지해 온 경우, ⑦정주 사회와의 관계가 문제적으로, 충분히 받아들여지지 못하거나 또 다른 불운을 맞이할 수도 있는 상태에 있는 경우, ⑧다른 나라에 정착한 동포 집단에 대해서 공감과 연대의 감정을 갖는 경우, ⑨정주 사회의 다원주의적 관용으로 독특하고 창조적이며 풍부한 생활을 할 수 있는 가능성이 있는 경우.

16) *Ibid.*, pp.512~514.

서의 적응 과정을 다루며 이주 이전 단계 또는 이주 시점의 상황, 이주의 맥락, 요인, 동기, 경로 등은 고려하지 않기 때문에 생긴 간과일 수 있다. 그러나 주지하다시피 식민지민이라는 특수한 세계 내 위상은 이주 이후 의 디아스포리제이션 과정 자체를 규정하는 결정적 심급이라는 점에서 이러한 간과는 문제가 된다.

식민지민의 초국적 이동은, 20세기 전반기 한국[17]을 예로 들면 식민 지에서 제국 본국으로(조선 → 일본), 제국의 법역에 속하는 또 다른 식 민지로(조선 → 대만/오키나와/1931년 이후 만주국), 제국의 영향력이 미 치는 지역/국가로(조선 → 중국/1931년 이전의 만주) 그리고 제국의 영 향력이 상대적으로 미약하거나 어느 국면에서는 적대적이기도 한 국 가/지역으로(조선 → 미국, 남미, 러시아 등) 구분할 수 있다. 이 4개 경로 의 이동은 각기 다른 형태의 식민지민 디아스포라를 형성한다. 전 지구 적 화상(華商) 네트워크에 기반한 중국인의 경우를 트랜스내셔널 디아 스포라의 이념형 혹은 모델로 설정한다면 조선인 이주자들은 여기에 부 합하지 않는 예외를 구성하는 것이다. 일례로 1902년 하와이에 노동 이 주를 시작한 조선인들의 경우, 미주 지역 한인 이주자에 대해 자치정부 역할을 했던 '대한인국민회'(大韓人國民會, 1909)는 청년회, 자강회, 보 국회, 교회, 학교 등 사회단체들과 함께 한인들의 이해를 대변했고 카 퍼 레이드나 회의 등 민족 행사에는 태극기와 성조기를 교차시키는 의례를 확립했으며 두 개 국가의 국기를 교차시킨 이미지를 신분증명서와 배지

---

17) 일제 식민지배하에 있었던 시기의 한국은 조선으로 통칭한다. 광무개혁에서 국호 대한제 국이 선포되었고 식민 시기에도 일부 한국, 대한국인, 한국인이라는 명칭이 사용되었으나, 국제적으로나 조선 내지에서 통용된 명칭은 조선이었다. 따라서 문맥에서 식민 시기를 특 정하는 경우 조선으로, 그렇지 않은 경우 한국으로 표기한다.

에도 각인했다.[18] 자치 수준의 사회단체 활동은 미국 행정기관 및 정부의 지지와 협력이 필수적이었고 식민지민으로서 일본이 아닌 미국에 의존하면서 빠르게 현지화와 동화가 진행될 여지가 있었다. 물론 국권 상실의 민족적 감정은 해외 독립운동 세력에 대한 지속적인 지지로 표출되었으나 중국인과 달리 한국인은 당장 충성하고 귀속되어야 할 고국이 부재한 데다 거리가 멀었고, 일제의 검열과 감시의 시선을 피해 고향이나 연고지에 대한 경제적·정치적 영향력을 행사하는 데 한계가 있었다. 식민지민에게 고국과 이주국가 사이를 오가는 디아스포라의 생활방식은 애초부터 장벽이 높았고 때로는 불가능했다.[19]

식민지민이라는 존재 조건은 일본과 중국으로 이주한 조선인 이주민의 정체성 차이에서도 드러난다. 제국 일본으로 간 경우 이주 한국인들은 1세대부터 이미 한글 능력의 약화가 시작되었고 전반적으로 민족정체성이 약하고 부정적인 데 반해 중국의 한국인들은 문화적 자율성과 긍정적 민족정체성을 나타냈다. 이 차이는 식민지민의 신분으로 제국 일본으로 이주한 경우와 비교적 고립을 유지하며 민족공동체를 발전시켜 온 중국의 경우가 빚어내는 차이라고 할 수 있다. 이주자를 받아들이는 정책, 이주 상황, 모국과의 관계, 집단 거주지의 확보 여부의 차이가

---

18) 목수현, 「디아스포라의 정체성과 태극기: 20세기 전반기 미주한인을 중심으로」, 『사회와 역사』 86집, 2010, 47~79쪽

19) 1926년 6월 딸과 함께 미국 하와이를 방문한 사회주의자 허헌은 약 7천 명의 조선인들이 거주하는 호놀룰루에서 민단 관계자등의 환영을 받았으며 약 10일간 체류하면서 각지로 다니며 수십 차례의 강연을 행하였다. 하지만 기사에 무슨 주제의 강연을 했는지에 대해서는 일체 언급하지 않았다. 이는 일제의 검열과 감시체제하에서 미주 조선인들과 식민지 조선인들이 자유로운 교류가 가능하지 않았음을 방증한다. 허헌, 「세계일주기행(1신): 태평양의 怒濤 차고 황금의 나라 미국으로! 布哇에 잠시 들러 형제부터 보고」, 『삼천리』 1호, 1929.6, 6~9쪽.

다양한 디아스포라 유형을 만들어 내는 것은 분명하지만,[20] 이 디아스포라의 다양성을 규정하는 데 식민지민이라는 '세계 내 위치'를 '간과'하는 것은 오류인 것이다. 식민지배하에서 전반적인 소작농 붕괴 현상이 가속화되는 한편 저임금 중국인 노동자들이 대거 조선으로 이주하면서 땅과 일자리를 잃은 이농자들은 일본과 만주 지역으로 이주할 수밖에 없었다. 일본행을 택한 조선인들은 일자리를 찾는 노동이주가 주를 이루어 광부, 토목, 인부, 짐꾼, 직공 등 일용직의 '저열한 노동력'에 종사했고[21] 농민은 30%가 채 안 됐으나 중국에서는 90% 이상이 농업에 종사하였다.

식민지민의 이동을 추동한 것은 지구화 이전에 제국주의와 식민주의이며, 자본(금융)의 이동 같은 고도의 추상적 이동성을 구현하는 이동이 아닌 저렴한 미숙련 노동력을 필요로 하는 제국과 자본가의 필요에 순응하거나 강제되는 이동성이고 멀리서라도 충성하고 기여할 모국을 상실한 이동이다. 그들은 유대인 코즈모폴리턴이 금융과 무역 부문에서 역량을 발휘하는 것과 달리 만주처럼 대규모 경작 사업이 진행되는 곳에서는 90~95% 정도가 농업에 종사하고 일용직 근로자, 무직자가 되거나 4~5% 정도가 상업과 유흥업(숙박, 음식, 요리집, 매약업[아편])에 종사했다. 은행 등 사무직이나 관직은 극소수에 그치는 형태로 재배치되는 것이다.[22] 그들은 어디를 가도 식민지민의 한계와 제약에 구속되며 제국의 법역 안에 머물 경우 이등 혹은 삼등 신민의 소외와 주변부성, 불안정성에 포획된다. 그들은 개인으로 인식되지 않으며 식민지 민족성, 인종

---

20) Min Pyong Gap, "A Comparison of the Korean Minorities in China and Japan", *Migration Review*, Vol. 26(1), Spring 1992, pp. 4~21.
21) 김광열, 『한인의 일본이주사 연구: 1910~1940년대』, 논형, 2010, 52~54쪽 참조.
22) 박성진, 「만주국 조선인 고등관료의 형성과 정체성」, 『동양정치사상사』 8권 1호, 2009, 216쪽.

적 특징, 문화적 지체와 열등성의 범주로 규정되는 낙인찍힌 타자로 존재한다. 고급 엘리트의 관문인 고등고시에 합격해서 고위급 관료의 길에 들어서도 식민자의 경멸의 시선과 현실의 차별을 감수해야만 한다.[23] 그를 규정하는 것은 제국에 성공적으로 동화한 개인이 아니라 식민지민이라는 민족적 표식이다. 물론 식민지민의 '식민적 이동'도 일반화할 수 없다. 식민화 이후 미국, 중국, 일본으로 이주한 한국인들의 민족정체성, 문화, 심리적 기제가 달랐던 것처럼 국가, 장소(지역), 인종주의와 문화는 물론이고 이주민의 직업, 근대성의 정도, 현지 동화의 적극성이나 필요에 대한 인식, 민족의식 등에 따라 차별적인 이주자 유형을 형성하는 때문이다.

제국의 또 다른 식민지로 이동한 식민지민의 특수한 사례

앞의 네 가지 식민지민 이주 유형 혹은 경로 중 2개 유형을 포괄하는 경우가 바로 만주로 이주한 조선인들이다. 청일전쟁과 러일전쟁에서 승리한 일본이 세계정세에서 강자로 부상하는 과정은 그대로 조선의 국경과 인접한 중국 둥베이 삼성(東北三省: 지린吉林성, 랴오닝辽宁성, 헤이룽장黑龙江성) 지역, 즉 만주의 정세 변화에 반영되었다. 일본의 치외법권 지역에서 다시 식민지로 귀속된 만주의 사례는 '식민지민의 초국적 이동을 규정하는 제국주의와 식민주의'의 문제의식을 구체화할 수 있을 뿐 아니라 식민지민 이동의 일반화할 수 없는 특수성을 추출해 낼 수 있다는 점에서 주목할 필요가 있다. 조선인의 만주 이동은 1932년 만주국 건립

---

23) 같은 책, 213~238쪽.

을 전후한 두 시기로 나누어 보는 것이 분석적으로나 실질적으로 유용하다. 20세기 들어 일본과 중국 간의 세력 변화, 만주를 둘러싼 국제정세 변화, 일본 제국주의에 대한 중국 사회의 대응과 민족주의 부상 등의 변화와 맞물려 매우 복잡하고 역동적인 양상으로 이동이 전개되었기 때문이다. 동시에 간과해서 안 될 점은 만주의 조선인이야말로 식민지민 디아스포리제이션의 한 '예외적 역사성'을 보여 준다는 사실이다.

만주 이동에 내재된 식민주의의 예외적 혹은 특수한 역사성은 다음과 같은 요인들에 의해 구성되고 있다. 첫째 만주는 19세기 후반에 이미 간도(젠다오, 間島) 일대가 조선인에 의해 개간되어 있었고 병합 직후 1910, 1920, 1930년대 조선인들이 각기 다른 동기로 다수가 이주한 지역이다. 1945년 무렵 170~220만의 조선인들이 거주한 것으로 추정되었다.[24] 둘째, 중국-일본의 대립 관계로 인한 긴장이 조선인 이동의 성격을 직접적으로 규정했다. 즉 중국-일본-서구 열강의 삼각 축이 교차하면서 만들어 내는 복잡한 국제정세 안에서 조선인의 이동의 성격과 삶의 질, 이동선(移動線)이 규정되고[25] 조선인의 사회적 지위 및 민족정체성의 구성도 때로는 적대적이고 분열적인 제 민족들과의 관계 속에서 이루어졌다.[26] 배일(排日) 민족주의가 부상하는 중국에 일본의 신민(국적자) 자격으로 이주하는 것 자체가 조선인의 삶을 지속적인 위기로 내모는 상

---

24) 1945년 한반도 이외의 해외에 거주한 조선인은 총 4백만 명 정도로 추산된다. 일본에 210만 명, 중국 전역에 170만 명(만주는 160만 명), 소련 20만 명, 미국 및 기타 지역에 약 3만 명이 흩어져 있었다. 식민 시기 조선인의 해외 유출이 전체 인구의 1/6에 달할 정도였던 것이다(김광열, 『한인의 일본이주사 연구: 1910~1940년대』, 14쪽): 야마무로 신이치(山室信一)는 1945년 재만조선인이 216만 명에 달한 것으로 추산한다(야마무로 신이치, 『키메라: 만주국의 초상』, 윤대석 옮김, 소명출판사, 2009/2004, 341쪽).
25) 김원수, 「간도 문제와 간도협약의 글로벌 히스토리, 1907~1909: 전 지구적 국제관계와 연관하여」, 『사회과교육』 49(1), 2010, 71~82쪽.

황이었던 것이다. 셋째, 만주와 조선 모두 일본의 지배하에 있었지만 독립국가를 표방한 식민국가 만주국에서 일본 국적의 또 다른 식민지인으로 살아간다는 것은 전혀 새로운 상황이고 경험이다. 일본은 만주국에서 일본인을 중심에 두고 주변에 다른 민족들을 배치하는 구도, 즉 인종주의를 기본 정책으로 구현했고 공식적으로건 비공식적으로건 은밀하게 민족들 간 분열과 대립, 긴장을 연출했다.

일본의 내선일체론과 황국신민론에 기대어 이등신민의 지위를 보장받고자 했던 조선인의 주체성과 민족정체성은 복잡성, 다층성, 유동성을 내재할 수밖에 없었다. 또 다른 식민지에서 소수민족으로 전락한 상태에서 타민족에 대해 상대적으로 유리한 위치에 서고자 하며 이에 부응하는 민족정체성의 서사와 담론 체계를 만들어 갔다. 이 차별적인 민족과 민족성의 위계 구도 안에서 차이들은 더 민감하게 경험되며 주체를 재구성하는데, 이 민족 간 차이에 대한 민감성과 전략적 대응이 어떤 양태로 진행되었는지를 보여 주는 것이다.[27] 넷째, 만주로 이주/이동한 조선인이 직면한 현실도 단일하지 않았다. 우선 거주지가 도시인가 농촌인가에 따라 직업, 사회관계, 문화생활에 차이가 있고 친일과 항일/배일의 축으로 갈라지기도 하며, 중국 귀화자와 절반 가량의 무적자, 그리고 이

---

26) 만주국은 한(漢)족, 만주족, 몽골족, 일본인, 조선족, 회(回)족, 러시아아인이 만주인으로 통합되는 복합민족국가를 표방했다. 이 제 민족들과의 관계가 곧 식민지인 조선인의 자아 및 민족 정체성을 제 민족 간의 역학 관계 안에서 구성하도록 조건 지으면서 정체성 문제를 더 정교하고 민감하게 받아들이게 한다. 윤휘탁, 「만주국의 2等國(公)民, 그 실상과 허상」, 『역사학보』, 제69집, 139~140쪽.

27) 장용경, 「'조선인'과 '국민'의 간극: 전시체제기 내선일체론의 성격과 조선지식인의 대응」, 『역사문제연구』 15호, 2005, 279~300쪽 ; 김명구, 「중일전쟁기 조선에서 '내선일체론'의 수용과 논리」, 『한국사학보』 33호, 2008.11, 371~402쪽 ; 민경준, 「만주국 조선인의 '황국신민'관 : 1930년대 후반을 중심으로」, 『역사와 경계』, 72호, 2009, 1~41쪽.

중국적자로 갈라지기도 한다.[28] 민족주의와 식민주의의 스펙트럼 안에서 서로 이해관계와 지향점이 다른 집단들로 분화되는 것이다. 이 분화는 만주의 조선인 디아스포리제이션 또한 일반화할 수 없음을 의미한다. 만주로 이동한 조선인이야말로 자아 및 민족 정체성의 가장 복잡하고 분열적인, 그리고 그 어느 경우보다 생존을 위한 개인의 선택을 강도 높게 요구하는 극한 상황에 놓여 있었다고 할 수 있다면, 이 분열의 지점에서 이동을 규정한 식민주의의 문제 또한 선명하게 드러날 수 있을 것이다.

1931년 만주사변 전까지 조선인은 중일 간 외교분쟁 사안이었다. 일본이 만주의 '불령선인'(不逞鮮人) 토벌과 친일 조선인 단체를 조직하는 데 주력한 것이다. 만주국 건국 이후에는 만주 국민 형성 프로젝트인 오족협화론(五族協和論)에 기반해서 조선인을 일본 국적자이자 만주 국민으로 순치하고자 했다. 만주에서 조선인이 처한 상황은 중국의 문호개방(1883) 이전의 쇄국 시기, 묵허(默許) 시기(1883~1890), 환영 시기(1890~1910),[29] 제한 시기(1910~1926), 배척 시기(1927~1931), 일제의 정책적 이주(식민) 시기(1932~1945)의 여섯 시기별로 달라졌을 정도로 조선인 이주자들은 촉박한 정세의 변화 속에서 안정적 일상을 구축

---

28) 『매일신보』 1937.3.7(2)에 의하면 총독부는 만주 거주 조선인 전체 100만 명 중 70%인 70만 명을 무적자로 추산했다. 하지만 『조선일보』 1933.10.6(2)는 전체 150만 명 중 70만 명이 무적자라고 보도하였다.

29) 이를테면 1910년대까지만 해도 조선인과 중국인의 관계는 친목하는 편이었다는 평가가 주를 이룬다. 중국인이 조선인을 약자로 대하고 조선인도 정치적으로 중국에 대해 다른 나쁜 의도가 없어서 중국 관헌도 폐해가 있고 경멸의 태도도 있었으나 그다지 자심하지 않았다는 것이다. 또 쌀농사를 도입하고 황무지를 개간하는 조선인의 역할도 긍정적으로 받아들였다는 것이다. 「남만의 조선인: 지나인과의 交誼」, 『매일신보』 1915.12.2(1) ; 「최의창, 渡滿 2개년 소감」, 『매일신보』 1920.6.18(1) ; 「만주의 조선인」, 『매일신보』 1919.6.5(1) ; 「남만의 조선인: 지나관헌의 태도」, 『매일신보』 1915.12.1(1).

하기 어려웠다.[30] 1920년대에는 일본의 중국 침략의 앞잡이, 제국주의의 전초대, 일본 관헌의 개, 병균으로 규정되어 중국 관민의 혹독한 학대와 폭력, 테러에 노출되고 축출의 위협에 시달려야 했다.[31] 항일 조선인(불령선인)에 대해서는 우호적이었으나 이들을 검거하기 위해 일본 경찰과 군대가 국경을 넘어오는 일이 빈번하여 중일 간 외교분쟁이 지속되었다. 중국에서 조선인이 축출되고 착취와 폭력에 시달린다는 동향은 거의 매일같이 조선의 신문과 잡지를 통해 보도되었고, 재만조선인의 문제는 전 조선인 사회의 동정과 연민의 대상이었으며 재난과 재앙, 기아와 빈곤, 비적의 습격에 죽어 가는 재만동포를 구제하기 위한 성금 모금, 항의성명, 구휼물품 보내기 운동 등이 이어졌다. 조선 사회에서 재만동포의 고통은 일본 식민주의의 희생자 이미지를 극대화하였으며 제국주의 침탈로 인해 세계를 유랑하는 약소민족의 비참을 환기시키는 은유였다. 재만동포를 향한 동정과 공감의 감정선 위에서 1931년 평양과 인천 등지에서 중국 화교에 대한 집단학살 사건이 촉발된 것이다.[32]

식민지민의 이동운동(colonial locomotion)

1910~1920년대까지는 대체로 자유이주 형태로 국경을 넘는 조선인이

---

30) 박영석,「일제하 재만한인에 대한 중국 관헌의 박해 실태와 국내 반응 : 1920년대 재만동포 옹호활동을 중심으로」,『한국사연구』, 14호, 1976, 118쪽.
31) 「간도재류 선지인의 태도 : 일본관헌 있는 곳에 거주하는 사람은 일본의 개(犬)라고?」,『조선일보』 1921.3.15 ;「만주의 조선인 배척 문제」(사설),『조선일보』 1925.5.23 ; 김우평(金佑枰),「내가 본 재만동포문제 해결책」,『동광』 24호, 1931년 8월, 14쪽 ; 신언준(申彦俊),「재만동포문제에 대하야 협의회 조직을 제창함」,『동광』 26호, 1931년 10월, 7~9쪽.
32) 박영석,「일제하 재만한인에 대한 중국 관헌의 박해 실태와 국내 반응 : 1920년대 재만동포 옹호활동을 중심으로」.

많았다. 특히 1910년대는 일제 식민지배를 벗어나기 위한 정치적 이유,
해외에서의 독립운동을 염두에 둔 망명에 가까운 이주 행렬이 이어졌다.
『매일신보』(1913.4.28)가 "고토를 기(棄)하기를 밥먹듯이 하여 무한 고
초를 자초하는 가련한" 조선인을 일본의 "신정(新政)에 대한 미신(迷信)
을 믿고 노인과 아이를 데리고 천리이역으로 분분히 도망하여 위험굴
(危險窟)에 자투(自投)하는" 것으로 지탄할 정도였다.[33] 1915년 만몽협
약(滿蒙條約) 체결 이후 일본은 태도를 바꿔 만주, 몽고 진출을 염두에
두고 조선인을 전위대 삼아 침략하려는 의도를 드러내면서 "조선인의
고토, 황무지 개척"[34] 운운하며 간도 조선인에게 주목한다. 그리고 중국
관헌의 핍박을 받는 일본 신민을 보호한다는 명분으로 영사관을 설치하
고 관헌의 보호, 조선인 조합, 조선인민회, 금융 단체 등 민족 단체 설립
에 주력한다.[35] 일례로 1911년부터 총독부가 인사 및 재정지원으로 구축
하기 시작한 조선인회는 독립운동가와 이주 조선인 사이를 이간하기 위
한 목적을 가졌으며 독립운동 조직에 대항하여 사찰을 중요 업무로 하
는 친일 단체였지만 겉으로는 제국신민 조선인의 친목, 단결 도모, 지식
개발, 생활양상을 표방하였다.[36]

　　1910년대 정치적 이유로 이주한 지식인, 양반층, 중산층 민족주의
자와 농민들은 '불온사상'을 가진 불령선인으로서 조선에서는 거주도

---

33) 「만주 이주인이여」(사설), 『매일신보』 1913.4.28.
34) 「만몽과 조선인」(사설), 『매일신보』 1915.6.17.
35) 김태국, 「남만 지역 조선인회(1913~1931)의 설립과 변천」, 『한국근현대사연구』 17집, 2001
　　여름호, 7~44쪽 ; 김주용, 「1910~1920년대 남만주 친일 조선인 단체 연구」, 『한국독립운동
　　사연구』 24집, 2005, 315~342쪽.
36) 김광재, 「'상해거류조선인회'(1933~1941) 연구」, 『한국근현대사연구』 35집, 2005 겨울호,
　　142~188쪽.

활동도 불가능했다는 점에서 정치적 망명이었고 더 나은 생활을 목표
한 것이 아니었다. 다시 말해 정치적인 동기이든 순수하게 경제적인 이
유이든 식민지민의 이동은 더 나은 삶을 위한 자유로운 선택(자유이주)
이기보다 동물이 환경과 기후의 변화에 맞춰 생존을 위해 시도하는 운
동이나 서식지 이동, 곧 이동운동(locomotion)과 유사한 점이 있다. 일
본으로의 노동이주, 하와이와 멕시코의 사탕수수 농장노동자, 만주로 떠
난 조선인 농민의 이동은 생존에 필수적인 일자리와 농사지을 땅을 찾
고 식민자의 착취와 억압, 생명의 위협으로부터 벗어나기 위한 이동이었
다는 점에서 먹이와 종족보존을 위한 동물의 이동운동과 본질적으로 다
르지 않았다. "초근목피를 뜯어도 못 살아서 ""먹을 것 입을 것이 없어
기아선상에서 골은 배를 움켜쥐고 졸라대는 철모르는 어린 자녀들을 앞
세우고 살 곳을 찾어 동서로 방황하는 궁민"[37]들에게 이민은 기회의 땅
이 아니라 살기 위한 선택이었다. 동물은 생태계 안에서 먹이, 생식, 그리
고 천적에 대한 방어를 위해 이동한다. 동물들이 서식지의 자연적 및 물
리적 환경에 적응하기 위해 자신의 근육계와 골격계를 진화시키면서 이
동운동을 계속하는 것과 의식주를 마련하기 위해 익숙한 환경, 태어나
고 자란 장소, 이웃과 공동체, 언어를 바꾸는 것의 본질적인 차이는 없다.
인간은 모국과 고향, 그리고 자신에게 친숙한 장소와 친족, 이웃과의 관
계를 통해 생존과 생활에 필요한 물질적이고 사회적이며 감정적인 자
원을 공급받아 왔다는 점에서 인간적인 이동인 것이 다른 점일 뿐이다.
몸의 기관을 사용해서(걷기), 다른 동물을 이용해서(기차-배), 몸의 형

---

37) 「설중의 이민열차 눈물싣고 남만주로」, 『동아일보』 ; 「횡설수설」, 『동아일보』 1936.4.28 ;
　　「횡설수설」, 『동아일보』 1936.5.10.

태를 바꾸거나(신분위장, 무국적, 귀화 등), 환경요소들을 이용하면서(이 중어 사용, 증명서 위조, 밀항, 도강) 서식지를 이동한다는 점에서 그리고 이런 이동운동을 통해 신체기관과 부속지(附屬肢)의 변형(모국어의 상실, 혼혈, 문화혼종, 정체성 변화)이 일어난다는 점에서 이동운동형 이동 (locomotive mobility)으로 규정할 수 있는 것이다.[38] 다시 말해 이동운 동형 이주가 식민지민 이주의 특성이고 곧 식민적 이동의 한 유형을 구성한다. 간도 룽징(龍井)에 거주하는 익명의 필자가 『삼천리』에 기고한 간도 동포의 월강 동기에 대해 피력한 소견은 이러한 이주 조선인의 상황을 직설하고 있다.[39]

간도 동포의 越江 동기는 고토 강산이 염증 나서도 아니고 영토적 야심도 아니고 오로지 먹을 것, 입을 것, 즉 의식주의 궁빈으로 인해 부득이 남부여대하야 달낭달낭 바가지만 차고 드러 온 것이 多부분 아니 전부라 해도 과언이 아니다. …… 간도에서도 인적 드문 오지로 수초를 따라, 중국인 소작농으로 피와 땀으로 땅을 파가며 근근히 연명하는데 이중삼중의 정치적 압박과 경제적 착취로 피난동포…….

1924년 3월 『동아일보』는 6회에 걸쳐 「쫓겨가는 조선인」 기사를 연재하면서 인구 과잉의 상태에서 일본인 38만 명이 이주하여 그 두 배인 74만 명의 조선인이 국외로 쫓겨 나갔다고 개탄한다. 만주 이주사는 300년에 이르지만 본국의 생활난이나 세력침해 때문에 이주한 것은 최근의

---

38) 브리태니커 백과사전 "locomotion" 참조.
39) LCH, 「於龍井」, 『삼천리』 4권 8호, 1932. 8, 52~54쪽.

일이며 약한 자가 더욱 약해지는 형세에서 어쩔 수 없이 만주 이주를 결행한 것이라고 역설했다. 그리고 중국인의 미움을 피하기 위해 국적을 바꿔야 하고 중국옷을 입고 중국 관헌의 가렴주구에 시달리는 조선인의 정황을 '사회적 고통'으로 규정했다.[40] 이렇듯 조선인의 일본, 만주, 러시아 이주는 조선 사회에서 식민 기간 내내 고난의 서사, 피해자 서사, 희생자 서사로 다루어졌다. 식민화, 일본인의 조선 이주, 그로 인해 타국으로 '쫓겨가는 피해자' 정서는 현지에서 이주 동포가 당하는 차별, 학대, 착취, 폭행, 집단폭력, 축출, 재난, 기근, 학살 등의 동향에 집단적으로 민감하게 반응하게 만들었다. 식민지가 된 고국을 선택의 여지가 없어 떠난 이주자와 남아 있는 조선인 간에는 물리적이고 경제적인 네트워크가 아닌 공감각의 감응(感應) 네트워크가 밀도 있게 일상에서 작동하고 있었던 것이다.

1930년대 들어 일제는 만주 개발과 경작지 개간을 위해 조선인의 집단이주를 대대적으로 시행하였다. 수해, 가뭄 피해를 본 이재민도 임시열차를 편성해 만주로 보냈고 이들 이재이민(罹災移民)은 "산천이 가려서 보이지 않을 때까지 눈물을 뿌리며" 이민열차에 올랐다.[41] 1930년대 중후반 한 번에 1만 4천 명을 이주시키던 시기의 신문 기사는 기차역과 기차 안에서 이주자와 남은 가족들이 흘리는 '눈물'을 키워드로 한 식민지민의 이민서사를 생산하였다. 이민훈련소에서 이민열차 타는 법을

---

40) 「쫓겨가는 조선인」(연재), 『동아일보』 1924.3.25.~3.30 ; 「이민정책과 조선인민의 원한」, 『동아일보』 1920.5.25.

41) 「1천여 명 罹災移民 임시열차로 출발」, 『동아일보』 1934.10.19 ; 「朝鮮災害와 그 대책 검토 (2)」, 『동아일보』 1936.8.18 ; 「동아단평」, 『동아일보』 1936.8.21 ; 「금수강산 뒤에 두고 雪程만리 바라보며 3차 罌口행이민」, 『동아일보』 1934.11.6 ; 「낙동강안 災民 中 천오십명을 수송」, 『동아일보』 1934.10.14.

배운 후 "눈물 실은 이민열차", "완연지옥상태의 이민열차", "고동소리도 구슬픈 이민열차"에 승차하면서 피해자와 약자인 식민지민 이민서사가 시작되는 것이다. "정든 고국을 등지고 떠나는", "정든 고향과의 작별", "단장의 이별", "남부여대"(男負女戴), "기적일성애별리"(汽笛一聲哀別離), "하염없이 흐르는 눈물", "참담", "비창", "누해"(淚海), "이한"(離恨), "사향루"(思鄕淚)[42] 같은 눈물서사가 전형으로 자리 잡았다. 이민이 필요에 의한 선택이 아니라 "눈물로써 떠나는 비애"라는 시대감각의 공유가 있었기에 "눈물 실은 이민열차" 같은 수사가 정형화된 것이다.

"눈물 실은 이민열차"는 이민이 "민족력(民族力)의 팽창도 아니고 현재의 공허를 위해서 백년의 장래를 위해서도 든든치 못한"[43] 것이라는 피해자 의식, "떠나는 사람도 우울하고 보내는 사람도 격려의 말이 없는" 암묵적 저항감을 표상했다.[44] 식민지민의 이민은 이주를 추동하는 식민지의 조건을 고려해야 하는 이유이다. 식민지민이라는 요인은 현지에서의 생활도 규정한다. 1931년 지린 지역 6개 현 29개 촌락에 산재한 조선 개척민 201가구에 대한 현지조사 결과는 이를 방증한다. 조사 가구 중 이주 요인을 정치적 억압 때문이라고 밝힌 7인을 제외하곤 전부가 경

---

42) 「아듸아우! 고국산천!! 눈물실은 이민열차 3일간에 천 명 출발」, 『동아일보』 1936.4.30 ; 「설중의 이민열차 눈물실고 남만주로」, 『동아일보』 ; 「눈물 실은 이민열차 540명 又 출발」, 『동아일보』 1936.4.26 ; 「汽笛一聲哀別離 이민열차맥진 150호 송정역 출발」, 『동아일보』 1938.3.29 ; 「이민열차 餞別로 淚海이룬 밀양역」, 『동아일보』 1936.4.27 ; 「이민열차는 완연지옥상태」, 『동아일보』 1937.10.24 ; 「이민군의 가는 곳」, 『동아일보』 1934.10.22 ; 「陽春의 고국 등지고 떠나가는 육백 이민」, 『동아일보』 1936.3.30 ; 「횡설수설」, 『동아일보』 1936.5.2 ; 「천육십 명의 이민」, 『동아일보』 1936.5.2 ; 「북으로 가는 동포들께」, 『동아일보』 1936.4.28 ; 「황해도 내 농지 찾어 이송되는 5백여 재민」, 『동아일보』 1934.12.2.
43) 「횡설수설」, 『동아일보』 1936.5.1.
44) 「횡설수설」, 『동아일보』 1936.3.11.

제적 이유를 들었다. 조선에서 전 재산을 처분해 여비로 쓰고 간신히 중국에 도착하면 열에 아홉은 무일푼 상태로 중국인 지주 밑에서 첫 1년은 거의 농노와 다름없는 생활을 한다. 약 80%의 가구는 중국에 들어온 후 3~7회의 이동을 거듭한 상태이며 거의 대부분인 198가구가 또다시 다른 곳으로 옮기길 희망하고 있었다.[45] 만주를 '되땅', '오랑캐골'이라고 비칭(卑稱)하면서도 일부 조선인은 여기가 낙토고 생활의 나라라는 태도를 간간히 드러내기도 하는데, "고국은 기한(飢寒)에 시달리던 지옥"이었던 지난 날을 기억하는 때문이다.[46] 조선인들은 "조선에서 녹아웃 당한 생활전선의 참패자로서 국력에 기대 조직적으로 이루어지는 대부대의 이민과는 근본적으로 다른, 세계이민사상 그 유례가 없는 참담"을 연출한 이주자들이었다.[47] 이는 일자리를 찾아 산업화에 박차를 가하는 일본으로 이주한 노동자들 경우에도 예외가 아니었다. 1차대전의 전시경제체제하에서 호황을 누린 일본 기업들이 조선에서 모집해 간 조선인 노동자 1만여 명이 종전 후 경제가 위축되자 정리해고되었으나 여비가 없어 귀국하지 못하고 참담한 지경에 있음을 보도한 신문 기사는 만주이민에 대한 것과 마찬가지로 '비참한 운명', '무수한 구박', '눈물과 한숨', '한없는 불평', '운명의 물결', '참혹한 현황'과 같은 형용구를 구사하면서 1920년 5월 초 조선인 이주노동자의 "직업을 잃고 울며 부르짖는"

---

45) Lee Hoon Koo, "Korean Migrants in Manchuria", *Geographical Review*, Vol. 22, No. 2, April 1932, pp. 202~203 ; 1929년 교토의 태평양회의에 참석한 윤치호는 중국 관민의 조선인 학대와 구축에 항의하는 발언 중 "조선인 만주 이주는 순전히 살기 위한 노력"이지 제국주의 영토욕에 이끌려 한 것이 아님을 역설하였다. 「조선인 만주 이주는 생을 위한 노력」, 『동아일보』 1929.11.8.
46) 원세훈, 「나의 해외 망명시대」(회고), 『삼천리』 4권 1호, 1932년 1월, 35~36쪽.
47) 김을한, 「만주 갓다와서: 특파원 수기 1」, 『매일신보』 1931.11.29.

정황을 묘사하였다.[48]

디아스포라의 예외로서 민족정체성의 식민적 구성

민족정체성에 대한 문화주의적 해석은 그것이 민족 고유의 진정한 문화에 기초해서 구성되는 것이 아니라 경제적 이득을 쟁취하기 위한 집단적·민족적 열망에 의해 조장되며 전략적으로 추구되는 것이라고 본다. 문화의 문제가 아니라 정치적 세력화의 문제이며 상징적이고 구조적인 차원의 문제로 접근하는 것이다. 정체성은 성취해야 할 대상이 되며 주체들이 강력한 타협 과정을 거쳐 만들어 내는 것이다.[49] 유럽에 의해 식민화된 모국을 떠나 미국으로 이주한 카리브해 연안 출신 흑인들이 1910년대 미국에서 민족주의적 각성을 통해 민족정체성의 구성을 고민하다가 흑인 민족주의를 버리고 대신 '흑인 초국성'(black transnationality)을 주창하게 된 것은 흑인을 배제하는 백인 중심의 국제정세에서 흑인연대를 통한 세력화, 즉 중앙기구가 관리하는 흑인연방조직의 결성을 지향했기 때문이다.[50] 현재의 국제질서 안에서 흑인 민족주의는 흑인의 문제를 해결하는 데 효과적이지 않다는 정치적 판단과 흑인연대 세력의 필요가 '흑인 초국성'을 구축하게 된 것이다. 굳이 문화주의적 관점을 취하지 않

---

48) 「비참한 운명에 있는 재일조선인 노동자」, 『동아일보』 1920.5.8 ; 「집단이민의 최종 눈물 실은 이민열차 한양 통과 一路北進」, 『동아일보』 1934.11.7.

49) Thomas K. Fitzgerald, "Media and Changing Metaphors of Ethnicity and Identity", *Media,Culture and Society*, Vol.13, No.2, 1991, pp.193~214.

50) Michelle A. Stephen, "Black Transnationalism and the Politics of National Identity : West Indian Intellectuals in Harlem in the Age of War and Revolution", *American Quarterly*, Vol.50, No.3, 1998, pp.367~369.

아도 이주자가 현지 사회에서 생존과 성공을 위해 자신의 정체성/민족 정체성을 전략적으로 그러나 모호하고 유동적으로 구성할 것은 분명하다. 정체성은 사회가 불안정할 때 선택의 대상이 되는데 이 삶의 불안정성을 가장 극명하게 일상적으로 직면하는 집단이 이주자인 때문이다. 현지 사회에 적응함으로써 삶의 불안정성을 해소하려 하지만 인종적·민족적으로 소수자인 사회적 위치로 인해 그 과정은 복잡하고 모순적으로 진행된다. 자신들을 분류하는 인종적 범주, 스테레오타입, 스티그마, 차별로 인해 자기존중감은 저하되고 민족에 대한 충성도도 약화되기 때문이다.[51] 여기에 식민자와 피식민자가 혼거(混居)하는 상황에서 민족정체성의 재현은 더보다 극단화된다. 제국은 식민지민을 타자화하지만 그것은 배제하기 위해서가 아니라 궁극적으로 식민사회 내부로 포섭·통합하기 위한 타자화이기 때문이다. 그리하여 식민지민의 일탈과 비정상성, 비도덕적 행위들을 부단히 표상하고 호명함으로써 정상과 비정상의 양극단 사이 안에 체계적으로 배치한다.[52] 이 과정은 스튜어트 홀이 영국에 거주하는 흑인들의 디아스포라적인 경험을 "흔들리고, 잡종화되고, 절단한 채 뒤섞이는" 문화적 디아스포리제이션이라고 말한 그것이기도 하다.[53]

미국의 조선인들이 태극기와 성조기를 양손에 흔들면서 미국화(米化)되어 갔을 때의 목적은 조선인의 자치에 대한 기대였던 것과 달리 1920년대 중국 관민의 조선인 학대와 구축이 날로 심각해지자 조선

---

51) Judith A. Howard, "Social Psychology of Identities", *Annual Review of Sociology*, Vol.26, 2000, pp.367~393.
52) Robert. J.C. Young, *Colonial Desire: Hybridity in Theory, Culture and Race*, London: Routledge, 1995, pp.179~180.
53) Stuart Hall, "New Ehnicities", eds. David Morley & Kuan-Hsing Chen, *Stuart Hall: Critical Dialogues in Cultural Studies*, London: Routledge, 1996, p.447.

의 식자들은 일본 국적을 버리는 '탈적'과 중국으로의 귀화를 해결책으로 제시하였다. 조선인 귀화론, 탈적론, 귀화운동은 궁극적으로 귀화를 통해 중국 내에서 조선 민족의 자치권 확보를 기대한 포석이기도 했다.[54] 중국 정부가 조선인을 중국인으로 귀화시키는 것으로 중일 간 분쟁을 줄일 수 있다고 판단해 귀화를 요구하고 중국어와 중국옷을 입도록 강제한 것도 한 요인이다.[55] 1920년대 중국은 조선인들을 중일 양국 사이에 긴 특수계층으로서 수시로 문제를 일으킬 수 있는 위험계층으로 간주하고 귀화를 통해 중국 법률하에 두고자 했다.[56] 하지만 귀화를 하더라도 일본은 조선인의 탈적을 허용하지 않았기 때문에 귀화 조선인은 자연 이중국적자로 존재했고 이들에 대한 법적 지위의 모호성 문제는 계속 불거지곤 했다.[57] 1929년과 1931년 조선인 귀화율은 지린성의 14.2%, 6%를 예외로 하면 8.8%, 5.5%에 그치는 낮은 비율이었지만[58] 조선에서 동포의 탈적과 귀화를 주장하는 논조가 강하게 제기되었다는 점

---

54) 다나카 류이치(田中隆一), 「민족협화와 자치 : 조선인의 중국 동북 이주의 정치사적인 성격에 대하여」, 중국해양대학교 해외한국학 중핵대학 사업단 엮음, 『근대 동아시아인의 이산과 정착』, 경진출판사, 2010, 77~79쪽 ; 「조선인 귀화청원」, 『매일신보』 1911.12.24(3) ; 「남만의 조선인 : 지나관헌의 태도」, 『매일신보』 1915.12.1(1).

55) 신규섭, 「1920년대 후반 제국 일본의 재만조선인 정책 : 鮮滿一體化의 좌절과 三矢協定」, 임경석·진재교 외, 『근대전환기 동아시아 삼국과 한국 : 근대인식과 정책』, 성균관대학교 동아시아학술원총서, 2006, 189~191쪽.

56) 「한국인의 국적 이적 및 안치 문제」, 『중국언론신보』 1928.4.17 ; 「한국인 동북 지역 이민연구(10)」, 『중국언론신보』 1931.8.2.

57) 「조선인 귀화문제」, 『매일신보』 1925.6.13(1) ; 「지나관헌의 동포압박이 거익우심」, 『매일신보』 1925.3.22 ; 「조선이주민에 조선복 禁制」, 『매일신보』 1927.12.6(2). 일례로 1931년 2월 19일자 『중국언론신보』는 옌지(延吉) 주둔 중국군과 일본 경찰 사이에 중국 국적에 입적한 지 몇 해가 되고 중국 순경도 그리 알고 있는 조선인 박태원과 최윤범 일가를 일본 경찰 10여 명이 불시 급습하여 공산당 두목이라는 혐의로 가택수색을 하고 증거도 없이 두 사람을 압송한 사건을 보도했다. 이에 중국 국적자이므로 중국 경찰이 심문할 것을 주장했으나 인도하지 않아 충격이 일어났다는 것이다.

은 주목할 필요가 있다.

조선의 귀화론자-탈적론자들은 인류 생활과 민족 발전이 국경에 의해 고정될 것이 아니라면서 "빈민의 활로가 일처에 국한될 수 없는 것이니 사람이 스스로 살기 위해서는 만유(萬有)를 희생에 공(供)해도 아까울 것이 없거늘 국적 같은 우연한 존재를 변천케 하는 것은 조금도 주저할바 아니오, 다만 생활의 방편을 삼을 따름"이라고 하였다. 생존을 위해서라면 이주 조선인들이 국적을 바꾸는 것이 문제가 되지 않는다는 것이다.[59] 이미 떠난 백만의 조선인이 본국으로 돌아오면 본국 동포들의 생활에 막대한 위협이 될 수 있으니 가능하면 그 자리에서 신천지를 개척하는 것이 바람직하다면서 애국심과 애족심에서 외국 국적 취득을 망설일 일이 아니라고도 하였다.[60] 만주에 "생을 구하러 간 사람이니 우선 살고 봐야 하며 굶어죽어도 모른다는, 그 따위 고국을 연연하면 무슨 소용인가?"[61]라면서 중국 입적만이 살 길이라는 절박함이 있었다. 심지어 조선인이 "자기의 생명을 충실히 하며 자기 생명을 올곧게 발전시하려는 양심적 요구"에서 하는 모든 일에 친일과 배일의 구분은 있을 수 없다는 주장[62]이나, 귀화하여 변발흑복에 중국인에게 기생하는 조선인도 일본의 보호를 받으며 장사를 하는 조선인도 살아남기 위한 현실 순응일

---

58) 손승희, 「만주사변 전야 滿洲韓人의 국적문제와 중국·일본의 대응」, 임경석·진재교 외, 『근대전환기 동아시아 삼국과 한국: 근대인식과 정책』, 성균관대학교 동아시아학술원, 2006, 236~237쪽.
59) 「만주중인의 배척문제와 대책」(2), 『동아일보』 1927.12.11.
60) 「재만동포 중국귀화문제(1)」(사설), 『동아일보』 1927.12.18.
61) '설문조사' 제씨, 「태평양회의는 어떠케 이용할까 재만동포는 어떠케 해야 살까」, 『동광』 26호, 1931.10, 13~21쪽에서 언론인 이정섭의 발언.
62) 「약자의 비애 배일과 친일」(사설), 『동아일보』 1922.4.9.

뿐 친중이나 친일로 매도될 일은 아니라는 정서가 있었다.[63] 이런 귀화론과 탈적론은 식민지민이라는 요인을 고려하지 않으면 설명되지 않는 부분이다. 탈민족주의도 반(反)민족주의도 아닌 귀화와 탈적운동은 당대 조선인에게 민족정체성은 생존을 위해서라면 전략적으로 선택하는 것이며 심지어 친일까지도 용인될 수 있다는 새로운 감각, 민족정체성의 전략적 선택을 합리화함으로써 민족성의 비본질성과 비고정성에 직면했던 것이다.

만주에서 성장하고 살면서 체험적 소설을 썼던 안수길이 해방 후 복합적이고 이중적인 정체성을 드러냈던 것,[64] 작품들을 관통하고 있는 주제의식인 '살아남기'가 국가나 민족, 어떤 이념보다 중요하며 따라서 생존을 위해 일본영사관의 힘을 빌리는 것을 개의치 않는 인물들에게 정당성을 부여한 것은,[65] 그 자신이 친일 혐의를 벗겨 내지 못한 채 살았던 사실에 비추어 보면, 식민지민에게 있어서 생존을 위한 민족정체성의 선택은 제국의 식민통치에 대한 협력과 정확하게 구분될 수 없음을 말해 준다. 소설 속의 농민들은 토지 문제 해결을 위해 중국 국적을 원하면서도 변발흑복은 거부하는 이중적 태도, 그리고 상황에 따라 일본과의

---

63) 이해영, 「일제시기 간도 이주와 그 형상화의 두 양상 : 안수길의 『북간도』와 리근전의 『고난의 년대』」, 인하대학교 한국학연구소 엮음, 『범월과 이산: 만주로 건너간 조선인들』, 인하대학교출판부, 2009, 223~245쪽: 이해영은 해방 후 귀환한 안수길(1911~1977)이 『북간도』 (1959~1967)에 등장하는 인물들을 통해 만주에서 살았던 사람들의 생존을 위한 현실순응을 정당화했는데, 이는 친일이나 친중국보다 생존이 더 중요한 (무)가치였음을 말하려 했다는 것이다.
64) 이선미, 「'만주체험'과 '만주서사'의 상관성 연구: 안수길의 북간도를 중심으로」, 『상허학보』 15집, 2005, 349~386쪽.
65) 한수영, 「재만이라는 경험의 특수성:정치적 아이덴티티와 이민족의 형상화를 중심으로」, 중국해양대학교 해외한국학 중핵대학 사업단 엮음, 『근대 동아시아인의 이산과 정착』, 117~119쪽.

타협도 불사하는 다중성으로 묘사된다. 상황에 따라 자신들에게 유리한 방향으로 민족정체성을 끊기도 하고 다른 것과 섞기도 하면서 다시 이어 붙이는 식으로 정체성을 구성한 것이다. 일례로 다수의 조선인이 중국 국적을 취득한 후 다시 일본 국적을 회복하여 때로는 중국인으로 때로는 일본인으로 변화와 변칙을 구사한다는 중국인의 반감은 오해가 아니었다. 애초부터 일본 국적의 탈적은 허용되지 않았으므로 탈적하지 않고 중국 국적을 취득한 조선인은 자연 이중국적자가 될 수밖에 없었지만, 이 모호한 지점을 자신에게 유리한 방향으로 변칙적으로 활용한 조선인이 많았던 것이다.[66]

인종주의와 결합된 식민주의하에서 식민지민들의 정체성은 모호하고 끊기고 서로 충돌하는 복수의 정체성들이 비늘처럼 층층이 포개지는 과정이며, 그것들이 서로 섞이면서 불확실해지는 혼종화의 과정이다. 그리고 이 혼종의 불확실성이 제국이 식민지민을 통치하는 데 적합한 민족정체성의 지점이다.[67] 그것은 양가적인 디아스포라나 경계적 코즈모폴리턴의 정체성과 다르다. 하지만 문제는 이러한 정체성의 식민적 구성 과정이 민족사회 내부의 균열선을 따라 전개되었다는 점이다. 중국인은 조선인을 친일파, (국제)공산주의자, 그리고 독립운동파의 3파로 구분하고 이들 간의 암투와 분쟁이 일본군이 진입하는 빌미가 된다고 파악했다. 하지만 그중 가장 문제시된 것은 일본의 힘을 빌어 '못하는 짓이 없는' 친일 조선인들이었고 이들은 중국 어디나 퍼져 있다고 간주했다.[68]

---

66) 「한민족 동북 지역 이민연구, 속편 9」, 『중국언론신보』 1931.8.1 ; 손승희, 「만주사변 전야 滿洲韓人의 국적문제와 중국·일본의 대응」, 229~230쪽.

67) Young, *Colonial Desire: Hybridity in Theory, Culture and Race*, pp.173~174.

68) 「한국인의 동북 지역 이민상황」, 『중국언론신보』 1931.2.2.

조선인의 입장에서 조선인은 항일/배일 조선인과 친일 조선인으로 구분
되며 이 중 친일 조선인은 일본의 치외법권에 의존해서 이득과 기회를
획득한 조선인을 가리킨다. 이들은 독립운동 세력을 감시, 사찰, 밀고하
는 등 일본에 협조하였다.

조선인 사회가 일본에 대한 협력과 배일로 분열하고, 배일 세력은
다시 공산주의와 민족주의로 분리되는 균열선들은 민족정체성의 선택
에 영향을 미쳤고 그것의 모호성과 유동성, 불안정성을 심화시켰다. 제
국의 영향권, 다시 말하면 또 다른 식민지로 이동한 식민지민의 초국적
이동이 '디아스포라의 예외'로 취급되어야 하는 이유는 바로 이 지점에
서 결정적으로 불거지는 것이다. 일본화(동화)와 근대화를 동일시하는
것으로 친일을 합리화하고 또 다른 식민지에서 일본인 행세를 하며 민
족성의 차별화에 집착하고 과민반응했던 조선인들이 형성된 것이다.[69]
1920~1930년대 만주에서 일본이 호명한 '선량한 선인'(善良な鮮人)은
식민지 디아스포라의 예외성을 구성하는 또 다른 예외, 즉 예외 중의 예
외라고 할 수 있다. 친일적 조선인의 (이등신민이라는) 허구적 자의식은
식민지민 디아스포라의 일반적인 특징을 제시하는 한편 그것의 가장 복
합적이며 다층적이고 분열적인 예외를 구성한다는 점에서 주목할 필요
가 있는 것이다.[70]

식민적 디아스포라의 또 다른 예외 : '선량한 선인'

1931년 중국인과 조선인 간의 분쟁에 일본 군경이 개입하면서 발생한
완바오산 사건 및 평양 사건과 관련하여, 잡지 『삼천리』는 중국인이 조
선인을 압박하는 데 책임 있는 조선인 집단은 소위 '선량한 선인'으로 불

리는 재만조선인이라고 지목하였다. '선량한 선인'은 "만주에서 'XX(일본) 세력 지대에 서식하는 조선민회[71] 회원 등 친일적 조선인'으로 일본 영사관과 경찰, 금융조합, 각종 구제회를 통해 혹은 그 힘을 빌려 중국에서 토지소유, 경작권 등 이권을 챙기는 조선인들"이라고 했다. 일본영사관과 '선량한 선인'이 활약하는 펑톈, 지린, 퉁화(通化), 서안 등지에서 조선인 박해가 가장 심했던 것이 그 방증이라는 것이다. 필자가 나열하는 '선량한 선인'의 문제적 행동은 이런 것들이다. '영사재판권의 보호와 자부심에서 중국인에 대해 무자각한 우월감을 느끼고 중국 측의 지시에는 시비불문하고 불복종일 뿐 아니라 중국 관민에 대해 모멸적 행동을 하는 것, 대부분이 부도덕한 직업을 갖고 있고 비교적 교통이 편리한 곳(만철 연선의 도시들)에 서식하면서 그들의 특권인 X人(일본인) 마찬가지의 취급을 받는 것을 기화로 몰핀, 아편 등 금제품(禁制品)을 매매하는 다수의 조선인들'이다. 이들 '선량한 선인'들이 중국 민중의 살과 피를 XX하는 '비선량'(非善良)을 공공연히 행하고 만철(남만주철도주식회사), 동척(동양척식주식회사)의 토지 구입에도 생명을 걸고 노력하므로 중국 관민이 일본 만몽 정책의 전위라고 하는 것도 전혀 틀린 역선전만은 아니라고 하였다.[72] 조선인이 40~50호만 거주해도 일본영사관 분관이 설치되고 뒤이어 일본 상인들, 척식회사 출장소, 거류민회, 경찰대가

---

69) 김미선, 「식민지시대 조선 여성의 제국 내 이주경험에 관한 연구: 양충자(중국 천진)와 이종수(만주국 안동)의 구술을 중심으로」, 『여성과 역사』 11집, 2009, 1~41쪽.
70) 이 책의 1장을 참조할 것.
71) 조선민회는 나중에 조선인회로 개칭되는데 일본외무성과 조선총독부의 재정지원, 인사관리 감독을 받아 운영된 데서 알 수 있듯이 친일 단체였고 독립군과 사회주의자에 대한 정보사찰도 하여 독립군의 폭파, 살상의 표적이 되곤 했다.
72) 필자 미상, 「극동정세와 재만동포, 천진 關內」, 『삼천리』 3권 9호, 1931.9, 30~33쪽 ; 제씨, 「내가 본 재만동포 문제 해결책」, 『동광』 24호, 1931.8, 12~14쪽.

생긴다. 그럼 중국의 사법행정권이 약화되거나 소실되고 유사시에는 교민 보호를 목적으로 관동군(關東軍) 사령부가 군대를 파견하는 '제국주의의 연쇄'가 조선인에게서 시작한다는 것이다.[73]

　일본은 친일 경제단체인 조선인조합을 설립하고, 독립운동 조직이 활동하는 지역에는 무장단체 보민회로 대응했으며 조선인회의 설립을 통해 만주 조선인 사회의 분열과 통제를 동시에 달성하고자 했다. 안동 조선인조합의 경우 10인의 임원의 과거 조선에서의 경력을 보면 면장(회장) 외에 농사, 신문사, 잡화행상, 교사, 기자 등으로 잡화행상 경력자가 4인에 이르렀다.[74] 조선인회는 '일가를 이루고 독립생계를 유지할 수 있는 한인'으로 회원 자격을 규정하고 일상생활 전반에 걸쳐 일종의 자치정부에 버금가는 다양한 사업을 수행하였다. 유치원과 소학교 등 교육기관 건립 및 운영, 산업조사 및 장려, 인구조사, 분쟁해결, 직업소개, 의료 구제, 농업 지원, 이재민 구제에서 명목뿐이었지만 이사비 지원, 행려병자 장례보조까지 광범위한 사업들을 시행함으로써 조선인을 식민적 통치체제로 포섭시키는 대리기관이었다. 일례로 풍기문란을 문제 삼아, 제명처분을 받은 회원에 대해 영사관과 교섭하여 만주에서 퇴거하도록 조치를 취하는 일까지 수행했다.[75] 조선에서 간도로 이주하는 도중에 동사한 일가족의 시신도 경찰서에서 조선인회에 인도하였고[76] 총독부 지

---

73) 신언준(申彦俊), 「재만동포 문제에 대하야 협의회 조직을 제창함」, 『동광』 26호, 1931. 10, 7~9쪽.
74) 김주용, 「1910~1920년대 남만주 친일 조선인 단체 연구」, 326~327쪽.
75) 조선인회의 사업은 그 밖에도 행려병자·이재민 구제, 위생사상 보급, 한인 인구조사, 한인 사회 내부 동향파악, 농작물 경작과 수확 상황, 중국인 지주와의 관계, 세금납부현황을 조사했고 위생, 교육, 구제활동, 의료진료 등은 총독부의 보조금에 의존했다. 김태국, 「남만지역 조선인회(1913~1931)의 설립과 변천」, 32~35쪽.
76) 『동아일보』 1935. 11. 30.

원금으로 백신을 제조하여 영사관에 교부하는가 하면[77] 가매장된 타살 혐의자의 시체를 부검하여 경찰서에 수사 신고하는 민원도 처리하고[78] 부녀자에 대한 재봉 강습 교육을 실시하며[79] 조선 시찰단을 조직하여 경찰의 안내하에 약 2주간 조선 전국 시찰을 하기도 하고[80] 160여 명의 조선인을 감금하고 가혹행위를 일삼은 중국인 지주에게서 탈출한 조선인들이 진정서를 제출한 곳도 동아일보 지국과 조선인회였다.[81] 그 외 동척, 만철, 식산은행(殖産銀行) 등과 제휴하여 토지를 임대하거나 저리의 금융지원을 하는 등의 사업을 수행했다.

식민지민은 제국의 세력이 미치는 지역에서 제국의 치외법권적 보호와 경제적 이득을 외면하기 어려웠고 이 관제 민족 단체들을 통해 이주국가에서도 다시 제국의 신민으로 재배치되는 과정을 거쳤다. 다시 말해 친일 조선인 중에는 조합이나 자경대, 사회단체 같은 관제단체의 임원이나 간부진 등의 매판적 친일파도 존재했지만 보다 광범위한, 그 관제기관들에 어떤 식으로든 다소라도 의존하지 않으면 생계나 일상의 유지가 힘들거나 불가능했던, 다수의 조선인들도 포함되는 것이다. 중국에서 조선인이라는 말은 "최근의 조선 사람으로 일본의 세력과 재력을 배경으로 한 또는 그런 듯 하"[82]게 보이는 사람을 가리켰다. 이런 조선인 문제의 심각성은 1927년 『동아일보』가 사설에서 조선인에 대한 중국인의 폭행이나 압박 문제의 사정을 탐문해 본 결과 중국인의 잘못은 별로 없

---

77) 『동아일보』 1922.4.21.
78) 『동아일보』 1934.12.10.
79) 『동아일보』 1928.10.5.
80) 『동아일보』 1921.7.4.
81) 『동아일보』 1928.11.7.
82) 「만주 중인의 배한 문제와 대책 1」, 『동아일보』 1927.12.7.

고 오히려 "중국인에 대한 조선인의 태도가 너무 냉혹하고 무시하는 점이 많았"다고 인정하며 조선인이 무지하여 중국인을 무시하는 것이 충돌의 원인이라고 밝힐 정도였다.[83]

일본을 중국을 침략하는 동양궤이즈(東洋鬼子)로 부르면서 조선인을 얼궤이즈(二鬼子)로 호칭한 것은 조선인은 식민자 일본, 제국의 식민주의와 분리될 수 없는 '식민지민 조선인'으로 존재할 수밖에 없음을 의미한다. 식민지민 조선인은 독립적인 개별 민족으로서 '조선인'이 될 수 없다. 그래서 이주 조선인의 '선량함'은 일본의 관점에서는 일본영사관의 보호에 의존하면서 황무지를 개간하여 일본인 이주자에게 양도하고 독립운동자에 대한 정보를 제공하거나 중국인과 분쟁을 일으켜 일본 군대 진입의 빌미를 제공해 주는 조선인들이다. 1938년 전시체제하에서 만주로 이주할 조선인의 이주증명서 발급 기준은 "선량한 인격을 갖고 충분한 노동을 할 수 있는 부부로서 만주국의 건국 정신을 이해할 수 있는 자"로 규정되었다.[84] 반면 중국의 관점에서 '선량한 조선인'은 그저 "경작에 몸을 바치는" 조선인이다.[85] 일본에게 선량한 이주 조선인은 중국인에겐 불량한 얼궤이즈인 것이다.

---

83) 「중국인과의 충돌」(사설), 『동아일보』 1927.9.1 ; 「재만조선인 문제」(사설), 『동아일보』 1927.11.30 : 1927년은 중국관민의 조선인 압박과 구축이 일종의 운동처럼 번져 나간 시기이다. 이에 『동아일보』 기자가 중국에서 경찰로 위장하고 잠복, 탐문한 결과 조선인의 잘못이 더 크다고 제기한 것이다. 조선에서 재만조선인의 친일적 행동에 대한 비판 분위기가 있었음을 짐작케 한다. 조선인 이주는 중국의 정치적 문제이므로 중국인의 구축운동은 당연한 것이며 근본원인은 조선인을 이주시키고 방관하는 일본과 총독부의 정책이라고 인식하고 있었다.
84) 김동진(선민척식주식회사 참사), 「조선이민의 옹호, 만주국과 조선이민에 대한 管見」, 『삼천리』 10권 1호, 1938. 1, 13~14쪽.
85) 「한국인의 동북 지역 이민상황 9」, 『중국언론신보』 1931.2.2.

친일적 조선인들은 일본에 협력하는 데 그치지 않고 '선량한 조선인'의 기준을 동포 조선인들에게 적용하면서 '불량선인' 서사를 생산하기에 이른다. 만주국에서 일본 신민이자 만주 국민이라는 모호한 신분임에도 불구하고 이 두 개의 간극 사이에서 일본 신민이 되고자 하는 식민지민의 불안정한 정체성[86]이 '불량선인' 서사로 표출된 것이다. 조선인은 민족적 결함을 지녔다는 일본 오리엔탈리즘에 기초해서 다양한 '조선인 불량'의 양태들을 적시했고 『만선일보』(滿鮮日報)를 비롯하여 친일계 신문은 이를 단골 논제로 다루었다. 선인(鮮人)은 '사악한 뉴스'의 상징이었으며, 공민 의식이 부족한 것은 물론 갖은 비행이나 부정행위를 저지르는 소질이 좋지 못한 불순분자로 표상되었고, 따라서 언제나 맹성(猛省)과 자정 운동이 요구되는 요주의 민족이었다. '나쁜 선인', '선인 폭리', '선인 아편밀매자', '선인 사기꾼', '선인 밀수꾼' 같은 제목으로 사소한 부정행위도 크게 보도되었고 선인은 용이한 민족박해의 대상, 비적의 먹잇감, 위험한 공산분자였고 부정적 이미지의 대명사로 통했다.[87]

해방 후 만주에 잔류한 조선인은 112만여 명으로 추정된다. 얼궤이즈로 불리는 참혹한 위치에 있었지만 경제적 이유로 귀국할 수 없는 사람들이 남은 것이다.[88] 그러나 경제적 이유보다 더 중요한 것은 해방 전후 시기에 이루어진 중국 공산당 세력의 확장과 이에 따른 간도와 옌볜(연변, 延邊) 등 조선인 사회의 분위기였다. 해방은 조선인들의 본심, "애

---

86) 장용경, 「'조선인'과 '국민'의 간극: 전시체제기 내선일체론의 성격과 조선지식인의 대응」, 『역사문제연구』 15호, 2005, 279~300쪽 ; 민경준, 「만주국 조선인의 '황국신민'관: 1930년대 후반을 중심으로」, 『역사와 경계』 72호, 2009, 1~41쪽.
87) 윤휘탁, 「만주국의 2等國(公)民, 그 실상과 허상」, 165~166쪽.
88) 야마무로 신이치, 『키메라: 만주국의 초상』, 341쪽.

국과 매국, 반일과 친일, 희생과 보신을 가르는 시금석” 역할을 했고 이 과정에서 친일, 매국, 보신 행위를 한 조선인은 잔류를 결정할 수 없었다. 1945년 10월부터 중국 공산당 산하조직인 민주대동맹 건립 모임이 이어졌으며 12월에 건립과 함께 매국노 숙청에 나섰고 일련의 인적청산과 토지분배가 연동되는 정세가 이어진 것이다. 결국 친일 혐의가 뚜렷한 조선인은 잔류가 어려웠다.[89] 전체 이주 조선인의 절반 정도가 귀환하고 나머지가 잔류한 셈이다. 얼궤이즈, 조선인, 제국주의의 개, 전초대, 앞잡이로 살았거나 그렇게 의심받고 낙인 찍혔던 조선인들은 해방된 조국으로 되돌아와야 했을 것이다. 생존을 위한 것이라면 친일도, 중국 귀화도 현실순응으로 규정했던 소설가 안수길이 귀국한 후 내내 친일 혐의를 벗겨내지 못했던 사실을 같은 시대 사회주의자로서 잔류를 택한 다른 사람들과 비교하면[90] ‘식민지민의 딜레마’가 설명될 수 있을 것이다. 조국과 민족에게 등 돌린 친일 인사 혹은 친일 혐의자는 귀향하고 그렇지 않은 사람들은 잔류를 선택하는 역설 안에 식민지민 디아스포라의 예외성과 역사의 곤경이 잠복하고 있는 것이다.

---

89) 서봉학·리광수, 『연변아리랑: 중국 연변조선족 백년사』, 민족출판사, 2002, 317~324쪽.

90) 이해영, 「일제시기 간도 이주와 그 형상화의 두 양상: 안수길의 『북간도』와 리근전의 『고난의 년대』」; 조춘호, 「1930년대 초반 북간도 지역 한인 자치운동과 중국 공산당 대응」, 중국 해양대학교 해외한국학 중핵대학 사업단 엮음, 『근대동아시아인의 이산과 정착』, 경진출판사, 2010, 17~46쪽: 이해영은 안수길과 잔류를 택한 리근전의 행보를 비교분석했다. 리근전이 만주국을 역사에서 지워버리고 간도를 다만 일본의 식민지로 그린 것과 달리 안수길이 해방후 발표한 『북간도』는 만주국 건국 이후 공산주의 사상을 부정적으로 그렸다. 한국의 근현대사에서 반공과 친일의 친화성은 우연일 수 있지만 적어도 한국에선 식민주의 역사적 시간대를 빼고는 충분히 설명될 수 없음이 분명하다.

1부

동아 민족들의 지정학적 배치와 적대의 장치

1장 _ '동아' 트라우마,
제국의 지정학적 공간과 '이등신민'의 정치학

유선영

'동아', 제국의 지정학적 공간과 이등신민의 트라우마

고야스 노부쿠니(平安宣邦)는 개념 혹은 사상으로서 '동아'(東亞)는 제국 일본에 각인된 지정학적이고 역사적 개념이기에 현재의 동아시아 개념으로 환원되거나 호환할 수 없다고 단언한다. 환원될 수 없지만 아시아라는 권역을 구상할 때 동아의 역사가 오히려 적극적으로 삽입되는 개념임도 부인할 수 없다는 전제하에 노부쿠니는 동아가 중국, 일본, 조선의 지리적 근접성에 기반한 문화적 친밀성을 강조하는 문화사적 '동아' 개념에서 싹을 틔웠고 1930년대 일본의 제국주의 전쟁에 대한 비전과 함께 강한 정치적 의미를 전면화하며 팽창했다고 지적한다. 따라서 동아는 중일전쟁의 개시와 맞물려 부상한 일만지동아협동체론(日滿支東亞協同體論) 및 동아신질서론에서 명시하고 있는 중국, 일본, 만주 그리고 조선을 포괄하는 영역이며 태평양전쟁기에 남양(南洋)만 일대를 포괄하며 고안된 대동아 개념과 차별화된다. 문제는 오늘의 '동아시아'가 자민족중심주의를 유보하면서 상호교차가 가능한 지역 개념이 되기 위해서는 일본적인 패권주의에 의해 더럽혀진 '동아'의 죽음 위에서 다시 구축되어야 한다는 것이다.[1] 이런 20세기 전반기의 제국과 식민의 역사에 대한 성찰이 21세기 오늘의 지구화 시대에도 묵직한 울림을 갖는 것은 식민주의와 제국주의가 초래한 장기적인 역사적 산물이 아시아 민족과 주체들 그리고 타자들의 주체성에 미친 영향이 외면할 수 없는 사실로 존재하기 때문이다.[2]

일본, 중국, 만주, 조선을 포괄하는 지정학적 권역으로서 동아는 물리적이고 법적인 실체를 갖는 권역이 아니라 제국 일본에 의해 개념화된 관념적 공간이라는 점에서 정치적·문화적·이데올로기적 담론공간이기도 하다. 이 관념적이고 정치적인 공간으로서 동아의 구상이 이념적 및 물질적 형상화를 통해 구체화된 것이 중국 둥베이 삼성 일대를 기반으로 한 만주국(1932~1945)의 건립이다. 제국주의를 자민족중심주의의 확장 형태로 보는 두아라는 1차대전 이후 국제연맹이 창설되는 세계사적 변화 국면, 즉 제국주의가 쇠퇴하고 민족(자결)주의에 기반한 국민국가 체제를 지향하는 변화 안에서 만주국의 성격을 고찰한다. 그에 따르면 만주국은 일본 민족주의의 제국주의적 확장이지만 제국주의 쇠퇴라는 국제정치의 자장 안에서 근대적 주권 개념에 입각한 독립국가임을 과시한 체제였다. 정복 식민지와 괴뢰국의 속성을 전면 부인할 수 없기에 더욱 만주국의 주권국가로서 순수성을 표상하는 담론과 서사 생산에 주력한, 한마디로 헤게모니 구축에 역점을 둔 체제였다.[3] 만주국의 근대국

---

1) 고야스 노부쿠니, 『근대 일본의 오리엔탈리즘: 동아, 대동아, 동아시아』, 이승연 옮김, 역사비평사, 2003/2004, 97쪽.
2) 천광싱, 「세계화와 탈제국, '방법으로서의 아시아'」, 『아세아연구』 52권 1호, 2009, 57~80쪽.

가적 외형과 조직, 작동양식을 재조명하는 관점은 1990년대 말 이래 상당한 조명을 받았다. 일본의 실질적 지배하에 있었고 일본 관동군 사령부의 통치하에 존재했지만 근대적 독립국가의 형식을 과시하기 위해 정상국가가 수행해야 하는 행정조직, 인구정책, 복지정책, 관료제, 군대와 경찰, 국가주권 개념을 구비했으며[4] 이데올로기와 언술 외에 전시, 규율체제, 행정조직과 관료제, 경찰과 군대, 복지, 교육, 인구 이주 프로젝트 등을 시행하여 대내외적으로 국가가 존재하는 것으로 지각하게 하는 강력한 형이상학적 '국가효과'로 존재한 체제가 만주국이라는 것이다.[5]

서구와 일본은 중국어에는 존재하지 않았던 만주라는 기표를 제국주의적 의도로 새롭게 창안했다. 또 중국의 거부에도 불구하고 만주인이란 범주도 만들었고 모든 만주인은 한(漢)족을 포함하여 전부 이주인이라고 강변하면서 동아 신질서를 구현하는 복합민족국가 만주국을 표방하였다.[6] 만주국은 어느 민족에게도 귀속되지 않는 이주 민족들의 공간, 즉 만주에 잡거하는 주요 5족인 한족, 만(滿)족, 몽(蒙)족, 및 "일본·조(朝)"와 그 외 만주에 장구히 거류하기를 바라는 제 민족이 일률평등하게 공존공영하는 국가임을 표방했다. 하지만 제(諸)민족협화론은 이론적 슬로건이었을 뿐 실제로는 일본 민족의 우위를 전제로 한 복합민족국가로 운영되었고 기타 민족의 민족주의를 포섭하여 소멸시키는 무력

---

3) 프라센지트 두아라, 『주권과 순수성 : 만주국과 동아시아적 근대』(Prasenjit Duara, *Sovereignty and Authen-ticity : Manchukuo and the East Asian Modern*), 한석정 옮김, 2008, 나남출판사.
4) 야마무로 신이치, 『키메라 : 만주국의 초상』.
5) 한석정, 『만주국 건국의 재해석 : 괴뢰국의 국가효과 1932~1936』, 2007/1999, 동아대학교출판부
6) Mariko Asano Tamanoi, "Knowledge, Power, and Racial Classification : The 'Japanese' in Manchuria", *The Journal of Asian Studies*, Vol. 59, No. 2(May), 2000, pp. 250~251.

화를 목적으로 하였다.[7] 인종주의와 착종된 복합민족국가는 이론과 실제의 괴리를 드러냈고 이를 봉합하기 위해서는 강력한 국가 이데올로기를 통한 헤게모니 구축이 필연이었다. 아시아주의, 반서양주의, 아시아문명론과 왕도 정신, 서양 제국주의에 대한 반대를 건국 이념으로 표방하고 민족 간 우열을 허용하지 않는 평등한 관계를 기반으로 상호부조하는 이상적인 왕도낙토에서 동아 신질서를 건설한다고 선전한 것이다.[8]

만주 일대는 중국 내에서 이주해 온 중국인 계절노동자 및 농민이 인구의 절대다수를 차지하는 가운데, 19세기 중반 이래 이주해 온 조선인들이 몇 세대에 걸쳐 소수민족으로 존재했다. 특히 강제병합 이후 조선인 이주자는 지속적으로 증가하였고 일본인, 몽골인, 러시아인 등 32개 민족들이 혼거하게 된 만주는 '동아 신질서'의 실험 공간, 즉 아시아 제 민족들이 혼거하는 지정학적 공간을 구성하게 되었다. 만주국의 건립은 이 지정학적 공간을 제국주의의 '동아' 공간으로 공식화함과 동시에 지도민족이자 식민자인 일본 민족을 중심에 두고 기타 민족을 주변에 배치하는 인종주의적 식민지 계서사회로의 전환을 의미했다. 민족협화와 동아의 새로운 질서를 표방하면서 실제로는 민족분리, 분할통치, 계급분열 등 분열정책으로 일관했던 것이다.[9]

---

7) 임성모, 「만주국협화회의 대민지배정책과 그 실태 : 東邊道治本工作과 관련하여」, 『동양사학연구』 42집, 1993, 116쪽 ; 야마무로 신이치, 『키메라 : 만주국의 초상』, 141쪽 : 야마무로 신이치는 중국에서 배일 분위기가 고조되자 [만주청년연맹]에서 배일 공세를 방어하기 위한 이론적 슬로건으로 내세운 것이 '만몽 現住 제 만족의 협화'였으며, 처음부터 만주 전체 인구 1%도 되지 않는 약소민족 일본인이 만몽에서의 생존권과 평등을 요구하는 방어적인 성격을 가졌고 이후 일화(日華) 화합, 일화 공존공영 등을 주장했으나 중국에 대한 일본의 우위를 전제로 만주 재주 일본인, 특히 중소기업 종사자가 중국의 배일운동에 대응하기 위해 주도한 이론이라고 평가했다(야마무로 신이치, 『키메라 : 만주국의 초상』, 107~109쪽).
8) 임성모, 「만주국협화회의 대민지배정책과 그 실태 : 東邊道治本工作과 관련하여」.

　　이 연구가 주목하는 것은 동아의 지정학적 공간-신질서의 구상을
정확하게 배반하는 아시아 민족들의 분열과 적대가 1920~1930년대 중
국 둥베이 삼성과 만주국 인구의 3% 남짓을 점유한 이주 조선인의 일상
에서, 그들의 타민족들과의 사회적 관계에서 그리고 소수민족이라는 사
회적 지위와 민족정체성의 궤적을 따라 구성되었다는 점이다. 식민지 출
신인 일본 국적의 이주 조선인이 강제병합 이래 만주에서 '이등신민'으
로 호출되고 제국의 식민주의에 동원되는 과정에서 토착 중국인과 갈등
과 경쟁, 적대와 증오를 야기했고 결국은 제국의 균열선으로 작용한 역
사를 재구성하고자 하는 것이다. 그런 점에서 300년에 걸쳐 네덜란드의
식민통치를 받았던 인도네시아에서 인구의 3~4%를 차지하는 중국계
인도네시아인의 사례는 참조할 만하다. 중국계 인도네시아인은 현재도
인도네시아 원주민에 의해 정기적으로 대중 폭력의 희생양이 되곤 한다.
일상문화가 되어 버린 '반중국인'의 인종주의적 편견이 특정 조건과 상
황에서 폭력적으로 분출하는 때문이다. 이엔 앵(Ien Ang)[10]은 이것을 식
민주의 지배가 없었다면 생기지 않았을 역사의 잔해이며 가해-피해의
이분법으로는 규명될 수 없는 '모호성의 함정'에 갇힌 '곤경'으로 규정한
다. 유럽 식민주의의 근간인 민족분리정책과 인종주의, 즉 중국인을 법
적으로 원주민과 구분하여 '중국인'으로 분류하고 원주민과는 다른 의
복, 두발, 여행 제한을 둔 채 식민지배에 적극적으로 활용한 역사에 우선
책임이 있다는 것이다. 하지만 중국인도 식민주의에 기여한 책임에서 자

---

9) 임성모, 「만주국협화회의 대민지배정책과 그 실태: 東邊道治本工作과 관련하여」, 100~102쪽.
10) 이엔 앵(1954)은 중국계 인도네시아인으로서 네덜란드에서 박사학위를 취득했고 현재는
　　호주의 대학에서 교수로 재직 중인 문화연구자이다.

유롭지 않다. 고학력에 도시적이고 근대화되었던 중국인 이주자들은 식민자와 원주민 사이에서 중간자 역할을 수행했고[11] 이 과정에서 인도네시아인의 적대와 증오, 원한을 초래했다.[12] 인도네시아에 이주한 중국인이 유럽 식민자와 토착 원주민 사이에서 존재한 방식은 제국 행정의 서벌턴(subaltern),[13] 식민국가의 이등신민이었다. 인도네시아 중국인의 사례가 증언하고 있는 것은 제국주의 역사를 관통하는 식민주의적 지배와 민족 간 적대는 과거로 소멸하거나 역사의 유산으로 기억되는 데 그치지 않고 특정한 조건하에서 부단히 환기되고 재현되는 트라우마라는 점이다.

중국계 인도네시아인이 네덜란드 제국주의 역사에서 경험한 식민주의적 곤경과 모호성은 중국 등베이 삼성-만주국에서 '이등신민'으로 호출되고 일본의 중국 침략 정책에 동원된 소수민족 조선인의 존재양식과 그다지 다르지 않다. 강제병합 이후 조선인이 중국과 만주에서 존재한 방식은 논자에 따라 방점을 달리 두긴 하지만 반만(反滿)항일투쟁에 가장 적극적이었다거나 일제의 침략 정책에 주도적으로 부응한 민족이라는 이분법적 시각이 지배적이다. 전자는 말 그대로 민족주의적 독립운동과 사회주의 운동에 투신한 불령선인들이며 항일/배일 노선으로 분

---

11) 네덜란드에서 중국인은 하급 경찰과 서무행정, 정보 및 조사원, 조세징수원, 물자 수급과 유통 부문에서 그들이 가진 언어, 행정능력 외에 근대적 노동 및 시간 개념, 생활방식, 물질주의, 합리성, 효율성 등 근대화에서 앞서 있었다. 서구 식민통치에 유용한 존재였던 것이다.
12) 이엔 앙, 「모호성의 함정 : 중국계 인도네시아인의 피해자 되기와 역사의 잔해」, 『흔적』 2호, 문화과학사, 2001, 27~55쪽.
13) 서벌턴 개념은 관점에 따라 달리 정의되지만 말 그대로 하급관리로서 순사, 경찰, 밀정/정보원, 서무직, 세무, 말단행정, 인구조사 등의 업무를 통해 피식민자 위에 군림하면서 식민자의 이익에 기여한 집단을 가리키기도 한다. 하급관리로서 서벌턴이 식민지 원주민인 경우 통상 매판적, 이중적, 분열적인 자의식을 가진 주체로 설명된다.

류된다. 후자는 전자와 대비되는, 일본인과 중국인/만주인 사이에서 '이등국민'으로 존재했으며 일본이 대륙 침략 정책에 이용하면서 중국인보다 더 우대했다고 알려진, 친일하는 '선량한 선인'들을 가리키고 있다.[14] 조선인 이등신민설에 대해서는 90년대 후반 이래 이를 부정하거나 회의 혹은 유보하는 시각이 대두하면서 논쟁의 여지를 남기고 있지만, 이 연구가 주목하는 것은 이등신민이었는가 아니었는가가 아니라 '이등신민'이라는 모호한 표상[15]이 '동아'라는 제국의 권역 안에서 아시아 민족들 간의 관계를 적대적으로 구성한 '효과'이다. 중국에 대한 일본의 침략 정책이 가시화되면서 일본인을 동양궤이즈로, 조선인을 얼궤이즈로 부르는 호칭이 생성된 것은 일상에서 '동아'가 아시아의 균열선으로 작동했음을 방증하는 것이다.

---

14) '선량한 선인'라는 관용구로 통칭되는 이들 친일 조선인들은 대체로 중국에서 일본의 영사관이 소재하거나 일본 영향권이 미치는 지역에 거주하면서 일본의 사법적·행정적 보호에 의존한 조선인들, 구체적으로는 친일 조선인 단체로서 만주국 건립 후 협화회로 통합된 '조선민회' 회원들을 가리킨다(필자 미상, 「극동정세와 재만동포, 천진 關內」, 『삼천리』 3권 9호, 1931. 9, 30~33쪽).

15) 만주국 연구의 계보를 이루는 한석정은 '이등국민', 윤휘탁은 '이등국(공)민', 야마무로 신이치는 '이등 대우'를 받은 민족으로 표현한다. 하지만 필자는 일본이 만주 통치를 위해 조선인을 동원하였고 만주 국적법이 없는 상태에서 조선인을 황국신민의 범주로 묶어 두려 했다는 의미에서 '이등신민' 개념을 사용한다. 그 이유는 둥베이 삼성 지역과 1932년 이후 만주국에서 소수민족으로서 조선인의 사회적 존재양식을 드러내는 데 '이등신민' 개념이 더 유용하다고 판단하는 때문이다. 국민은 국적법에 따라 국민으로 분류되는 것을 전제로 하며 이 기준에 비추어 보면 조선인은 일본 국적자이므로 일본국의 이등국민이라는 의미가 전면화되는 반면, 국적법이 없었던 만주국의 조선인을 표상하는 데는 한계가 있다. '공민' 개념은 제국주의의 문맥 안에서 의미가 불분명하다는 점에서 기각했다. 이등민족은 역사적 특수성을 담기에는 일반적이라는 점에서 제외하였다. 대신 이등신민은 '일본 민족 다음의 민족'으로서 '중국과 만주에서 일본의 식민지 신민'으로 존재하는 방식을 가리킬 수 있음에 주목하였다. 무엇보다 여기서 '이등신민' 개념은 법적인 규정과 한계에 구속되지 않음과 동시에 기표로서, 담론으로서, 서사로서, 언술로서 유통되면서 호명의 효과를 생성하는 '기호학적 양상'에 더 의미를 부여하고 있음을 밝혀 둔다.

이등신민은 일본이나 만주국, 혹은 중국에서 공식적으로 통용된 법적이거나 공식적 범주가 아니다. 그것은 식민국가의 행정 및 의례와 절차, 특정 영토 내 인구에 대한 공식적 또는 관행적으로 통용되는 분류체계, 고위 관료 및 식민주의 이론가들의 정치적 언설, 민족들 간의 우열을 자연화하는 서사와 차별적 취급, 국어정책, 교육 및 복지의 불균등한 분배 등을 통해 모호하게 또는 비가시적으로 작동하는 기호이다. 그것은 때로는 명시적으로 발설되기도 하지만 대부분은 모호하게, 암시적으로, 상황과 문맥에 따라 해석의 여지를 남기는, 의미가 고정되거나 확정되지 않은 기호로 유통된다. 이 기호의 모호성은 후기구조주의 기호학의 일반론을 벗어나는 역사적으로 특수한 모호성이다.[16] 지시대상이 불명확하고 다양한 해석이 가능한 기호는 해당 민족에게, 특히 그 기호에 의미를 부여하는 집단에게는 과잉 해석과 왜곡, 과민 반응을 야기한다. 어느 면에서는 자신의 뿌리를 잃어버린 이주자 소수민족이 스스로 이등신민이라는 모호한 지위와 차별적 대우에 더 의미를 부여하고 내면화하거나 아니면 최소한 자신들에게 유리한 방향으로 이용하려는 전술적이고 기회주의적인 태도가 '이등신민' 기호를 작동시킨 근본적인 요인이었을 가능성도 부정할 수 없다. 이등신민의 자의식이 과잉 발현되는 과정에서 혼거하는 민족들 간의 관계 또한 긴장과 적대, 불안과 대립의 균열선을

---

16) 후기구조주의 기호학에서 기호는 기표와 기의 관계의 불확정성, 미끄러짐, 중첩성과 모호함을 전제한다. 이에 따라 언어 구조와 행위자의 관계, 기호화와 해독, 이데올로기와 주체의 관계도 상대화되었다. 기호 또는 표상으로서 '이등신민'도 이 후기구조주의 기호학의 기본 전제들을 따르지만 기호 일반의 문제 틀이 아닌 구체적으로 일상에서 작용했던 '이등신민'이라는 기호의 역사성을 구성하는 데 방점을 두고자 한다. 따라서 여기서 논하는 '이등신민' 기호의 모호성, 불확정성 개념들은 후기구조주의적 기호의 일반론이 아닌 제국주의를 관통하는 특수한 민족적 차별의 역사성을 함축하고 있다.

따라 주체와 타자 모두에게 트라우마적 경험을 일상화한다.

20세기 초반의 아시아가 제국의 '동아'로 구성되는 역사적 국면에서 중심에 대한 주변부의, 제국에 대한 식민지의, 안(내지)에 대한 바깥(외지)의, 정주민에 대한 이주민의 아시아는 봉합하지 못한 균열의 흔적, 기억, 트라우마로 남아 있으며 이 역사의 구체적 문맥 안에서 식민지민 이주 조선인을 지시하는 이등신민의 기호가 어떻게 민족들 간의 균열, 분할, 적대의 전선을 따라 이동하는지를 드러내는 것이 이 연구의 목적인 것이다. 이를 위해 이주 조선인과 원주민 중국인, 식민자 일본인, 친일 조선인과 항일 조선인 사이의 관계에 침습한 모호한 '이등신민' 서사의 메커니즘을 각각의 시선에서 재구성할 것이다.

20세기 초반 조선인의 만주 이동

20세기 초 전례 없는 규모의 인구 이동이 전 지구적으로 진행되었다. 교육 수준의 향상, 값싼 임금, 뉴스 통신의 발달, 싸고 안전하며 편리해진 선박여행으로 인해 유럽에서는 매년 100만 명이 신세계 북남미 지역으로 이주했다.[17] 1846~1940년간 유럽에서 미국으로 이주는 약 5,500~5,800만 명, 인도와 남중국에서 동남아시아, 인도양 연안 국가, 남태평양으로 4,800~5,200만 명, 동북아시아와 러시아에서 만주, 시베리아, 중앙아시아와 일본으로 4,600만~5,100만 명이 삶의 근거지를 바꾸었다.[18] 이 시기 제국주의 새로운 주자로 급부상한 일본은 통상 자국 세력권으로의 이주는 식민, 비세력권으로의 이주는 이민으로 구분한 데

---

17) Samuel, "Immigration", pp.317.

서[19] 짐작할 수 있듯이 국내의 과잉인구 해소를 위해 이민과 식민에 주력했다. 도쿠가와 시대에 도입한 위생 개념 및 토지 제도 개선 이후 출생률 증가로 인한 과잉인구 문제를 해결하기 위해 일본 지배하의 영토에 일본인 정착지를 늘리는 한편 해외 이민을 장려하는 식민화를 추진했다. 1917년 이후엔 인력송출회사들을 합병하여 국가보조금을 주고 이주를 장려하는 독점적 국제개발회사를 만들었으며, 중국을 무역시장화하는 한편 만주를 산업기지로 개발하는 대륙 정책에 박차를 가했다.[20] 중국 둥베이 삼성 지역을 만주로 호명하고 풍부한 원자재와 광대한 미개척지를 개간·개발하면서 산업 건설에 착수했으며 일본인과 조선인을 이주시켜 필요 노동력을 충당하고자 했다. 식민과 이민에 근간을 둔 국가 주도 인구정책이 장기화되었으며 국영 혹은 관변 이민기관들(migration machine)이 조직되고 상호연결망을 구축하면서 광범위한 인구 이동 프로젝트가 기획, 실행되었다.[21]

그러나 식민자이자 착취자, 지도민족의 역할을 수행해야 하는 일본인 농민들은 중국 이주를 기피했다. 1930년을 기준으로 만주로 이주한 일본인 가구는 총 1,100호(농민 가구 749호, 반농 가구 351호)에 그친 데다, 중국 정부가 일본인의 토지 소유와 임차를 허용하지 않아 다수가 남만주철도 연선의 도시에 정착하였다. 일본인 농민은 중국 농민과 임금

---

18) Adam McKeown, "Immigration, 1846~1940", *Journal of World History*, Vol.15, No.2, 2004, p.156.
19) 임성모, 「근대 일본의 국내식민과 해외이민」, 『동양사학연구』 103집, 2008, 183~185쪽.
20) Institute of Pacific Relations, American Council, "Memorandum on Japanese Migration policies", *Memorandum*, Vol.1, No.15, Aug. 17, 1932, pp.1~4.
21) Louise Young, *Japan's Total Empire: Manchuria and the Culture of Wartime Imperialism*, Berkeley: University of California Press, 1998, pp.352~398.

과 생산성 모든 면에서 경쟁이 되지 않았고 1937년에도 일본인 이주 농민은 5개 정착촌 4,245명에 불과했다. 상당액의 이민지원금을 주는 강제이주 프로그램에도 불구하고 1932~1938년간 겨우 1만 가구와 소년 자원대 2만 명을 이주시키는 데 그쳤다.[22] 일본인을 중국 정책 및 만주 개발의 핵심민족으로 식민화하는 계획이 차질을 빚자 만주에 대해 거부감이 적은 조선인이 대안으로 부상했다. 황무지를 개간하고 경작지를 넓히는 농업 부문에 투입하기 위해 조선인은 둥베이 삼성 지역으로 이주가 제한됐고 일본인 식민자를 위한 토지 준비 작업에 투입되었다. 한편 중국인 계절노동자의 이주도 지속적으로 증가하여 1927년 한 해만 84만여 명이 만주로 몰려왔는데, 만주국 건립 후 일본은 이도 엄밀하게 통제하면서 중국인 이주자를 쿼터제로 받아들여 광산과 농업에 배치하였다.[23]

조선인은 1차대전 이후 1917~1929년간 약 100만 명이 일본으로 이주했고 이 중 35만 명이 영구 정착했다. 강제합병 이후 만주 이주가 가속화되면서 1920년대 말 이래 태평양전쟁 말기까지 조선인은 전체 만주 인구의 약 3%를 점유하는 소수민족 집단을 구성하기에 이른다. 그러나 절대다수가 농민 이주자였고 1929, 1936년 기준 전체 조선인의 약 4~4.7%만이 남만주철도 연선 도시에 거주했다.[24] 1930년대 초에 대략 100만 명을 기록했고[25] 전쟁 말기에 이르면 170~220만 명의 조선인이

---

22) John R. Stewart, "Japan's Strategic Settlements in Manchoukuo", Institute of Pacific Relations, *Far Eastern Survey*, Vol.8, No.4, Feb.15, 1939, pp.37~43.
23) *Ibid.*, p.40.
24) Lee, "Korean Migrants in Manchuria", *Geographical Review*, p.196 ; 윤휘탁, 「만주국의 2等國(公)民, 그 실상과 허상」, 148쪽.
25) 조선총독부, 「國聯支那調査委員關係書類 : 질문사항응답자료관계」, 국가기록원, 1932, 476쪽.

거주한 것으로 추정되지만 약 70만 명 이상이 무적자로 방치되어 있었기에[26] 정확한 통계는 불가능했다. 1935~1945년간 조선의 인구 자연증가율은 20~24%, 총 1,260만 명의 증가분 중 약 31%가 만주와 일본으로 이주했으며 이는 조선에서 높은 자연증가율에도 불구하고 과잉인구 문제가 불거지지 않았을 정도로 대규모의 인구 이동이었다.[27] 중국 이주자의 거의 전부라 할 99%가 랴오닝, 헤이룽장, 지린의 둥베이 삼성에 거주했고 나머지가 베이징(北京), 톈진, 네이멍구(內蒙古) 등지로 흩어졌으며 전 기간에 걸쳐 90~95% 정도가 농촌에 거주했다. 1940년 '만주 국세조사 보고서'에 따르면 조선인 인구는 약 145만 명으로 이 중 30%가 만주 출생자, 70%가 이주자였고 이주자 중 77%가 1926년 이후 이주한 것으로 집계되었다.[28]

당시 조선의 신문들은 연일 조선인 이민/해외 동포의 동향을 보도했는데 절대다수가 만주 이주 조선인 문제였고 '재만조선인'이 조선을 떠나 만주에 정착하고 또 그 이후에 겪는 문제들까지 연일 신문지상에 등장했다. 척식이민, 국책이민, 집단이민, 개척이민과 자유이민, 도항, 밀항과 탈적, 귀화, 이중국적 문제는 조선인의 이동 양태를 압축하는 용어

---

26) 1937년 『매일신보』는 만주에 거주하는 무적(無籍) 조선인의 수를 총독부가 추정한 전체 100만여 명의 조선인의 70%, 70만여 명으로 추산했다(「재만 100만여 조선인 明春만주국에 입적 : 만주인과 동일한 권리의무」, 『매일신보』 1937.3.4 ; 「만주국에 입적 동시 조선에도 전부 취적」, 『매일신보』 1937.3.7(2)) ; 그러나 1933년 『조선일보』는 이주 조선인이 150만여 명에 이르고 이 중 70만여 명이 무적자라고 보도했다. 전체 조선인 수에 대한 추정이 다르므로 무적자의 백분비도 달라지지만 무적자 70만 명 설은 유지되는 것이 흥미롭다(『조선일보』 1933.10.6(2)).
27) 박경숙, 「식민지 시기(1910년~1945년) 조선의 인구 동태와 구조」, 『한국인구학』 32권 2호, 2009, 29~58쪽.
28) 같은 글, 43~44쪽.

들이었고 수시로 직면하게 되는 재해, 전쟁, 마적, 기근, 착취와 학대, 중
국관민의 행정력을 동원한 추방과 구축(驅逐) 등의 생존위기에 내몰린
'기아동포', '피난동포', '재난동포' 관련 기사들 또한 중국으로 이주한 조
선인의 실상을 표상하고 있다. 유랑(流浪), 유이민(流移民), 방랑(放浪),
표랑(漂浪), 유리(流離) 동포란 말은 관용어처럼 통용되었고, 중국-만주
는 식민화된 약소민족의 비참과 무력, 부당함과 차별, 착취와 폭력의 현
실이 연장되는 공간이었으며, 가깝고 먼 친지들이 거주하는 심정적 근린
공간으로 자리했다. 이에 반해 미국(하와이) 교민 관련 보도는 희망과 기
대, 긍정적 소망을 투영하여 다루었다. 실제로 미주의 조선인들은 미국
정부의 암묵적 배려 속에 태극기를 자유롭게 게시하거나 한국인의 표식
으로 사용하는 등 국가정체성을 유지할 수 있었고 미국 내 반일 분위기
에 힘입어 일본 여권을 소지했음에도 '한국인'임을 적극 드러냈다. 한국
인 단체인 '대한인국민회'를 통해 상징적이지만 자치의 효능감도 누릴
수 있었다.[29] 일본의 세력권으로 이주하는 것과 비세력권으로 이주하는
것은 그렇게 판이했다.

조선인의 중국-만주, 일본으로의 이주의 절대적 요인은 말할 것도
없이 일제의 토지수탈로 인한 소작농의 붕괴와 극한의 빈곤 그리고 일
용직마저 저임금 중국인 노동자들과의 경쟁에서 밀려나면서 생계유지
가 어려워졌기 때문이다. 1929년 중국 지린 지역 6개 현(縣) 20개 촌락
에 거주하는 조선인 201가구에 대한 현지조사 결과를 보면 정치적 이유
로 이주한 사람은 단 7인에 그쳤고 나머지는 다 경제적 이유의 이주였다.

---

29) 목수현, 「디아스포라의 정체성과 태극기: 20세기 전반기 미주한인을 중심으로」, 『사회와 역
사』 86집, 2010, 47~79쪽.

가을에 수확을 마치고 손에 쥔 얼마간의 경비는 오면서 다 써, 열에 아홉은 빈털터리인 채로 목적지에 도착하였다. 중국인 지주에게 소작을 부치는 조선인이 있는 곳에 정착하게 되는데, 처음 1년은 지주가 제공하는 농구와 일용품으로 농사와 생계를 꾸리므로 거의 농노나 다름없는 이주자의 일상이 시작된다. 그중 80%의 가구가 이미 3~7회 꼴로 거주지를 이동한 경력이 있고 단 3가구를 제외한 198가구가 또다시 이동을 고려하고 있었다. 전체 20가구만 약간의 토지를 소유하고 있고 경작지 전부를 소유한 가구는 하나도 없는 데서 알 수 있듯이 토지소유권 문제가 반복되는 이주의 가장 큰 요인이었다.[30] 1920년대 초반 언론이 만주 이주 조선인을 '쫓겨 가는' 조선인으로, "땅을 얻기 위해, 그 지방 사람들의 미움을 피하기 위해, 또 토지와 경작지를 얻기 위해 국적을 바꿔야 하는 고통"을 '사회적 고통'으로 규정한 것은 과장이 아니었다.[31]

제국주의 '이등신민'의 괄호적 존재방식

만주국 연구의 지평을 확대한 야마무로 신이치는 만주에서 일본인 다음이 조선인, 그리고 한만인(漢滿人)을 삼등민으로 구분하는 관행이 여러 현장에서 시행되었다면서, 일례로 쌀 배급과 급료에서 조선인이 이등 대우를 받았다고 지적했다. 또 관동군 사령관이 일본계 관리들에게 배포한 복무심득(服務心得)에 조선 민족과 한족이 충돌할 경우 시비가 동등하다면 조선 민족 편을 들어 한족을 억누르고 조선 민족에게 잘못이 있

---

30) Lee, "Korean Migrants in Manchuria", pp.202~204.
31) 「경제시론: 쫓겨가는 조선인(6)」, 『동아일보』 1924.3.30.

으면 한족과 동등하게 다루어야 한다는 지침이 명시되어 있음도 근거로 제시하였다.[32] 연변대학의 역사학자 최봉룡도 조선인이 만주에서 '이등 국민', 즉 일본 신민으로서 치외법권에 속하는 존재였다면서 만주지배 에 활용도가 높아 일본이 그런 법적 외형을 만들어 냈다고 주장한다. 조 선족은 만주국의 주요 구성분자인 5족(일본, 한족, 만족, 몽족, 조선족)의 하나로 다른 민족들과 대등한 관계로 표상되었으나 순위에서 2위를 차 지했고 일본인과 함께 특수한 위치 곧 '일본 신민의 일부분'인 존재로 과 시되었다는 것이다. 이러한 민족 간 이간 정책하에서 조선인 스스로 타 민족에 비해 우월하다는 자각을 갖게 됐고, 토지 차지(借地)에서 편의를 제공받으면서 '사실은 조선인이지만 실제는 일본인'이라는 이중적 정체 성을 가진 채 '일제의 주구'로 행세한 조선인 유력자들이 생겨났다는 것 이다.[33] 이렇게 이등신민을 일본의 만주 지배와 중국 정책에 적극 기여 하여 이득과 편의를 취한 유력자 조선인으로 한정하는 시각은 해방 후 현재까지 중국에 거주하는 (항일 경력의) 조선족에게 두드러진다. 말하 자면 식민지의 매판 지식인과 기업인, 상공업자, 순사나 주사보 같은 식 민지 하급관리 등을 이등신민의 주요 속성으로 규정함으로써 도시 거주 친일 유력자와 농촌 및 산간오지에 거주한 대다수 농민층을 분리하는 것이다. 하지만 이등신민을 소수의 도시 거주 친일 유력자 그룹으로 한 정하는 것은 제국의 권역 안에서 이루어진 식민지민의 이동(식민)과 그 것의 사회적·역사적 효과 또는 함의를 제한한다는 점에서 신중할 필요 가 있다.

---

32) 야마무로 신이치, 『키메라: 만주국의 초상』, 268~270쪽.
33) 최봉룡, 「만주국의 종교정책과 재만조선인의 종교활동」, 『민족과 문화』 12집, 2003, 62~66
　　쪽 ; 최봉룡, 「기억과 해석의 의미: '만주국'과 조선족」, 『만주연구』 2집, 2005, 100~102쪽.

물론 조선인 이등국민론[34]에 대한 반론이나 회의적 시각도 있다. 재만조선인 중 일부 도시 거주 유력자 집단이 존재한 것이 사실이고, 중국인에 비해 교육열이 높고 문자해독율도 높아 정치적 위상 면에서 내선일체와 오족협화 사이, 즉 일본인과 기타 민족 사이에 위치한 것은 사실이지만 이등국민이라고 할 만큼 지위가 공고하거나 안정적이지 않았다는 것이다. 일례로 만주국을 실질 지배한 관동군 사령부는 조선인을 만주국 국민으로 규정하고자 했으나, 조선총독부는 만주국 인민이지만 만주국 신민은 아니며 오히려 대일본제국의 신민, 즉 '일본 국민에 가까운 위치'에 있음을 강조하는 간극이 오래 계속되었다. 전쟁 말기 징병제를 시행하면서 관동군 사령부도 만주국 국민이 아닌 조선인, 곧 일본 황국신민의 위치를 우선시하는 것으로 귀결되었다는 것이다.[35] 이는 조선인이 조선에서도 그리고 만주국에서도 국민과 신민의 두 범주 사이에 걸쳐 있는, 어느 한 곳에 고정되지 못한 존재였다고 말하는 것이다.[36]

　　이등국민론에 대해 회의를 넘어 전면 부정하는 시각도 존재한다. 조선인은 오히려 삼등국민이었으며 심지어 만주국 사회의 타자로 소외된 위치에 있었다는 것이다. 이등국민론은 당시 일부 일본 관료나 관동군 사령부 인사들의 언급, 친일적 조선인들, 일부 지식층, 그리고 배일 관념이 약한 일반 대중의 자의식에 존재했지만 이것은 과장되었고 일부는 사실 왜곡이라는 것이다. 재만조선인은 일본어 구사 능력, 일본적 가치

---

34) 이하에서 "이등국(공)민"으로 표기하는 경우는 인용문에서 저자가 그렇게 표기한 경우에 그 표기법을 살리되 겹따옴표로 인용임을 나타낸 것이다.
35) 塚瀬進, 『滿洲國 : 民族協和の實像』, 吉川弘文館, 1998/2002, 102~105쪽.
36) 장용경, 「'조선인'과 '국민'의 간극: 전시체제기 내선일체론의 성격과 조선지식인의 대응」, 『역사문제연구』 15호, 2005, 279~300쪽.

관에 동화된 정도가 중국인 쿨리(일용직 노동자)보다 높아 임금이 상대적으로 높았던 것이 사실이나, 낮은 취업률과 진학률, 높은 빈곤율과 열악한 주거환경, 만주국 중앙정부와 지방정부, 법조계, 하급법원, 경찰 등 하급직 관리 임용율을 보아도 시기별·지역별[37]로 다소 차이는 있지만 대체로 1% 내외에 그쳤다는 것이다.[38] 특히 윤휘탁은 친일『만선일보』 등의 자료 분석을 통해 재만조선인이 만주에서 부정적 타자로 존재했음을 역설한다. "이등국(공)민"은 일제로부터 이용가치를 인정받을 때만 유지되었고 오히려 그 때문에 중국인에게 멸칭인 '얼궤이즈'(일본 놈의 아류)로, 일본인에겐 비굴하면서 중국인에겐 일본인인 것처럼 폼을 잡는 교활한 노예, 일본의 앞잡이로, 즉 중국인에게 반발과 멸시의 대상으로 존재했다는 것이다. 일부 조선인들이 일본인을 우월민족의 반열에 두고 그들과 동격으로 대우받고자 하는 인정심리가 반영된 허위적 언사였음에도 결과적으로 중국인보다 우월하다는 잠재의식을 형성했고 일본인에도, 조선인에도, 만주 국민의 어느 범주에도 소속되지 못한 회색인이었다고 강하게 "이등국민론"을 부정한다.[39]

이러한 이등국민론에 대한 전면 부정 내지 비판적 논의가 갖는 유용성은 재만조선인의 정체성은 복합민족국가 만주국을 구성하며 또 함께 잡거하는 민족들 간의 역학 관계 속에서 분석될 때 실체적 진실에 접

---

37) 조선인이 절대다수를 점유한 간도성에서 다소 상황이 좋았다고 할 수 있는데, 그나마 전체 기간에 걸쳐 과장급 이상 조선인 간부는 2~3명에 그치다가 1938년 이후에는 1명도 없었다. 반면 일본계가 간부직의 91%를 점했다. 하급직인 경찰직의 경우 중국계가 96%를 차지했다. (윤휘탁, 「[만주국] 정부의 민족구성과 운영상의 특징」, 128쪽)

38) 윤휘탁, 「만주국의 2等國(公)民, 그 실상과 허상」, 141~159쪽 ; 윤휘탁, 「[만주국] 정부의 민족구성과 운영상의 특징」, 115~143쪽 ; 한석정, 『만주국 건국의 재해석 : 괴뢰국의 국가효과 1932~1936』, 2007/1999, 179~190쪽.

39) 윤휘탁, 「만주국의 2等國(公)民, 그 실상과 허상」, 168~171쪽.

근할 수 있음을 드러낸 점이다.[40] 일례로 만주 중국인은 조선인을 고려인, 조선인, 한국인의 세 가지 호칭으로 구분해서 불렀다. 고려인은 당군(唐軍)에게 패했다는 점에 방점을 두어 '고려팡스', 즉 옥수수대처럼 아무 쓸모없는 사람이라는 모멸의 명칭이고, 반면 대우하고 존경할 때는 (1897년 광무개혁 이후 대한제국의) 한국인이라고 구별했다. 조선인은 일본 세력과 재력을 배경으로 하거나 또 그렇게 보이는 사람들을 지칭했다.[41] 이 세 가지 서로 다른 호칭은, 이주 조선인의 정체성이 정주 사회에서 수행하는 사회적 역할과 기능, 토착민과의 사회적 관계를 통해서 구성된다는 것을 보여 준다. 여기서 '조선인' 호칭은 넓은 의미의 친일적 조선인, 즉 최봉룡과 윤휘탁이 언급한 친일적 이등신민을 포괄한다. 그러나 친일적이지 않아도, 이등국민이라는 자의식을 갖지 않아도, 사안에 따라 일본의 치외법권적 특권에 기대거나 영사관과 영사경찰대의 보호에 의존할 수 있는 '유리한 위치'를 전략적으로 활용한 다수의 조선인 농민과 도시 거주자들도[42] 중국인들에게는 일본의 이등신민, 얼궤이즈에서 크게 벗어나지 않았을 것이다.[43]

그런 점에서 "이등국민론"에 대해 회의적이지만, 완전히 부정하기

---

40) 윤휘탁, 「만주국의 2等國(公)民, 그 실상과 허상」, 139~140쪽 ; 윤휘탁, 「[만주국] 정부의 민족구성과 운영상의 특징」, 115~116쪽.

41) 「만주 중인의 배한 문제와 대책(1)」, 『동아일보』 1927.12.7.

42) 손승희, 「만주사변 전야 滿洲韓人의 국적 문제와 중국·일본의 대응」, 215~249쪽.

43) 1931년 완바오산 사건은 중국 이주 조선인의 사회적·경제적 행위가 일본 제국주의의 문맥 안에서 규정될 수밖에 없는 상황을 날것 그대로 드러냈다. 친일적 중국인들이 조차한 토지를 토지소유권이 없는 조선인에게 다시 조차하면서 시작된 중국 농민과 조선인 농민 간의 관개수로 공사를 둘러싼 분규는 일본이 교민보호를 앞세워 경찰을 파견함으로써 조선인에게 유리한 방향으로 해결되었다. 양국 농민 간에 인명피해는 없었으나 조선에는 『조선일보』의 오보로 조선인 수백 명이 희생당했다고 알려져 중국인 화교에 대한 제노사이드가 자행되었다.

보다 일본인의 하위범주로서 '조선인'으로 존재했던 방식이 갖는 유동
성에 주목해야 한다는 지적[44]은 이등신민의 기호학적 효과에 주목할 필
요성을 시사하는 것으로 보아도 무리가 없다. 이등신민은 실질적인 지위
가 아니라 담론 및 기호적 장치이자 표상, 서사라고 보면 그것이 활성화
되는 국면을 만주국(1932~1945) 시기로 한정하지 않고 일본이 조선의
외교권을 장악한 1905년 이후, 다시 말해 청일 간에 중국 둥베이 삼성 거
주 조선인 문제를 해결하기 위해 체결한 간도협약(1909) 이후 징후적으
로 작동한 것으로 거슬러 올라가는 역진도 가능하다. 1910년 이래 조선
인의 국적은 일본인이었고 간도협약에 따라 일본영사관의 보호하에 있
는 일본 신민이었다.[45]

중국 정책에 조선인이 효과적으로 동원될 수 있게 되자 역설적이게
도 조선인을 표기하는 인구 범주를 '모호한 상태'로 두는 것이 더 유용하
다는 일본의 입장도 분명해졌다.[46] 이는 만주국 건립 이후에도 달라지지
않았다. 만주국 공식문서에서 통용되었던 9개 유형의 민족 범주에서 조
선인이 불안정하고 모호한 '이등신민'의 기표 안과 밖을 오간 것을 확인
할 수 있다. 공식문서에서 '만주국인'은 한족과 만주족을 중심으로 32개
인종 모두를 포괄하는 의미로 통용되었으나 일본인만은 9개 유형 전부

---

44) 한석정, 「만주국의 민족형성과 외래 거류민의 사회적 위치에 관한 연구: 조선인과 일본인
   의 경우」, 『한국사회학』 31집, 1997 겨울호, 860~867쪽.
45) 중국에 개설한 일본영사관은 1897년 뉴좡(牛莊)영사관을 시작으로 조선인 밀집 지역인 안
   둥(安東, 1906), 펑톈(奉天)총영사관(1906), 지린(1907), 톄링(鐵嶺, 1916) 등으로 이어졌고
   영사관 출장소, 분관 등을 설치하였다. 영사관에는 경찰대도 부설되었으므로 조선인이 보
   호를 받을 수 있었다.
46) 손승희, 「만주사변 전야 滿洲韓人의 국적 문제와 중국·일본의 대응」, 236~237쪽 ; 1930년
   간도 총영사 오카다 겐이치(岡田兼一)는 조선총독부에 조선인 귀화에 대한 입장을 정리하
   면서 "현재와 같이 애매모호한 상태로 둘 것"을 건의하였다.

에서 만주국인에 포함되지 않은 별도 범주로 등장한다. 그리고 조선인은 대부분 암묵적으로 간혹 명시적으로 '일본인' 범주에 포함되기도 하고 조선인으로 별도 분류되기도 했다.[47] 독립적으로 표기된 경우는 9개 유형 중 3개에 그쳤다. 이처럼 만주에서 민족 범주들은 모두 안정적이지도 않았고 일관되지도 않았지만 조선인의 경우는 더 심했다.[48] 분명한 것은 조선인 범주는 민족적 고유성 내지 변별성을 독립적으로 작동시킬 수 없는 상태에서 일본인 범주에 포함되거나 삭제 또는 괄호 안에 부기(附記)되는 형태로 존재했다는 점이다. 공식문서에서 불규칙적으로 일본인 범주에 포함되거나 괄호 안에 표기되는 존재방식[49]이 이등신민론이 작동하는 방식이었다. '이등신민'은 모호하게 미끄러지듯 조선인을 가리키다가 사라지는 기표, 조선인이 제국의 식민지민으로 전락한 이후 이동한 중국에서 그리고 만주국에서 원주민과 일본인, 기타 민족들과의 관계에서 괄호 쳐진 채 삽입된 이질적이고 분열적인 기호였다.

'동아'의 정치학 : 민족차별적 '이등신민' 서사의 모호한 발설

중국과 만주에는 반만항일투쟁에 적극적이었던 항일 조선인, 즉 일본의

---

47) 이를테면 일본인의 범주 밑에 하위범주로 '내지인/조선인' 식으로 표기되는 경우가 많고 일본인과 분리하고 또 만주인과 분리해서 "조선인"으로 별도 표기되는 경우도 있다. 이는 상황에 따라 일본인이거나 만주 국민으로 표기되는 불안정성과 모호성을 방증한다.

48) Tamanoi, "Knowledge, Power, and Racial Classification : The 'Japanese' in Manchuria", pp. 255~257.

49) 일본인에 포함되어 명기되는 경우 일본인(조선인 포함)과 같이 괄호의 형식으로 일본인에 병기되는 경우가 많았다. 이런 괄호 치기는 '()'가 갖는 유보적, 임시적, 한정적, 불규칙성, 유동성을 조선인 범주에 덧씌우는 효과를 낸다는 점에서 '괄호적 존재방식'이라 하였다.

입장에서 불령선인으로 규정되는 조선인들이 다수 존재했다.[50] 그리고 이등신민을 이들의 대척점에 있는 친일적 조선인으로 한정하는 시각이 일부 있다. 일제의 대륙 침략전쟁과 병참기지화 정책에 주도적으로 부응한 '제2의 일본인'으로서 '만주 침략의 주구', '앞잡이' 역할을 수행하며 '일본 신민의 일부분'으로서 '특수한 위치'를 점한 친일 조선인으로 규정하는 것이다.[51] 하지만 식민지 통치의 효율성을 위해 제국과 원주민 사이에서 중간자 혹은 중개자 역할을 수행할 소수민족으로서 조선인이 필요했던 일본의 입장에서 보면 이등신민의 외연을 적극적 친일 조선인으로 한정하는 것은 문제가 있다. 이를테면 야마무로 신이치는 재만조선인은 일본인(동양궤이즈)의 다음가는 위치에 있어서 얼궤이즈로 불리웠다면서 만주국의 중요 구성분자로서 또 황국신민으로서 국방전쟁에 동원되었다는 점, 그리고 전후 참혹한 위치에 놓였지만 이미 경제적 기반을 가졌기에 귀국할 수 없었던 112만 명의 조선인 잔류자가 그 증거라고 주장한 것[52]은 이등신민을 도시 거주자나 친일 유력자로 한정하는 시각과

---

50) 1932년 지린 총영사 이시이 이타로(石射猪太郎)가 국제연맹 지나 조사위원 요시다(吉田伊三郎) 특명전권대사에게 보낸 기밀공령(機密公領) 제13호(1932.5.21)는 중국 내 배일·배선 분위기에 대한 내용을 정리하면서 재만 불령선인을 민족적 독립주의자, 공산주의자로 분류한다. 독립주의자는 다시 국민부와 한족총연회자파로 이분하고 공산주의자는 ML파, 화요파, 경성상해파로 구분하였다. 1919년 조선 독립운동 후 급격히 그 수가 증가한 조선인 망명자라는 것이다(조선총독부, 「國聯支那調査委員關係書類 : 질문사항응답자료관계」, 476쪽).

51) 만주국 성립과 함께 조선인은 토지 차지상에서 다대한 편리를 얻게 되었고 이를 '만주국의 국민'인 동시에 '일본 신민'이라는 특수한 지위이기에 가능한 혜택이라고 생각했다. 민생단, 협화회, 간도협조회, 무장자위단, 선무공작반 등은 친일 조선인들이 중심이었고 만주국 국군, 국경감시대, 경찰, 관리 등 직업에 종사하는 친일 조선인은 의도적이고 주도적으로 심지어 광적으로 일본에 대한 충성심을 표출했다. 이러한 충성심과 자발성을 촉발한 것은 이등국민이라는 자의식이었다(최봉룡, 「기억과 해석의 의미 : '만주국'과 조선족」, 104~105쪽).

52) 야마무로 신이치, 『키메라 : 만주국의 초상』, 341쪽.

배치된다. 항일과 배일의 민족주의, 사회주의 관점에서 보면 이등신민은 친일 조선인들로 좁혀지지만 다른 시각에서 보면, 일례로 조선인에 붙여진 얼궤이즈의 호칭을 염두에 두고 보면, 이등신민의 외연은 적극적 친일 조선인을 넘어 확장된다. 조선인 전체를 가리키는 얼궤이즈라는 호칭이 중국 사회에 널리 통용된 것은 일본의 중국 침략에 어떤 형태로든 기여하는 조선인에 대한 반감이 중국인의 의식과 일상에 뿌리내리고 있었음을 의미하는 때문이다.

일본은 1907년 간도파출소를 설치하고 이후 '선만일체화' 방침에 따라 만주 정책을 추진했는데 1909년 일청 간에 체결된 간도협약은 개척지 거주 한인은 청국법에 따라 납세 및 행정상의 처분을 받되, 일본관헌의 입회권, 인명관련 사안에 대한 고지의무, 불법재판에 대한 복심청구권을 인정했다. 치외법권도 룽징(용정)촌 등 일부 상도지 조선인의 재판관할권을 인정하는 형태로 부여되었다. 이렇게 중국의 법역과 일본의 법역 사이에서 조선인의 법적 지위는 형사사건이 발생하면 중일 양국 중 먼저 집행한 쪽이 주도권을 갖되 쌍방이 관여하는 모호한 상태에 있었다. 조선인은 세금우대를 받기 위해 일본의 보호가 필요했고 아편매매, 밀수 등 범죄를 저지르면 일본 영사 재판을 선호했다. 그러나 토지 문제는 중국법정에 의지하는 등 사안에 따라 중일 간 대립을 이용하는 '유리한 위치'를 활용했다.[53] 일본이 외교권을 장악한 1905년 이후 중국의 조선인은 일본의 치외법권적 지위를 부분적으로 향유했고 일본영사관의 보호를 마다하지 않았다. 그리고 이는 국가나 민족보다 우선하는 가치인 '살아남기'를 위한 행동이자 타협으로 합리화했다. 일본의 보

---

53) 손승희, 「만주사변 전야 滿洲韓人의 국적 문제와 중국·일본의 대응」, 218~219, 229~230쪽.

호를 친일도 아니고 저항도 아닌 생존의 문제로 접근한 것이다.[54] 1915
년 5월 9일 일본과 중국 간에 「남만주 및 동부 내몽고(네이멍구)에 관한
조약」이 체결되자 중국민은 이날을 국치일로 선포하고 국권 회복을 위
한 배일·항일 운동으로 전환한다. 이 국면에서 일본은 신조약이 조선인
에게 '광명의 전도'를 열었다면서 "조선인도 역(亦) 일본국 신민이오 아
(我) 일본국 신민은 만주 및 내몽고에서 자유 거주 왕래하며…… 신조약
에 일본국 신민 중에 아(我) 조선인도 포함함이 아닌가. 이미 일본국 신
민이 된 이상"이라고 공언하였다.[55] 강제병합 이후 일본신민론이 일본영
사관의 보호와 특권적 치외법권에 힘입어 '이등신민' 서사로 탈바꿈하
여 부상하게 되는 것이다.

　　이리 보면 재만조선인의 문제는 정체성이나 자의식 차원의 문제
로 접근하기보다 조선인들이 어떤 논리로 일본의 지배에 순응하고 분
리하고자 했는지를 규명하는 것이 더 실질적일 수 있다. 1931년 만주사
변, 1932년 만주국 건립, 1937년 중일전쟁으로 이어지는 일제의 대륙 정
책 틀 안에서 민족협화와 내선일체라는 상호모순적인 이데올로기를 통
해 조선인들이 일본의 지배에 순응함과 동시에 분리하는 논리가 형성되
었다는 시각이 그런 경우이다.[56] 이등신민의 서사는 제국의 통치서사인
내선일체론과 만주국의 민족협화론이 교차하는 지점에서 보다 공고해

---

54) 한수영, 「만주의 문학사적 표상과 안수길의 『북간도』에 나타난 '이산'(移散)의 문제」, 『상허
　　학보』 11집, 2003, 117~119쪽: 한수영은 만주에서 이주자로 살았던 작가 안수길이 만주
　　체험을 다룬 소설들의 주요 인물들을 통해 말하고자 한 것은, 민족주의 시각에서 보면 친
　　일로 볼 수 있는 재만조선인들의 일본과의 타협적 행동들이 단순히 친일로 규정할 수 없는
　　살아남기를 절대 가치로 하는 재만조선인의 '독특한 체험'이라고 해석하고 있다.
55) 「만몽과 조선인」(사설), 『매일신보』 1915.6.17.
56) 민경준, 「만주국 조선인의 '황국신민'관: 1930년대 후반을 중심으로」, 『역사와 경계』 72호,
　　2009, 1~41쪽.

지고 노골화했다. 다시 말해 상호모순적인 민족협화와 내선일체 이데올로기의 불안정한 교차 지점에서 이등신민의 서사가 수면 위로 부상하게 된 것이다. 분명한 것은 이 불안정한 교차 지점이 조선인이 이해한 '동아 신질서'가 존재하는 지점이며 인종주의적 '동아 신질서' 안에서 이등신민이라는 불확실하고 유동적인 표상 또한 자가발전의 동력을 얻게 되었다는 점이다. 일본은 필요에 따라 이 분열적 교차 지점을 건드리면서 조선인을 만주 경영에 동원하였다. 이는 만주국 성립 이후 관동군 육군소장 가네코(金子定一)가 『만선일보』에 기고한 「재만조선인에 寄함」에서 확인할 수 있다. "만주국 민족협화"의 현 단계가 "일한(日漢) 민족"의 융화에 중점을 둔 "일한 민족 본위의 협화"로 진행되는 것이 불가피한 사실이고 이 과정에서 조선 민족을 위시한 (일본인과 한족을 제외한) 기타 민족이 어느 정도 한각(閑却)되어 있음을 인정하면서,[57] 그럼에도 불구하고 조선인, 특히 지식 군중의 민족협화, 즉 동아 신질서 건설의 중대사명을 강조한 것이다.[58] 만주국이 일만지(日滿支) 융화를 근간으로 한다고 선언하면서 조선인을 일본인의 대리자로 앞세우는 논리는 이등신민 서사를 정면으로 배신하지만, 이 배신은 조선인이 "동아 신질서라는 중대 사명의 천사"라는 간지(奸智)에 가려 은폐된다. 중국과 그 문화에 대한 이해가 높고 일본정신을 연마하여 내지인을 능가하는 능력을 지닌 조선인을 '동아'의 대변인으로 활용해야 한다는 관동군 육군소장의 논리에 부러 더 의미를 부여하는 것이다.

---

57) 金子定一, 「재만조선인에 寄함: 재만선계의 입장」, 『만선일보』 1940.1.1.
58) 金子定一, 「재만조선인에 寄함: 재만선계의 입장」, 『만선일보』 1940.1.3.

"(조선인은) 조종(祖宗) 이래로 소중화(小中華)로 지나에 대한 이해(높고) 그 문화를 직접 학득(學得)하여 명성이 높다. 그리고 현재는 일본의 국체, 일본정신을 연마, 정진하여 내지인을 능가한 인재가 불소(不少)하다. 여하간 차등 인재를 차치하고 소인(素人)일지라도 내지인 자신이 일본정신국체 운운 설명하는 것보다 조선인을 통해 대륙 병참기지로 손색없는 약진 조선의 현실을 실례의 증거로 대변적 입장으로 설명하는 것이 대륙인의 심정을 감동시키기 용이하다고 생각한다. 우리는 조선 인사가 여사(如斯)히 일한 민족 연합의 중개자가 되어 동아 신질서 건설의 중대사명의 천사(天使)가 되기를 희망한다."

만주국 건립의 이론적 기초인 만몽영유론을 만든 이시하라 간지(石原莞爾)도 "민족협화에 끼친 조선인의 공헌"을 주제로 『만선일보』에 기고한 글에서 민족협화 초기에 조선인의 협조가 있었다면서, 조선인은 "충분히 일본 국민이 될 수 있다. 동아(東亞)의 문제를 해결해 감에 우리(일본인)와 제일 인연이 가깝고 제일 관계가 밀접"한 조선인을 "형님벌인 일본 내지인이 알아줘야 한다"는 등의 수사를 구사했다.[59] 그리고 얼마 후 『만선일보』는 민족협화에 대한 조선인의 책무를 강조하는 사설에서 이시하라가 기고한 다른 잡지[60] 기사를 인용하며 "지도민족(指導民

---

59) 「만주 건국과 지나 사변 : 민족협화에 끼친 조선인의 공헌」, 『만선일보』 1940.5.17 : 이 글은 30년의 신고(辛苦)를 거쳐 내선일체를 받아들이게 된 조선인들이 민족협화에 협력하였음에도 일본이 그에 상응하는 대우와 평가를 하지 않는 것을 불만스럽게 여기고 있으므로 일본인이 양 민족 관계를 위해 조선인의 불만을 이해해야 한다는 취지의 글이다.
60) 이 잡지는 『동아연맹』(4월)이다. 이시하라가 조선인이 지도민족 일본인과 가장 가까운 민족임을 강조했다는 부분을 인용했는데, 인용구가 5월 17일자 게재 기사와 같은 것으로 미루어 『동아연맹』 기고문과 『만선일보』 기고문이 대동소이하거나 같은 글인 것으로 보인다.

族)인 야마토 민족(大和民)과 가장 인연이 가까운 조선인이 견실한 접합
제가 되어 만계(滿系) 대중의 모범이 되고 협화증진의 도력(道力)이 되
어야 한다는 것이 지도적인 일본 지식인의 견해"라고 강조했다. 『만선일
보』가 이시하라가 조선인을 일본인과 가장 가까운 민족으로 인정하고
있음을 과시하는 것에서, 친일 조선인과 제국 일본의 이해가 모호한 이
등신민 서사에서 타협점을 이룸을 확인할 수 있다.

　　중일전쟁 이후 조선 정책의 근간이 된 내선일체론은 만주에서 제
민족 간 협화, 동아 신질서 구축을 위한 조선인의 정치·경제·사상·산업
경제 상의 역할을 강조하였다. 일제는 조선인과 (일본)국민 사이에 엄
연히 존재하는 간극을 중국 침략이 장기화하는 단계에서 내선일체론으
로 전유하였고, 조선인은 이를 일본인과 동일한 권리와 의무를 지는, 차
별 철폐의 맥락에서 수용했으며 전략적으로 전유했다.[61] 그러나 내선일
체론이 표방하는 황국신민화는 법적이고 공식적인 일체화가 아닌 '심신
일체'의 합일, 즉 천황국체론을 수용하고 천황을 마음으로 사심없이 봉
대하는 신민을 의미했다. 황국신민은 종교적 천황숭배를 통해 획득할 수
있는 자격이었지 문화적인 동화나 국적과는 무관했다.[62] 이는 천황주의
가 혈통에 호소하는 레토릭이 내포된 변형된 인종주의를 견지했기 때문
이다. 일본인이 된다는 것은 일본인의 혈통을 가졌음을 의미하므로 (조
선인의) 일본 국적이 일본인을 인증하는 표식은 될 수 없음을 우회적으
로 선언한 것이다.[63] 조선의 지식인들은 이를 협화론의 논리와 조합하여

---

61) 장용경, 「'조선인'과 '국민'의 간극: 전시체제기 내선일체론의 성격과 조선지식인의 대응」.
62) 김명구, 「중일전쟁기 조선에서 '내선일체론'의 수용과 논리」, 『한국사학보』 33호, 2008,
　　382~386쪽.
63) 고마고에 다케시, 「일본의 식민지배와 근대성: 중첩된 폭력」, 『흔적』 2호, 242~245쪽.

동아 신질서의 구축을 토대로 민족의 운명을 논하자는 정치 노선, 즉 조선인 고유의 민족의식을 폐기하고 미래를 도모해야 하며 야마토 민족만이 가장 발달한 강대 민족이므로 천황국체론을 수용해야 한다는 논리를 전개했다.[64] "동아(東亞) 정신에 즉(則)한 조선인은 일본이 대국임을, 동아라는 큰 집을 제가(濟家)할 아들임을 분명히 인식함으로써 일본인임을 자각해야 한다"[65]는 논리는 '동아'라는 지정학적 공간에서 스스로 이등신민의 지위를 자임한 것이다. 다시 말해 이등신민의 이론적 논거를 세우는 동시에 그것의 비공식성, 모호성과 유동성 또한 묵인한 것이다. 청일전쟁과 러일전쟁에서 연승한 이후 일본은 중국, 조선을 제외한 기타 지역에서 반서구 제국주의의 지도국이자 아시아 대표국으로 인정되고 있었고[66] 이 문맥 안에서 내선일체론과 민족협화론이 이등신민 서사에 모호한 이론적 근거를 제공하게 된 셈이다.

그러나 일제의 동아 신질서는 자본주의와 사회주의를 동시에 극복하고 새로운 제3의 근대적 질서를 동아시아에 실현하는 것이며 이를 위해 중국과 일본이 결합해야 함을 강조했다. 국가와 국가, 민족과 민족 간의 국제적 연대에 기반한 신질서는 일본이 지도적 역할을 맡고 각 민족은 특수한 독립국가 형태로 연대하는 신질서였다. 이 동아 신질서에서 조선은 독립국가를 구성할 만한 고유한 특수성을 가진 민족으로 분류되

---

64) 김명구, 「중일전쟁기 조선에서 '내선일체론'의 수용과 논리」, 393~398쪽.

65) 최봉룡, 「기억과 해석의 의미 : '만주국'과 조선족」, 108~109쪽.

66) 구나완 모하마드, 「인도네시아의 아시아」, 야마무로 신이치 외 엮음, 『파워 : 아시아의 응집력』, 양기호 옮김, 한울출판사, 2003/2007, 183~196쪽 : 인도네시아 초대 부통령이자 독립운동가였던 모하맛 하타(Mohammad Hatta, 1902~1980)는 1923년 일본을 아시아의 새로운 대표권력으로 신화화하면서 일본이 백인지배를 물리치고 아시아 민족 가운데 처음으로 자유와 희망을 전파한 나라로 규정했다. 인도네시아에서 아시아의 상징은 일본이나 인도였다.

지 않았다. 일만지일체와 내선일체에서 말하는 '일체'는 중국과 조선에서 차별적으로 적용되었다.[67] 동아 신질서를 구현하는 실험장이 될 만주국에서 민족협화란 "어디까지나 일한(日漢) 민족의 융화에 중점을 두고 '일만지삼국동아대륙내선일본'(日滿支三國東亞大陸內鮮日本)을 연결하기 위해 3국 인민이 대동단결"하는 것을 목표 삼았고 이에 따라 일본인과 한족을 제외한 조선 민족 이하 모든 기타 민족이 현실에서 낙오하고 어느 정도 소외되는 것을 당연시했다.[68] 그러므로 이 동아의 맥락 안에서 조선인 이등신민론은 온전히 작동할 수 있는 것이 아니었다. 그것은 애초부터 실질을 결여한 빈 수사였다.

만주의 친일 조선인들도 "절대다수를 차지하는 한만인(漢滿人)에 비해 중심적인 존재가 못되고 일본 국민의 일부분임은 틀림없지만 일반적 민족의 저위(低位)로 인해 내지인과 어깨를 겨누고 있지 못한 조선인은 양에 있어서나 질에 있어서나 동양연맹의 결성을 목표로 하는 민족협화의 중심에서 소외되기 쉬운 처지에 있다"는 정세 인식을 피력하곤 했다. 내지의 일본인도 여전히 조선인에게 무관심하며 조선을 식민시하고 이민족시한다는 판단도 하고 있었다. 이등신민론과 그렇지 못한 현실 사이의 간극에 직면하여 조선인은 저항하기보다 적응하는 방식으로 대응하였다. 야마토 민족과 '가장 가까운 인연'의 관계를 인정받는 정신적 보상에 의미를 부여하는 것이다. "조선에서 내선일체의 진정한 정신에 잘 합치해 나가는 것과 마찬가지로 만주국에서 일본 국민의 일부분으로

---

67)) 김명구, 「중일전쟁기 조선에서 '내선일체론'의 수용과 논리」, 377~381쪽.
68) 金子定一, 「재만조선인에 寄함: 재만선계의 입장」, 『만선일보』 1940.1.1 ; 金子定一, 「재만조선인에 寄함: 재만선계의 입장」, 『만선일보』 1940.1.3.

서[69] 민족협화 이념을 구현"하는 일에 더욱 매진할 명분과 동기를 스스로 재생산해야 했던 것이다.[70] 현실의 모순과 차별을 외면하고 대신 의미를 결여한 모호한 수사와 언설들에 가치를 부여하는 방식으로 이등신민의 사회적 정체성을 유지하고자 한 것이다. 적어도 일본 신민의 삶을 선택한 조선인들에게 이등신민의 기호는 그만큼 중요했다.

중국인을 타자화하는 이등신민의 시선

20세기 초반 식민지 조선인의 중국인/만주인을 바라보는 시선을 유사(의사) 제국주의적 시선으로 규정하는 논의는 많다. 중국 둥베이 삼성 지역과 만주를 오가는 조선인 작가나 지식인들의 여행기, 시찰기, 체류기, 기행문, 견학보고서, 신문과 잡지에 투고된 기사, 소설 등 식민 시기에, 특히 1932년 만주국 건국 이후에 생산된 만주 서사를 관통하는 것은 의사 제국주의의 시선이라는 것이다.[71] 이들이 쓴 텍스트에서 만주는 피식민자로서 억압과 결핍을 보상받는 욕망의 공간, 타자화되었던 경험을 만주에 투사하여 주체의 지위를 획득할 수 있는 기회의 공간으로[72], 집단

---

69) "일본 국민의 한 부분으로서"라는 표현은 사설 「망향적 퇴폐성을 청산합시다」(1940.5.9)에서도 등장한다. 이는 일본의 공식문서에 표기된 '일본인'(조선인 포함)의 범주가 만들어 낸 효과일 수 있다.

70) 「민족협화에 在한 조선인의 책무」(사설), 『만선일보』 1940.5.25.

71) 차성연, 「만주 이주민 소설의 주권지향성 연구: 안수길과 이기영의 소설을 중심으로」, 『국제어문』 47집, 2009.12, 293~296쪽.

72) 한수영, 「만주의 문학사적 표상과 안수길의 『북간도』에 나타난 '이산'(移散)의 문제」, 『상허학보』 11집, 2003, 105~133쪽; 한수영은 안수길(1911~1977)의 『북간도』(1967)를 분석하면서 안수길은 친일도 저항도 아닌, 하나의 코드로 해석하는 단순화가 용납되지 않는 독특한 만주 체험을 드러내고 있다고 분석했다.

적 가학과 피학의 이중적 민족주의가 구현되는 공간, 만주 유토피아니즘에 내재된 '일등국민'으로의 도약을 꿈꿀 수 있었던 공간, 그래서 식민지적 무의식과 식민주의적 의식이 분열적으로 실현되는 장소,[73] 문명적으로 열등하지만 미학적으로는 보존되어야 하는 정복지로 간주했다는 것이다.[74] 의사 제국주의와 식민지민으로서 타자화된 경험을 보상받는 기회의 공간에서 보다 노골적으로 제국주의자의 시선을 드러내는 경우는 물론 1930년대 내선일체론을 민족협화보다 더 우위에 두는 친일작가들이다. 조선인은 일본 국민이라고 명확하게 발설하는 것이다.[75]

　중국과 중국인에 대한 의사 제국주의 시선의 구성은 서구 제국주의와 일본에 의해 무너지는 중국을 목도한 19세기 말에 이미 조선에 확산되고 있었다. 서양문명론과 근대를 기준 삼아 중화문명을 야만시하고 열등한 동양 문화의 핵심으로 규정하였고, 이런 중국에 대한 오리엔탈리즘의 시선은 주로 일본을 통해 유입되었다. 1880년대 이래 일본은 근대와 문명, 서구에 대한 지식의 가장 권위적인 참조원으로서 조선 지식층과 관료들에게 상당한 영향력을 미치고 있었기 때문이다.[76] 중국의 패권

---

73) 김철, 「몰락하는 신생(新生): '만주'의 꿈과 「농군」의 오독(誤讀)」, 『상허학보』 9집, 2002, 123~159쪽: 김철은 모더니스트이자 리얼리스트 작가 이태준(1904~1956)의 「농군」(1939)을 재평가하면서 일본의 만주 경영이라는 제국주의에 편승한 국책소설로 규정했다.
74) 차혜영, 「동아시아 지역표상의 시간·지리학: 「문장」의 기행문 연구」, 『한국근대문학연구』, 20호, 2009, 123~161쪽: 차혜영은 잡지 『문장』(1939.2~1941.4)에 게재된 기행문을 분석했는데 대부분의 기행문이 만주를 전유하는 중국 기행문이 주류를 이루고 그 주변에 일본이나 서구 기행문이 배치되는 형태라고 규정했다.
75) 김재용, 「내선일체의 연장으로서 만주국 인식: 장혁주의 행복한 백성을 중심으로」, 『한국근대문학연구』 6권 1호, 2005, 308~325쪽: 김재용은 장혁주(1905~1998)의 친일 국책 작품 「행복한 백성」(1943)을 분석했다. 여기서 장혁주는 치외법권 철폐(1937.12) 이후 조선인의 교육행정권이 일본에서 만주국으로 이관된 데 따른 불만을 이 소설을 통해 토로하였고 조선의 내선일체론자들의 입장을 대변했다.

하에 형성된 동양문명의 열등성을 강조하고, 일본 중심의 새로운 아시아를 구상하는 일본의 오리엔탈리즘에 기반해서 1890년대에 조선인 스스로를 동양의 중간민족으로 자처하는 인식이 형성되었다. 일례로『대조선인 일본유학생 친목회 회보』[77] 창간호에서는 조선을 포함하여 동양민족에 대한 인종주의적 평가가 이루어지고 있다. "영국 등 다른 나라에서 우리를 소국이라고 하나 조선인이 재주가 없다 할 수 없고 신체상으로 보더라도 동양 제국 중에서 중등 이상의 인물인 것이 현금 일본인보다 2/3의 기력을 두었으며 체격으로 보더라도…… 무용, 지식, 기력이 상당하"다는 언설에서 조선인은 일본인에 못 미치는 중등민족으로 자리매김된다.[78] 서양보다 열등하고, 동양 민족의 지도자급인 일본 민족보다는 못해도 중국인보다는 문명화되어 있다는 자기평가가 일본의 제국주의가 급부상하는 국면에서 조선의 지식층, 관료들 사이에 형성되었던 것이다. 이때 중국에 대한 비하는 곧 중국이 대변하는 동양문명에 대한 비하와 구분되지 않았다. 근대화와 일본화가 동일한 과정으로 오인되는 '아시아적 맥락'이 구성되고 있었던 것이다.

1900~1910년대 자료들을 보면 이 시기 열등한 동양 문화의 발원지이자 전형으로 중국을 바라보는 시선은 거의 공고해진 듯하다. 1914년 이광수가 상하이(上海)를 처음 방문하고 첫발을 내딛은 부두에서 경험한 중국인과 중국에 대한 소회는 이후 식민 시기 만주와 중국을 여행하

76) Andre Schmid, *Korea between Empires, 1895~1919*, New York : Columbia Univ. Press, 2002, pp.103~121.
77) 이 조선의 일본유학생 친목회는 당시 유학생 신분인 150명을 회원으로 한 단체로, 1896년 창립했고 회보도 그해 2월 창간호를 발행했다.
78) 홍석현(洪奭鉉), 「연설 : 대조선군주국 형세 如何」, 『親睦會會報』 1호, 대조선인 일본유학생 친목회 회보, 1896.2.15, 20~27쪽.

거나 시찰하면서 중국에 대한 인상을 피력하는 지식인들의 인상기와 거의 구분할 수 없을 정도로 전형적이다. 삼등객실의 중국인 선객들이 먼저 내리기 위해 몰려들어 혼잡해지자 "아마도 인생의 수성(獸性)이 발로된 모양…… 혹 이것이 미개한 동양이라서 그러한지도 모르겠다"면서 같이 배를 타고 있던 서양인이 동양인을 발길로 차고 먼저 내리는 것을 방관하였고, 부두에서 다시 중국인 쿨리들이 몰려들어 짐을 부리려 하자 동행한 친구가 "영어로 욕을 해야지 저희(중국) 말로 하면 우습게 본다"고 충고하는 말을 듣는다. 백인이나 일본인에게 모욕을 당하는 중국인 쿨리들이야말로 "파산멸망에 빈(瀕)하는 노대국의 정경"을 압축하는 이미지이다.[79] 1910년대와 1920년대도 조선인 지식층이나 일반인이 중국과 만주에서 목도하는 첫 장면은 중국인 쿨리들이 승객들에게 몰려드는 장면이고[80] 으레 불결한 복장과 악취, 초라한 행색, 비굴한 행동, 서양인과 일본인 그리고 대개는 일본인 경찰에게 취조받고 우마처럼 천대·멸시당하는 모습이다.[81] 1922년 연희전문학교 학생이자 기독교 잡

---

79) 湖上夢人(이광수), 「상해서」, 『청춘』 3호, 1914년 12월, 103쪽.

80) 김원벽, 「만주여행기 : 四星期間」, 『신생활』 9호, 1922년 9월, 90~106쪽 ; 이 글에서 필자는 압록강 세관에서 몰려오는 중국인 인력거꾼들을 '흑색노동자 무리들'로 표현했다. : 1930년대는 조선인들이 만주 도시 기차역에서 처음 경험하는 것은 조선인 지게꾼들끼리 손님을 잡기 위해 몰리고 다투는 광경이다. 그러면 만주국 경찰(순보)들이 이들의 지게를 패대기 치고 지게꾼들은 산지사방으로 도망가곤 한다. 이에 대해 "수십 년 이역생활 중 도처에서 눈물겹게 많이 본 광경"이라고 탄식한다. 원세훈, 「소연한 북만주행, 송화강까지」, 『삼천리』 7권 1호, 1935.1, 69쪽.

81) 1933년 안둥에서 펑톈행 기차(안봉安奉선)을 이용 한 임원근은 기차 안에서 목도한 광경을 이렇게 묘사한다. "삼등객차는 일중선인(日中鮮人)으로 만원을 이룬 가운데 중국인들은 약속이나 한 듯 모두 제일 끝 객실에 다 몰려갔다. 승무원의 지시인지 자의인지 관심은 없다. 객차 안에 무장한 일본군인, 경찰, 헌병 6~7명이 감시하다가 갑자기 기차를 정차시키고 중국인 승객을 모두 일으켜 세워 일일이 신체수색하고 짐가방을 일일이 검색했다." 그는 이를 만주의 '살인적 풍경'이라고 했다. 임원근, 「만주국과 조선인장래, 만주국기행(2)」, 『삼천리』 5권 1호, 1933.1, 52~56쪽.

지『신생활』기자 자격으로 만주를 순유한 독립운동가 김원벽(金元璧, 1894~1928)도 압록강과 안둥 세관에서 우르르 몰려드는 중국인 인력거 꾼들을 목격한다. 그리고 단정한 일본인 상점에 비해 "형색이 컴컴하고 문외가 불결하여 악취가 대심(大甚)한 중국인 상점"들, "불결한 것이 특색인" 창춘(長春)의 중국인 시가(市街), "앞머리 깎은 것에 정 떨어지"는 느낌을 주는 중국인 창녀들과 조우한다. 그러다 창춘에서 만난 일본 영사관 형사가 만주에서 일선융합이 조선보다 더 잘되는 것 같지 않느냐는 질문에, '일본인 태도가 (조선보다) 좀 다른 것 같다. 만주에선 일선인(日鮮人)의 악(惡) 관계가 배치되지 않는 점이 많고 조선인보다 더 천대할 청인이 무수하니 청인을 싫어하는 심정으로 조선인에게 좀 호감을 두는' 것이라고 답변한다.[82] 배일 민족주의자임에도 중국인을 굳이 '청인'이라고 부르면서 일본이 조선인에 호감을 더 갖는 것을 당연하게 받아들이는 식의 반응은 중국을 타자화하는 시선이 일부 친일파나 근대주의자, 지식층에 국한되지 않음을 시사한다. 일례로 1920~1930년대 가장 많이 팔렸던 딱지본 소설들도 중국을 야만의 나라, 불결한 나라로 표상했던 1910년대의 기조를 유지하면서 일제의 만주 이데올로기 관습을 따랐다. 1930년대는 만주에 대해 조선을 내지로 칭했고 조선인 대 일본인의 관계는 실종되고 대신 조선인 대 만주인의 관계를 전면화하는 방식의 서사를 반복했다.[83] 조선인 필자가 고소설의 서사 구조를 차용하여

---

82) 김원벽, 「만주여행기: 四星期間」, 90~106쪽.
83) 정종현, 「딱지본 대중소설에 나타난 '만주' 표상」, 동국대 한국문학연구소 엮음,『한국문학연구』33집, 2007, 53~94쪽: 정종현은 12종의 만주 관련 소설을 분석했는데, 소설의 작가는 해당 출판사의 사장인 조선인이 많았지만 딱지본 소설을 생산한 영세출판사의 사주는 일본인이 다수였다.

쓴 저가의 대중소설이 딱지소설임을 감안하면 이 소설들을 관통하는 만주에 대한 부정적 시선은 일반 대중의 만주에 대한 시선과 별반 다르지 않았을 것이다. 재만조선인 및 조선인의 만주-중국 비하와 혐오는 일만지일체론의 시점에서 만주를 경영하고자 하는 일본의 복합민족국가 구상과 정면으로 배치된다. 무엇보다 중국인이 절대다수를 점유하는 만주에서 이주자 조선인의 중국인에 대한 우월감과 차별, 편견은 파괴적이고 분열적인 자기기만일 수밖에 없다. 만주국의 국가로서 자율성과 제국에 대한 종속성 사이에 이주 조선인의 경험이 존재한다고 보면 조선인이 자기동일성을 확보하기 위해서 위계화된 인종적 질서를 재생산하는 한편 개척과 수난의 서사를 강화하는 관습도 이해 가능하다.[84]

중국인의 시선에서 본 일본 신민으로서 이주 조선인

1909년 간도협약 이후 중일 간에 조선인에 대한 사법권과 행정권이 충돌했고, 1910년대 중반까지만 해도 중국인 지주의 착취와 학대가 논란이 되긴 해도 중국인이 조선인에 대해 관대하다거나 양 민족 간의 관계는 비교적 친목하지만 일본인에 대해서만 분요(紛擾)가 끊이지 않는다는 인식이 일반적이었다.[85] 토지를 소유할 수 없는 조선인은 중국인 지

---

84) 한수영, 「재만이라는 경험의 특수성 : 정치적 아이덴티티와 이민족의 형상화를 중심으로」, 『근대 동아시아인의 이산과 정착』, 209~235쪽.

85) 「남만의 조선인 : 지나관헌의 태도」, 『매일신보』 1915.12.1 : 지방에 따라 다르나 펑톈·톄링 지방에선 관대하고 일본인에게 하듯이 준엄하지 않으나 창춘·지린 지방은 대개 조선인을 멸시하는 경향이 있다는 등이다. ; 「남만의 조선인(5) : 지나인과 交誼」, 『매일신보』 1915.12.2 : 토착 지나인과 선인 간 조화는 친목하다. 선인을 약자로 알고 감시하나 조선인도 이를 감수하여 반항적 태도를 취하지 않는 등 몇 가지 친목하는 이유를 열거한다.

주 및 농민들과 잡거하면서 공존해야 했고 모내기나 관개 수리 등 벼농사의 특수성으로 인해 중국인과 협력 관계를 유지해야 했다. 또 중국은 쌀이 주산물이 아니어서 중국 농민과 경쟁하지 않았고 벼농사의 수익이 높아지면서 적어도 농촌에서 양 민족은 상생적 관계를 지속했다는 것이다.[86] 그러나 1920년대 들어서면서 분위기는 급격히 악화하였다.[87] 일본인은 여행이 불가능할 정도로 적대시하는 가운데 조선인에 대해선 선천적 우조(友調)의 관계가 있고 동정하고 보호하고자 하는 마음이 있어 그만큼 심하지 않지만 일부에서는 조선인도 일본인과 같다면서 배척하는 중국인이 생겨나고 있다는, 다소 느긋한 관찰기가 쓰인 것이 1920년 무렵이다.[88]

그러나 1920~21년간 일본이 펑톈, 안둥, 지린, 톄링, 간도, 하얼빈의 일본영사관에, 그동안 충분하지 못했던 조선인 보호 및 중일 간 정치적 관계가 중요해졌음을 명분으로 2인의 조선인 부영사(펑톈, 안둥) 및 통역관을 파견하면서 상황은 반전한다.[89] 조선인이 거주하는 곳에 국민 보호를 내세워 일본영사관과 부속 경찰대가 들어오고, 조선인이 소유한 토지는 일본의 통치하에 들어가게 된다는 반일 여론이 확산되면서 조선인을 '일본의 개'로 호명하기에 이른 것이다. 조선인 구축 문제를 일본이 문제화하면서 중일 간 분규가 잦아지자 중국은 조선인의 귀화를 해결책으로 제안하게 된다.[90] 조선에서도 일본이 조선인의 만주 이주를 획책하

---

86) 김영, 「중국 요녕성의 벼농사와 조선인 이민사회」, 『범월과 이산 : 만주로 건너간 조선인들』, 150~174쪽.
87) 「지나관헌의 동포압박이 거익우심」, 『매일신보』 1925.3.22.
88) 최의창, 「渡滿 2개년 소감」, 『매일신보』 1920.6.18(1).
89) 「조선인 영사 설치」, 『동아일보』 1920.8.5 ; 모리오(守尾) 비서과장 담(談), 「조선인영사임용에 就하야」, 『동아일보』 1920.8.7(2) ; 「조선인부영사」, 『동아일보』. 1921.9.25.

는 한편, 국민보호를 이유로 영사관 및 만철의 세력권을 넓히는 것이 '조선 인민을 대륙침략의 전위대같이 하여 부질없이 중국 관민의 시의(猜疑)를 돋우고 있다'고 판단했다. 그 외 조선인 배척 문제는 조선인의 만주 이주가 매년 증가하는 것,[91] 또 벼농사 재배지가 늘어나고 산둥성(山東省)에서 유입된 중국인 농민들과 경쟁하게 되면서 민족적 반감이 배양된 것도 상황을 악화시키는 이유가 되었다.[92]

1927년 지린성에서 조선복 착용을 금지한 것은 조선인 압박이 강경노선으로 전환하는 신호탄이었다.[93] 1927년 9월에서 1928년 1월까지를 '전만주 조선인 대압박' 시기로 구분할 정도로 중국 군경의 금품 강요가 잇달았고, 배일 사상이 강한 현지사(縣知事)가 있는 지역에선 군경과 지주를 동원하여 조선인의 토지가옥 대차를 방해하고 귀환시키거나 만철 연선 지역으로 이주를 강제했다.[94] 국민당 정부는 조선인을 일본 신민으로 간주하고 귀화 정책을 추진했으나 1928년 봄~1930년 3월까지 약 14%만이 귀화하는 등 실적이 부진한데다 귀화인 중에도 다수는 일본의 보호를 기대하고 협력하는 자가 적지 않았다. 이에 귀화인 중 친일배지분자(親日排支分子) 감시 지침이 시달되는가 하면, 조선인의 중국인

---

90) 「간도 재류 선지인의 태도: "일본관헌 있는 곳에 거주하는 사람은 일본의 개(犬)라고?"」, 『조선일보』 1921.3.15.
91) 「만주의 조선인 배척 문제」(사설), 『조선일보』 1925.5.23 ; 『동아일보』 1927.12.25.
92) 손승희, 「만주사변 전야 滿洲韓人의 국적 문제와 중국·일본의 대응」, 238~239쪽.
93) 「조선이주민에 조선복 禁制」, 『매일신보』 1927.12.6(2).
94) 김삼민(金三民), 「신흥중국전망, 현하의 재만조선 농민의 窮境(궁경), 그 원인과 피해상황」, 『삼천리』 16호, 1931.6, 47쪽: 토지임대차 거부, 소작료 부당인상, 학교 해산 또는 폐쇄, 퇴거명령, 소작료 수령 거절, 귀화 강요 혹은 교거(僑居)증명서 휴대 강요, 부당과세 또는 무리한 벌금처분, 군경의 개인적 금품약취, 구타 혹은 폭행, 모욕, 가택 또는 신체 검색 등으로 압박하며 일중 간의 외교 문제나 일본의 항의를 방지하기 위해 불령선인이 공산당과 연락이 있어 취체한다든가 명목을 붙이기도 했다.

화 정책을 추진하여 조선복을 벗고 중국어를 쓰게 하는 강경한 동화 정책을 시행하였다.[95] 귀화 문제에 대해 일본(간도 총영사)은 기득권을 유지한다는 기조 위에서 '현재와 같이 애매모호한 상태로 두어 귀화하는 자는 귀화하게 한다'는 입장을 견지했다. 1930년 귀화한 조선인 14% 중 다수인 9.8%는 토지소유권 확보를 목적으로 귀화한 것으로 조사되었다. 귀화하지 않은 69.8%는 절대다수가 노동자 농민으로서, 귀화의 필요를 느끼지 못하는 자로 분류되었다.[96]

이런 상황에서 조선인은 1931년 만주사변과 1932년 만주국 건국 등 일련의 긴박한 정세에 내몰리게 된다. 조선총독부는 국제연맹에 만주사변 전 중국의 조선인에 대한 압박과 구축 원인을 이렇게 보고했다. "원래 중국 지주는 조선 농민을 환영했으나 관헌들은 이를 통해 일본이 오지까지 세력을 침투하여 일본의 경찰권과 교육권을 확립하는 한편 조선민회를 조직하여 행정권의 일부를 침해하고 금융기관을 설치하여 경제적으로도 중국민을 압박하려 한다, 공산당 세력이 빈발하여 조선인과 중국을 적화하려 하는데다 일본이 이를 구실로 만몽(滿蒙) 출병을 시도한다고 선전한 때문"이라고 하였다.[97] 일본도 조선인이 중국에서 제국주

---

95) 신규섭, 「1920년대 후반 제국 일본의 재만조선인 정책 : 鮮滿一體化의 좌절과 三矢協定」, 207~209쪽.

96) 1930년 간도 총영사 오카다 겐이치는 조선총독부 외사과장에게 보낸 귀화 관련 보고에서 14%의 귀화자 가운데 배일 감정으로 충심으로 중국인이 되고자 하는 자 1.4%, 위험한 정치사상을 지니거나 귀화로 특별한 편의를 얻고자 하는 자 1.4%, 토지소유권 등 확보 목적 9.8%로 분류했다. 비귀화자 가운데 일본관헌 보호가 유리하다고 믿는 자 8.6%, 노동자농민계급으로 귀화필요를 느끼지 못하는 자 68.8%, 이해관계 없이 귀화를 바라지 않는 자 8.6%로 분류했다. 일본세력권에서 귀화율은 낮고 토지소유권 확보가 필요한 곳에서는 귀화율이 상대적으로 높았다(손승희, 「만주사변 전야 滿洲韓人의 국적 문제와 중국·일본의 대응」, 236~237쪽).

97) 조선총독부, 「國聯支那調査委員關係書類 : 질문사항응답자료관계」, 34쪽.

의 전위대로 인식되어 압박받고 있음을 인지하고 있었다. 만주를 방문한 한 조선인 인사는 중국인의 배척 이유는 너무나 간단하고 명백하다면서 "고려인은 ■■■■[제국주의]의 전초대요 주구다. 동삼성이 큰 병이 들 었는데 이 병독은 ■■■■이다. 이 병균작용을 하는 자가 고려인이다. 동 삼성의 소생을 위해선 이 병균을 제거하고 소제해야 한다. 재만고려인을 일소하지 않을 수 없다"는 주장이 사실이라고 개탄했다.[98] 또 다른 인사 도 대동소이하게 중국의 조선인 배척 이유와 분위기를 전하면서 중국인 을 이해하는 뉘앙스를 전한다.[99]

오늘 조선인을 미워하고 무서워하는 원인은 곧 OO 때문이다. 그들의 머리 속에 모두 '조선인의 배후에는 OO이 있다'는 것을 잊지 않는다. '조선인은 XXXXXX 선봉대다', '조선인은 위호주창(爲虎作倀)한다', '20년 후에는 조선에 있는 조선인 전부가 만주 이주되고 조선은 OO 극 아(屐兒)의 천지가 된다'는 예언 비슷하게 각 중국의 언론기관들은 떠 들어댄다. 조선인이 사는 곳에 일본이 영사관설치를 요구하고 영사관 이 생기면 일본 상점, 일본 전당포(日本質屋), 척식회사 출장소, 거류민 회, 경찰대가 생기고 중국의 사법행정권이 상실되고 유사시엔 교민보 호 목적으로 관동군 사령부에서 군대를 파견한다. 이 실정을 우리는 이 해해야 한다.[100]

조선인이 "중국의 편을 들지는 못할 망정 강도 일본의 주구가 되어

---

98) 김우평, 「내가 본 재만동포 문제 해결책」, 14쪽.
99) 신언준, 「재만동포 문제에 대하야 협의회 조직을 제창함」, 7~9쪽.

왜노보다 가일층 심한” 행위를 일삼았는데, 한국인(대한제국)과 고려인
은 선했으나 “지금의 조선인”(일제 치하)은 “악질”뿐이고 중일전쟁 때
조선인에게 받은 선물은 “욕”뿐이었다는 평가가 중국 내 전반적인 분위
기였다.[101] 만주사변 이후 1931년 9월 19일~1932년 4월 20일간 마적 및
중국 패잔병이 저지른 ‘일본 신민’에 대한 살해, 납치, 약탈, 방화, 강간,
중상, 실종 사건 빈도의 민족별 비율을 보면 일본인보다 조선인 피해자
가 훨씬 많다. 피살자 중 일본인은 49명이나 조선인은 193명에 이르고,
약탈 건수는 일본인 43건에 조선인은 1,983건에 이른다. 일본인에 대한
방화, 중상, 강간, 실종자는 없는데 조선인은 각기 95, 40, 28, 57건이나
발생했다.[102] 중국의 일본에 대한 분노와 적대감이 일본인이 아닌 조선
인에게 분출되는 국면이 전개된 것이다. 일본인이 영사관과 경찰의 보호
하에 주로 도시 지역에 거주한 데 반해 조선인은 다수가 농촌과 벽촌, 산
간오지에서 무방비 상태에 있었던 것이 주요 이유겠지만 중국인의 일본
을 향한 분노와 적대감은 힘없고 만만한 조선인에 대한 폭력과 살상으
로 표출되었다고 해도 무리는 없다.

　이런 상황에서 상당수의 친일적이지 않은 민족주의자나 사회주의
지식층은 중국인의 조선인 구축 배경과 원인에 공감하는 경향이 있었고
『동아일보』, 『조선일보』는 수시로 조선인의 중국으로의 귀화가 문제 해

---

100) 인용문 안의 OO, XXX 등의 기호는 원문 그대로 표시. 검열에 의해, 문맥 혹은 기사 성격
　　에 따라 일본, 제국주의, 독립/독립군, 사회주의, 공산당 등은 금지어였다.
101) 유재명, 「중국인의 조선인 평」, 『동아일보』 1947.1.21 : 유재명이 조선인으로 중국에서 생
　　활할 때 중국인들이 조선인에 대해 가졌던 정서와 평가를 해방 후 시점에서 재구성한 기
　　사. 따라서 일본 점령지에 이주하여 일확천금을 노린 조선인들, 일본군 통역, 선무공작원,
　　선량한 중국인의 경제를 착취하는 물자수집자, 관리공장 및 농장, 상사에 근무한 조선인
　　들을 대상으로 하고 있다.
102) 조선총독부, 「國聯支那調査委員 關係書類九 : 質問事項應答資料關係 5」, 1266쪽.

결의 필요조건임을 주장하고 이를 위해 일본 국적 탈적운동을 제안하였다.[103] 조선에서 귀화필연론이 대세를 이룬 것은 귀화 후 조선인 자치기관 혹은 자치구역 설립을 중국에 요구할 수 있다는 복안을 갖고 있었기 때문이다. 자치운동 차원에서 귀화를 선택하는 정치적 선택은 1909년 간민교육회에서 시작하여 1930년대까지 이어졌다.[104] 그러나 일본은 조선인의 탈적을 허용하지 않았고 그대로 이중국적 혹은 무국적 상태로 방치하는 편을 택했다. 중국/만주에서 배일운동이 조선인에 대한 배척과 폭력으로 표출되는 과정은 조선인이 일본 신민으로서 제국주의의 전위대, 중개자, 앞잡이 역할을 하는 이등신민으로 규정된 때문이다. 이등신민은 조선인에겐 기회주의적 처신을 할 수 있는 보호막일 수 있었지만 중국인에게는 친일민족이라는 낙인이었다. 제국의 '이등신민'이라는 모호한 표상이 어떻게 제국이 아닌 피지배민족 간 적대와 분리, 배제와 소외를 야기하는지를 보여 주는 것이다.

---

103) '설문조사' 제씨, 「태평양회의는 어떠케 이용할까 재만동포는 어떠케 해야 살까」, 『동광』 26호, 1931. 10, 13~21쪽: 좌담회에 참석한 다수의 언론계 인사들이 익명으로 혹은 기명으로 귀화가 필연적임을 주장하였다. ; 신언준, 「재만동포 문제에 대하야 협의회 조직을 제창함」, 7~9쪽 ; 1923년 2월 옌지 룽징 시에서 최상호가 중국 군인에게 참살당한 사건을 일본이 제대로 대응하지 않았다는 이유로 조선인 시민대회를 개최하고 30만 탈적운동을 전개하기로 결의하자, 『조선일보』는 사설에서 이 운동이 겉보기에는 (사건과 무관한 일본에 대해) 불륜한 일 같으나 내용을 보면 근본 문제를 해결하기 위함임을 이해한다고 하였다. 「간도이주동포 삼십만의 탈적운동」(사설), 『조선일보』 1923.2.22 ; 「만주 조선인의 귀화 문제」(사설), 『조선일보』 1926.7.10 ; 「재만동포와 제 대책, 입적 문제를 중심으로」(1, 2, 3회 연재 사설), 『조선일보』 1928.1.10~1.12 ; 「재만동포 중국귀화 문제(1)」(사설), 『동아일보』 1927.12.18 ; 「재만동포 문제에 대하야: 국적법을 적용하라」(사설), 『동아일보』 1929.5.2 ; 「조흔백(박사)담, 조선인 문제 해결은 자유귀화뿐」, 『동아일보』 1931.9.18.
104) 다나카 류이치, 「민족협화와 자치: 조선인의 중국 동북 이주의 정치사적인 성격에 대하여」, 75~91쪽.

'동아'의 지정학적 공간과 민족들의 트라우마

1930년대 말 10대 초반의 나이에 만주로 이주하여 타이피스트 및 양재사 기술을 습득, 국제도시 톈진(天津)에서 안정된 일자리를 가졌던 두 조선인 여성의 구술은 일본인으로 행세하는 조선인의 분열적 자의식을 보여 준다. 이들은 만주에서 조선인에 대한 심각한 차별이 존재함을 인지한 상태에서 창씨개명을 하고 일본학교에 다녔고 일본어를 자연스럽게 구사했다. 일본적인 것이 근대적이라는 일반적 통념을 그대로 수용하면서 외적으로 일본인과 구분되기 어려운 점을 이용하여 일본인 행세를 하고 일본화에 온 힘을 기울였다고 했다. 그러나 이런 신원의 분식이 일상문화가 되면서 타자 관계는 규칙적으로, 사무적으로 이루어지고 경어와 예법 뒤에 철저하게 자신을 숨기는 이중성을 내면화하게 된다. 관계하는 상대가 일본인인지 조선인인지 확인할 수 없는 상황, 작은 실수로도 조선인임이 탄로날 수 있는 극도의 긴장 속에서 의심과 불안은 그녀들의 일상을 관통하는 기본적인 감정이었다. 그리고 억압받는 조선인이라는 자의식은 일본에 대한 불만과 일본이 일으킨 전쟁에 대한 무관심으로 표출되곤 했다. 이 불안정하고 양가적인 내면은 더욱 일본적인 것을 추구하면서 근대화된 주체라는 자의식을 강화하는 방향으로 발산되었다. '모던걸'의 외양을 과시할 때 자신을 힘이 있는 존재로 느꼈고 '공부한 사무직 여성'이라는 이미지에 의미를 부여했다. 이러한 옥시덴탈리즘(occidentalism)에 기반한 근대성 추구는 중국인·만주인을 전근대, 야만, 비위생, 악취의 민족으로 타자화하는 우월감으로 표출되었다.[105] 일본인 다음 지위의 민족이라는 모호한 '이등신민'의 자의식은 다른 민족들과의 사회적 및 이웃 관계는 물론이고 동포들과의 관계도 불안과 긴

장, 경계, 의심, 불신의 끈을 놓지 못하게 했으며 주변의 사물과 사람들에
대한 과민한 주의력과 긴장, 겉과 속이 다른 이중성, 일본인이자 근대인
임을 인증받고자 하는 자기과시를 일상화하게 되었다.

1940년 『만선일보』는 조선 여성들의 간담회를 주관하고 이들의 발
언을 녹취 형태로 기사화해 연재했다.[106] 여기서 토로된 가해자이자 피
해자이기도 한 조선인들이 경험한 민족차별은 동아 신질서라는 제국의
공간 안에서 이등신민의 불안정하고 모호한 표상 그리고 그것들이 야기
하는 여러 민족들의 관계에 새겨진 균열의 선들을 적나라하게 드러낸다.
이들의 말을 정리하면 이렇다. 조선인은 만주로 이주하는 즉시 '조선옷
을 입으면 (중국인이) 마차를 안 태워 준다'는 충고를 듣거나 소문을 듣
게 된다.[107] 조선옷을 입고 백화점에 갔다가 일본인 점원에게 퉁명스러
운 대접을 받기도 하고 아예 무시를 받기도 한다. 그래서 조선옷을 입고
외출하는 것을 수치로 여기고 대신 격에 맞지 않는 양복이나 양장을 입
으면서 일본인 행세를 한다. 일본말을 구사하고 조선 이름은 아랫사람
이 우습게 여기므로 일본 이름을 쓰는 것이 부끄럽지만 그만두지 못하
는데, 석탄 주문하는 데도 일본 이름이 필요함을 내세워 합리화한다. 하
지만 "조선인이 내지 사람 행세하는 것을 좋아하는 경향이 있으며 백화
점에서는 일본인 점원보다 오히려 조선인 점원이 더 조선인을 싫어하며

---

105) 김미선, 「식민지 시대 조선 여성의 제국 내 이주경험에 관한 연구: 양충자(중국 천진)와 이
　　종수(만주국 안동)의 구술을 중심으로」, 『여성과 역사』 11집, 2009, 1~41쪽.
106) 1940년 1월에 연재된 기사: '여성의 입장에서 본 만주 조선인 생활: 국도(國都)조선인가
　　정직업좌담회'에 참석한 조선 여성들은 대체로 직업여성들로 다양한 주제에 대해 자신들
　　의 경험이나 의견을 제시하고 있다. 참석자는 조선인 국방부인회 지회 간부, 산파, 간호부,
　　교사, 타이피스트, 백화점 점원이다.
107) 「여성의 입장에서 본 만주 조선인 생활: 국도조선인가정직업좌담회」, 『만선일보』
　　1940.1.1.

차별하는 것이 신경(新京)의 생활이었다"고 토로한다.[108] 또 일본 아동들과 민족차별 경험 없이 지내는 조선 아동도 있지만 우월감을 가진 일본 아동들과 대면하는 경우가 많다. 하지만 일본 아동보다 조선 아동들이 만주 아동에 대해 갖는 우월감이 더 커서 조선 아동들이 만인 아동을 떼밀고 놀리는 '이지메'를 한다. 조선인들이 일상적으로 '되놈'이란 말을 쓰므로 이를 금지해야 한다는 제언도 하였다.[109] 이렇듯 만주에서 조선인 중 일부가 만주인을 "함부로 멸시"하여 불화를 일으키는 경향이 있음은 조선에서도 문제 삼고 있었고[110] 조선인은 "타민족에 대한 우월감"을 버리고 민족협화에 적극 참여해야 한다는 소리도 높아졌다.[111] 조선인이 양복을 입고 일본어를 쓰면 중국인에게 일본인으로 오인되는 경우가 적지 않았는데, 이때 조선인은 굳이 자신을 조선인이라고 밝히지 않은 채 넘어가고는 했다.[112]

'동아'라는 제국의 지정학적 공간 안에서, 제국의 영향권으로 초국적 이동을 결행한 조선인은 일본 국적자이거나 무적자였고 제국을 대리하는 모호한 이등신민으로서 동원되었다. 이등신민의 모호함은 이제까지 논의에서 드러나듯이 아시아 민족들의 모순이 응축되고 폭력적으로 분출하는 지점이었다. 그것의 모호함은 주체의 내면을 분열적으로 구성할 뿐만 아니라 민족의 내집단도 분리시키며, 스스로를 (일본인에 대해)

---

108) 「여성의 입장에서 본 만주 조선인 생활 : 국도조선인가정직업좌담회」, 『만선일보』 1940.1.6.
109) 「여성의 입장에서 본 만주 조선인 생활 : 국도조선인가정직업좌담회」, 『만선일보』 1940.1.5.
110) 편집부, 「재만동포 문제 좌담회」, 『삼천리』 5권 9호, 1933.9, 47~51쪽 : 좌담회 참석 인사는 이광수를 비롯해 『동아일보』, 『조선일보』의 전현직 편집국 기자 2명이 다롄(大連) 박람회 시찰 목적으로 만주를 방문한 후 나눈 대담 기사.
111) 「조선인과 만주국(5)」, 『매일신보』 1937.6.19(2).

타자화하면서 동시에 다른 민족을 타자화하는 순응성과 공격성을 내면화한다. 이런 맥락에서 한국, 대만, 일본의 이민자에 대한 태도를 비교한 연구에서 3국민 중 한국민이 가장 복합적인 태도를 가졌다는 분석 결과는 함축적이다. 일본인은 이민자에 대해 부정적이고, 높은 민족적 자부심과 함께 자국에 거주하는 것을 민족의 조건으로 인식하는 경향이 강하다. 이에 비해 한국인은 이민에 대해 허용적이고 긍정적이지만 이민자 문화를 수용하지 않으려 하며 또 자국 출생을 민족의 조건으로 중시하는 차이를 보였다. 민족적 자부심보다는 민족정체성에 더 좌우되는 경향이 있다는 것이다. 또 선별적·이기적으로 외국인을 대하는 경향도 다른 민족 집단에 비해 높게 나타났다.[113] 민족적 자부심은 약하지만 민족정체성에 대한 집착은 강한 모순적·분열적인 태도는 스스로를 타자화하면서 인종주의를 내면화한 이등신민의 모호성, 분열성, 양가성과 상통한다.

이등신민이 작동하는 맥락을 보면 그것은 제국의 지정학적 공간 안에 심어지거나 구성된, 일정한 역할을 수행하는 사회적 유형(social type)의 그것이다. 그러한 신분 혹은 사회적 지위 범주가 공식적으로 명

---

112) 1935년 중앙불교전문학교 교사 포함 총 18인이 '저팬튜어리스뷰로'의 후원 및 안내로 만주 일대를 수학여행하는데, 여순 충령탑 등을 견학하면서 감동하는 등 친일적 성향을 가진 필자는 귀로에 배 안에서 펑텐 법률상담소에 근무하는 중국인을 만나 처음 중국인과 필담으로 대화를 나누게 된다. 만주에 대한 소감을 묻자 그 중국인은 "全額友邦之援助方成一個國家"(전액우방지원조방성일개국가)라고 문답하고 이에 필자는 이 답이 "수학여행단을 완전히 일본인으로만 짐작했고 만사 일본인의 의견에 복종한다는 표시이며 이는 만인(滿人)의 대표 의사로 보기에 족하다"로 해독한다. 중국인이 한국인 여행단을 일본인으로 알 정도의 상황이면 이들 조선인 학생 및 교사들이 일상 대화에서도 일본어를 구사했다고 짐작된다. 흥미로운 것은 필자는 그 중국인에게 자신이 조선인이라고 밝히지 않았다는 점이다. 은근히 자신들을 일본인으로 오해하고 비위에 맞는 답을 내놓는 중국인에 대해 자족하는 뉘앙스가 있다. : 김두헌(金斗憲), 「만주국수학여행일기」, 『일광』(一光) 5호, 중앙불교전문학교 교우회지, 1935. 1, 13~21쪽.
113) 송유진, 「한국, 대만, 일본의 이민자에 대한 태도」, 『한국인구학』 31권 2호, 2008, 1~20쪽.

문화되거나 규정되지는 않았지만 특정한 상황과 국면에서 은밀히 혹은 노골적으로 작동한 것은 분명하다. 제국이 여러 경로로 발하는 언설들, '동아'라는 정치적 공간을 구성하는 이데올로기, 식민지 건설을 위해 또 다른 식민지민을 동원하는 식민화 정책, 식민지민으로 전락한 조선인들의 전략적인 정체성의 선택과 기회주의적 행동들이 교차하고 절합하는 과정에서 전유된 의식형태이다. 그것을 통해 조선인은 이주지 만주에서 다른 민족들과의 사회적 관계와 위상, 그리고 차이를 이해했을 수 있다.

초국적 이주자에게 새로 정주해야 할 사회는 그 자체로 불안정한 사회이며 불평등한 사회이다. 이 불안정성과 불평등에 대처하기 위해서 이주자는 사회에 적응하는 방향으로 정체성을 재구성하고 선택한다. 이민자/이주자의 정체성이 더 선택적이고 전략적이며 유동적으로 구성될 수밖에 없는 이유이다. 이 과정에서 사회적·경제적 이익과 동기가 가장 우선하는 기준이 된다. 그래서 이주자의 민족정체성 선택은 전통이나 고유문화와는 관계없이 하나의 정치적 세력을 구축하기 위한 전략이라는 지적은 유용하다.[114] 만주의 일본인 농민들에게서도 지도민족인 일본인이라는 정체성보다 만주인으로서 정체성이 더 강했다는 분석[115]도 이주자의 정체성 선택과 재구성이 갖는 장소구속성, 즉 적응을 위한 전략적 선택이 갖는 중요성을 일깨운다. 조선인이 일본인과 다른 점은 어찌해 볼 수 없는 소수민족이라는 주변성과 식민지 출신이라는 낙인이다. 그래서 이들의 정체성 재구성은 훨씬 복잡하고 모순적으로 진행된다. 자신들에

---

114) Thomas K. Fitzgerald, "Media and Changing Metaphors of Ethnicity and Identity", *Media, Culture and Society*, Vol. 13, No. 2, 1991, pp. 193~214.

115) Tamanoi, "Knowledge, Power, and Racial Classification : The 'Japanese' in Manchuria", p. 269.

대한 부정적 스테레오타입, 낙인, 차별로 인해 자기존중감이 감퇴하면서 민족정체성에 대한 충성도도 저하되는 상황에 놓이는 것이다.[116]

이들 이주 소수민족의 정체성은 인종주의, 민족지학, 제국주의, 국가이념 등의 담론과 교차하면서 흔들리고 재결합하고 잡종화되고 잘린 채 혼합되는 정체성, 즉 디아스포리제이션 과정에 처해지며[117] 불안정한 정체성들의 겹침이 반복되면서 내부에 모순과 혼돈, 모호성, 불안정성을 간직한 채 제국의 통치에 적합한 식민적 신민으로 구성된다.[118] 이 불안정성 안에 이등신민의 의식이 침투했고 조선인이 일본의 '동아'에 내재한 민족분할과 차별주의를 작동시키는 발화 지점으로 작용했다. 동시에 제국의 동아를 아시아 민족 간 적대와 대립, 분열과 증오의 공간으로 구성하는 데 일부 기여했다. 일본과 중국, 일본과 조선의 대립항뿐만 아니라 중국민과 조선인, 만주인과 조선인의 대립항이 작동했고 이 대립항들이 교차하면서 (일본의) 아시아 혹은 동아는 제 민족에게 차별, 폭력, 적대, 증오, 의심과 불신, 테러, 비참과 비통의 경험과 기억을 일상화한 트라우마이자 최종심급으로 작용했다.[119]

---

116) Judith A. Howard, "Social Psychology of Identities", *Annual Review of Sociology*, Vol. 26, 2000, pp. 367~369, 375.

117) Hall, "New Ehnicities", pp. 441~449.

118) Young, *Colonial Desire : Hybridity in Theory, Culture and Race*, pp. 173~174.

119) 1931년의 완바오산 사건(4월)과 평양 사건(7월)이 전형적인 일본을 배후에 둔 중국과 조선 민족 간 폭력과 적대, 증오가 집단학살로 귀결된 경우이다. 이 두 사건에서 일본은 배후에 있고 중국인과 조선인이 전면에서 대립하면서 종국에는 중국인 집단학살(평양 사건)로 번졌다.

2장 _ '척식'이라는 비즈니스

: 식민지 국가기업으로서의 척식회사

조정우

식민지배와 '국가기업'

지난 2008년 11월 한국계 기업인 '대우 로지스틱스'는 마다가스카르 정부로부터 전체 농경지의 절반에 해당하는 약 130만 헥타르 토지에 대한 조차권을 99년간 확보했으며, 또 178만 헥타르의 토지에 대한 독점적 조사권을 확보하여 토지조사사업을 진행하고 있다고 발표하였다. 대우 로지스틱스는 마다가스카르 농지개량에 60억 달러를 투자할 것이며, 이 사업이 성공한다면 한국의 식량안보에 크게 도움이 될 것이라 하였다.[1] 이 발표는 즉각 세계의 언론, 농업학계 및 사회운동가들의 큰 관심을 끌었는데,[2] 비판가들은 이 사건이야말로 '신제국주의', '신식민주의'의 대

---

1) 『매일경제』 2008.11.17.

2) *Financial Times*, 2008.11.18. 『파이낸셜타임스』는 이 기사에서 UN 식량농업기구(FAO)의 보고서를 인용하여 대우 로지스틱스의 사업계획처럼 각 국가들이 해외 경작지 확보 경쟁을 할 경우 신식민주의가 도래할 것을 우려하였다. 이 기사로 대우 로지스틱스의 마다가스카르 사업은 세계적인 주목을 받게 되었다.

표적 사례라 주장하기도 하였다.[3] 이른바 '동척의 토지수탈'이라는 혹독한 경험을 했던 한국 사회에서, 한국계 기업이 '개발'과 '식량확보'를 명목으로 아프리카 국가의 농경지를 헐값에 매입하여 운영하려 했다는 사실은 어떻게 받아들여질까? 한국 기업 대외진출의 성공사례로 보아야 할 것인가, 아니면 한국이 '하위제국주의'의 모습을 보이고 있는 것으로 보아야 할 것일까.

이 사건이 일어나기 꼭 100년 전인 1908년, 일본은 한국의 농경지를 '개발'하여 식량을 증산하고, 이를 통해 한국 경제를 발전시킨다는 목적으로 동양척식주식회사(東洋拓殖株式会社), 즉 '동척'을 설립하였다. 그리고 조선총독부는 1910년부터 조선 전 영토에 대한 '토지조사사업'을 실시하였다.

제국주의 식민지배와 자본주의 기업 조직의 관련을 생각할 때, 가장 먼저 떠올릴 수 있는 것은 바로 영국 동인도회사(The English East India Company)이다. 동인도회사는 인도에 대한 무역독점권을 영국 국왕으로부터 부여받은 '칙허회사'(chartered company)[4]로, 처음에는 무역회사로 출발하였다가 나중에는 인도 지배에 대한 행정권까지 보유한 준(準)국가로까지 확대되었다.[5] 이처럼 동인도회사는 영국 제국주의의 첨병이면서 주식회사라는 근대적 기업 형태의 선구이기도 하고, 또 다국적

---

3) 『한국농정신문』, 2009.1.17.
4) 김현숙, 『영국기업사, 1650~2000』, 주영사, 2008, 24~27쪽. 김현숙은 통상 특허회사로 번역되어 왔던 'chartered company'를 칙허회사로 번역했다. 동인도회사의 'charter'는 국왕이 부여한 것이기 때문에, 특허라는 용어보다는 칙허가 더 적절한 번역어라 할 수 있겠다.
5) 영국 동인도회사의 역사에 대해서는 초두리(Kirti N. Chaudhuri, *The Trading world of Asia and the English East India Company, 1660~1760*, Cambridge University Press, 2006)와 하마우즈 데쓰오(浜渦哲雄, 『대영제국은 인도를 어떻게 통치하였는가: 영국 동인도회사 1600~1858』, 김성동 옮김, 심산, 2004)의 논의를 참조할 것.

기업의 원형이기도 하기 때문에, 제국주의기(期)의 기업사 연구에서 가장 큰 비중을 차지하고 있다. 그런데 동인도회사는 기업 조직의 구성 형태로 볼 때 민영회사였다. 동인도회사에 대(對)인도 무역독점권을 영국 국왕이 부여한 것은 민간자본과 국가권력 간 거래의 결과이지, 동인도회사가 처음부터 국가권력에 의해 기획되고 설립된 것은 아니었다. 이에 반해, 일본의 식민지배에 있어서는 국가가 설립·운영한 기업의 역할이 대단히 중요하였다.

후발 제국주의 국가였던 일본은 헤게모니 국가 영국이 구사한 것과 같은 방법을 식민지배에 동원할 만한 역량을 갖추지 못하고 있었다. 영국 제국주의의 경우, 국가가 군사력으로 식민지의 정치권력을 장악하고 시민사회가 기업 조직을 통해 식민지 경제에 침투했다고 한다면, 일본의 제국주의는 국가와 사회가 결합하여 식민지 지배를 관철시켜야만 했다. 조선인의 강력한 정치적·경제적 저항이 전개되는 과정 속에서 민간 식민자(civil colonizer)는 그 자신의 힘만으로는 식민지 경제를 장악할 수 없었던 것이다. 일본은 본국의 경제개발만이 아니라, 식민지 경제의 '개발/수탈'에 있어서도, 부족한 자원을 효율적으로 집적·분배하기 위해 국가가 직접 나서야만 했다. 이를 담당한 조직 중 하나가 바로 '국가기업'이었다.

이 '국가기업'이라는 용어는 'state-corporation'의 번역어[6]로, 국

---

6) 역사적 자료에서 '국가기업'이라는 용어를 사용한 사례로는 남만주철도회사(만철) 산하 동아경제조사국에서 작성한 『독일의 국가기업』(『獨逸の國家企業』, 1933)이 있다. 일본 최대의 식민지 국가기업이었던 만철은 국가기업으로서의 자기성격 규정과 만주 경제개발을 위해 유럽 각국의 국가경제조직에 대한 방대한 조사를 수행하였다. 위의 자료는 경제 통제 정책 수립을 위해 작성한 독일의 국가기업에 대한 조사 자료다.

가가 기업의 설립·운영에 직접 개입한 기업을 가리킨다.[7] 전전(戰前) 일본의 국가기업은 1944년 당시 총 39개사가 있었다. 여기에는 일본은행(日本銀行), 제국석유(帝国石油), 일본제철(日本製鐵), 대일본항공(大日本航空) 등 주요 국가기간산업 기업이 망라되어 있었을 뿐만 아니라, 만철과 동척, 조선은행, 대만은행과 같은 식민지 기업도 포함되어 있었다.[8] 일본은 본국의 국민경제 발전의 인프라 구축을 위한 국가기업만이 아니라, 식민지 경제 '개발/수탈'의 인프라 구축을 위해서도 국가기업을 식민지에 설립하여 운영하였던 것이다.

흔히 전후 동아시아의 경제발전을 '국가주도형 경제성장'으로 설명한다. 그 대표적인 국가는 일본, 한국, 대만이라 할 수 있는데, 이 국가들은 모두 일본제국의 주요 구성원이었다. 국가주도형 성장노선에서 국가는 관료기구의 행정력으로 경제발전을 지도했을 뿐만 아니라, 각종 국가기업을 설립하여, 이 국가기업들을 통해 경제정책을 집행하기도 하였다. 한국의 경우에, 자본의 형성·분배(한국산업은행 등), 사회간접자본의 구축(토지공사·도로공사), 선도산업의 집중육성(포항제철 등) 등에서 '공기

---

7) 'state-corporation'의 개념 규정은 논쟁적인 문제이다. 국가의 개입 방식, 설립의 법제, 각 국가별 상황에 따라 이를 지칭하는 용어는 제각각이며, 또 그 형태와 성격에도 차이가 있다. 영어권에서는 'public utility', 'public corporation', 'government enterprise' 등으로 불리는 등, 그 형태와 설립 주체에 따라 다양한 학설이 경합하고 있다(안용식, 『현대공기업론』, 1984, 박영사). 이 글에서 '국가기업'이라는 용어를 선택한 것은 국가 통치의 기초인 법률에 의해 기업의 설립 근거와 운영 규칙이 마련되었다는 점을 강조하기 위해서이다. 또 이 글의 설명 대상인 '척식회사'가 갖는 문제적 성격도 고려되었다. 척식회사는 식민지배라는 목적을 달성하기 위한 기업이므로, 국가기업이 갖는 '공공'적(public) 성격은 식민지 사회 전체가 아니라 식민자·협력자 집단으로 한정될 수밖에 없다. 다시 말해, '공기업'이라는 용어로는 척식회사의 수탈성을 설명하기 곤란하기 때문에, 설립의 주체에 초점을 맞춰 '국가기업'이라는 용어를 사용한다.

8) 西原寬一, 「國策会社法の發展と最近の立法」, 『法律時報』 138號, 1941.

업'의 역할은 결정적이었다. 특히 해방 이후 한국의 경제발전은 국가가 발전의 노선을 확립하고, 공기업이 사회경제 인프라를 구축하고, 민간 기업·자본이 그에 호응하는 형태로 진행되었다고 볼 수 있을지 모른다. 이런 점에서 국가주도 경제개발을 설명할 때에는 관료기구의 역할과 국가기업의 역할을 함께 시야에 두어야 할 것이다.

그런데 현대 한국 공기업의 역사를 검토해 보면, 식민지배기 일본의 국가기업을 전신으로 하거나, 혹은 그것을 모델로 삼은 경우를 그리 어렵지 않게 찾아볼 수 있다. 잘 알려져 있듯이, 한국산업은행은 식민지 조선의 산업개발금융을 담당했던 조선식산은행을 바탕으로 설립·운영되었다. 더 중요한 것은 국가기업을 설립하고 운영한 경험이 갖는 역사적 유산의 문제이다. 행정권력이 국가기업을 설립하여 시장경제를 지도·지원한 패턴은 식민지배기에서 그 경험을 찾아볼 수 있는 것이다. 이글에서 주목하는 것은 산업개발과 금융지원이라는 국가기업의 행동패턴의 초기 형태를 일본 제국주의의 국가기업에서 찾아볼 수 있지 않을까 하는 점이다. 이하의 글에서는, 이러한 질문 속에서 일본제국의 식민지 국가기업 중의 한 형태였던 '척식회사'를 사례로 하여, 식민지배의 전개 과정 속에서 국가권력과 경제조직이 맺는 관련성을 이해해 보고자한다.

일본제국의 5개 '척식회사': 개념과 논점

일본제국의 척식회사로는 그 악명 높은 동양척식주식회사를 비롯한 다음의 5개 회사가 있었다.

명칭	설립연도	비고
동양척식주식회사	1908년 설립	일본법률
선만척식주식회사	1936년 설립	조선총독부제령, 1941년 해산
대만척식주식회사	1936년 설립	일본법률
남양척식주식회사	1936년 설립	칙령
만주척식공사	1937년 설립	일본-만주국 간 조약, 만주국 법인

척식회사의 설립 목적은 '이민' 사업을 추진하여 제국의 인구를 재배치하고, 이를 통해 식민지 경제를 '개발'하는 데 있었다. 이민자 수용을 위해 식민지의 토지를 보유하였고, 이민자금 융자를 위해 금융업을 겸하였고, 이민자의 성공적인 정착을 위해 농지개량 등의 개발사업을 시행하였던 것이다. 다시 말해, 척식회사라는 것은 '식민지 이주 및 개발'을 기본 목적으로 한 일본제국의 국가기업이라고 하겠다.

척식회사의 '개발' 대상은 식민지의 '인구-토지-화폐'이다. 척식회사는 이 세 요소를 식민모국의 사회경제 시스템에 맞게 재조직하는 것을 사업 목적으로 한다. 척식회사의 역사를 검토해 보면, '인구-토지-화폐'의 조합은 국면에 따라 우선순위와 상호작용 방식에서 차이를 보인다는 사실을 알 수 있다.

① 인구: 척식회사는 무엇보다 인구의 이주 사업을 위해 설립된 이민회사였다. 일본의 최초·최대 척식회사인 동양척식주식회사는 일본 농민의 조선으로의 이주를 그 설립 목적으로 하였다. 일본은 조선의 산업개발은 무엇보다 농업 부문에서 시행되어야 하는데, 이를 위해서는 일본의 신농법 도입을 통해 농업생산력을 향상시켜야 한다고 보았다. 그 직접적인 방안이 일본 농민을 조선 농토에 직접 '입식'시켜, 조선쌀을 개량

하고 생산량을 증대시키는 것이었다. 그리고 일본인의 인구비 증가를 통해 조선을 생태학적으로 '자연스럽게' 동화하는 효과까지 고려되었다. 동양척식이 조선의 농토를 인수·매입한 것은 이주해 온 일본 농민이 농업생산을 할 수 있는 토지를 제공해 주기 위해서였다. 그리고 동양척식의 금융사업부는 바로 이 토지를 이주 일본 농민에게 토지담보대출을 통해 불하하는 것을 업무로 하였던 것이다.

② 토지 : 하지만 동양척식의 일본 농민 이주 사업은 기대한 성과를 내지 못하였다. 조선 농토에 '우수한 일본 농민을 자영농으로 입식하여 농업생산력을 향상시킨다'는 방식은, 그 '우수한' 일본 농민이 굳이 조선에까지 건너올 유인을 제공하지 못했기 때문에 실패할 수밖에 없었던 것이다. 동양척식의 토지를 불하받은 일부 일본인들은 자영농으로서 조선 농촌에 정착한 것이 아니라, 동척의 자금 지원을 토지매입에 사용하여 지주화해 버렸다. 이주 농민의 부족으로 불하하지 못한 거대한 보유 토지를 직접 운영하게 된 동척은 조선 최대의 지주가 되었다. 그런데 동척은 농업노동자를 고용한 것이 아니라, 지주—소작 관계라는 봉건적 생산방식을 통해 농장 경영을 하였다. 이러한 사업 운용은 동척에게 막대한 이윤을 안겨 주었지만, 조선 농민에게는 '수탈'이라는 참혹한 결과로 나타났다. 동척이 조선총독부와 함께 일본의 조선 식민지배를 상징하고, 또 식민지 민중의 원망의 대상이자 공격 목표가 되었던 것은 인구의 다수를 차지하는 조선 농민의 삶을 근본적으로 변화시켰기 때문이다.

③ 화폐 : 동양척식에 있어 화폐금융 운용은 이민과 토지획득을 위한 수단으로 출발하였지만, 설립 10여 년만에 금융 부문은 오히려 동척의 주요 사업 부문이 되었다. 조선으로의 일본인 이민 사업은 계속 부진하였고, 이에 대해 일본의회는 물론이고 '재조일본인'들도 동척의 존립

근거와 존재 의의를 계속 의문시하였다. 조선 이주 사업이 실패로 끝난 다면 동척은 존재할 근거를 상실하게 되는 것이었다(결국 동척의 조선 이민 사업은 1926년에 종료되었다). 동척은 내부적으로 이런 상황을 타개하고자 하여 새로운 사업을 모색하고 있었다. 이 와중에 동척 설립의 주도자이자 초대 조선 총독을 지낸 데라우치 마사타케(寺內正毅)가 1916년 일본 총리가 되었다. 데라우치는 조선과 만주의 연계강화, 즉 '만선일체화'(滿鮮一體化) 방침을 내걸고, 조선을 중심으로 만주 침략을 강화하고자 하였다. 이는 조선은행의 만주 진출, 조선철도의 남만주철도회사에의 위탁경영, 조선 총독의 관동 도독 겸임안, 만철 본사의 평톈 이전안 등으로 나타났다. 이와 더불어 추진된 것이 바로 동양척식의 만주 진출이었는데, 이는 1917년 '동척법 개정'으로 실현되었다. 개정 동척법은 ㉮동척의 사업 대상지를 '조선 이외의 지역'으로 확대하였으며, ㉯금융 부문을 대폭 확장하여 동척을 지주회사(持株會社, holding company)로 개조한 것을 주된 내용으로 하였다. 즉, 동척 내부의 신사업 모색 움직임과 데라우치의 '만선일체화' 방침이 결합하여, 동척은 조선 토지농업회사일 뿐만 아니라, 조선 외의 지역에 대한 자본투자를 하는 지주회사이기도 한 이원적 구조를 가지게 되었던 것이다. 이후 동척은 타사에 대한 투자를 시작하여 1944년에는 85개의 계열사를 보유한 거대 콘체른이 되었다.

　이처럼 동척은 역사적 국면에 따라 인구-토지-화폐의 상호관계를 재조합하면서 그 성격이 변화해 왔다. 초기에는 '인구〉토지〉화폐'의 순서로 척식회사의 본래 목적에 충실했다고 할 수 있다. 하지만 동척법 개정으로 동척은 두 가지 방향으로 사업을 전개하였다. 조선 사업의 경우, 1920년대 산미증식계획에 참여하여 '토지〉인구〉화폐'의 순서로 사업을 전개하였다. 해외 사업의 경우, 지주회사로서 '화폐〉토지〉인구'의 순으로 사업순위를 조합하였다고 하겠다. 1936년을 기점으로 한 4개 척식회사의 신설도 이 구도를 축으로 설명해 볼 수 있다. 즉, 선만척식과 만주척식공사는 인구를 최우선 순위에 두고, 식민지 노동력의 재배치를 추진한 척식회사라 할 수 있으며, 대만척식과 남양척식은 토지를 최우선 순위에 두고 광업을 중심으로 한 자원 개발을 시행한 척식회사라 할 수 있는 것이다.

각 척식회사의 영업구역은, 각 회사명에서 볼 수 있는 것처럼, 동양척식은 이른바 '동양'(특히 조선과 만주), 선만척식은 조선 북부 지역과 만주, 대만척식은 대만과 그 주변(화난華南, 하이난 섬海南島), 남양척식은 미크로네시아를 비롯한 태평양 일대, 그리고 만주척식공사는 바로 만주였다. 이 5개 척식회사들은 동척을 중심으로 조선·만주·중국·대만 등의 동아시아 지역을 비롯하여, 남양군도 등 태평양 지역에 대한 '척식 사업'을 수행하였다.

그런데 그간 한국 학계에서 척식회사에 대한 연구는 주로 이른바 '동척의 토지수탈'과 조선 농민의 저항에 분석을 집중하였다.[9] 이 연구들은 동척의 기업 조직으로서의 성격보다는, 동척의 사업 내용과 그것이 조선에 미친 영향에 관심을 기울이고 있는 것이다. 하지만 최근 일련의 연구는 조선 토지수탈회사로서의 동척이라는 기존 시각이 그 사업의 일부만을 포착한 것이라 비판하면서,[10] 1917년 '동척법 개정' 이후 동척이

---

9) 이에 대해서는 다음의 연구들이 대표적이다. 김용섭, 「한말·일제하의 지주제: 재령 동척농장에서의 지주 경영의 변동」, 『한국사연구』 8집, 1972 ; 김석준, 「동양척식주식회사의 농장 확장과 그 경영형태」, 『한국의 사회와 문화』 9집, 1988 ; 최원규, 「동양척식주식회사의 이민 사업과 동척 이민 반대운동」, 『한국민족문화』 16집, 2000.

금융화하고 사업 영역을 '동양' 전 지역으로 확대한 것에 주목해야 한다고 주장한다.[11]

　　이처럼 척식회사의 성격과 역사를 이해하기 위해서는 그간 대(對)조선 토지농업회사로 인식되어 있던 동척의 움직임을 보다 종합적으로 파악해야 할 것이다. 특히 동양척식회사-선만척식회사-만주척식공사로 연결되는 일선만(日鮮滿) 척식 사업의 관계 규명은 일본 제국주의의 전개 과정에서 식민지 조선이 갖는 위치와 성격을 이해하는 데 필수적인 작업이며, 또 조선인의 인구 이동 과정을 추적하는 데 있어 매우 중요한 연구과제라 할 수 있다.

동척의 설립: 대만과의 차이

최초의 척식회사인 동양척식회사의 설립 과정은 기업 조직을 통해 식민지배를 추진하는 과정을 잘 들여다볼 수 있는 사례이다. 동양척식회사 설립에 대해서는 주로 일본 내부의 정치 과정에 초점을 맞춰, 이토 히로부미(伊藤博文) 파벌과 야마가타·가쓰라(山縣·桂) 파벌 간 정치투쟁의 관점으로 설명해 왔다. 이에 대해, 양 파벌 간의 정치투쟁은 구조적 관점에서 볼 때 견해 차이에 불과하며,[12] 또 양 파벌의 차이는 통감부(統監

---

10) 신용하(「동양척식주식회사의 대(對)한국 및 동북아시아 수탈경영」, 『한국근현대사회와 국제환경』, 나남출판, 2008)는 동척을 '토지농업회사'로서가 아니라 일본제국 판도 전체를 대상으로 한 '식민지투자회사'로 보아야 그 수탈성을 더 명확히 분석할 수 있다고 주장하였다.

11) 구로세(黑瀨郁二, 『東洋拓殖会社: 日本帝國主義とアジア太平洋』, 日本經濟評論社, 2003)는 동척의 아시아·태평양 지역 투자 사업을 종합적으로 분석하여, 대(對)조선 사업에 한정되어 있던 동척 연구의 영역을 대폭 확장하였다.

12) 김석준(「동양척식주식회사의 사업 전개 과정」, 『한국근대농촌사회와 일본제국주의』 한국사회사연구회, 1986)의 주장.

府)의 위상을 둘러싼 문제이지 동척 설립 그 자체에 대한 것은 아니기 때문에, 동척 설립을 둘러싼 정치투쟁을 과대하게 평가해서는 안 된다는 지적도 있다.[13] 그런데 이와 같이 일본 내부의 정치투쟁과 동척 설립의 관련성을 검토하는 작업이 척식회사의 성격을 이해하는 데 빼놓을 수 없는 일이기는 하지만, 지금까지의 연구들은 식민지배를 위해 척식회사를 세운다는 것은 일종의 필수요건으로 전제하고 있었던 것으로 보인다. 다시 말해 비교사의 관점으로 보면, 조선보다 먼저 식민지가 된 대만에는 1930년대가 되어서야 척식회사가 설립되었는데, 왜 조선에는 통감부 기(期)에 동척이라는 거대 국책 척식회사를 설립했느냐는 질문이 빠져 있는 것이다.

동양척식회사는 반관반민 식민단체인 '동양협회'의 발의에 의해 1908년 설립되었다. 원래 '대만협회'에서 출발한 동양협회는 조선 식민화 사업의 일환으로 척식회사 설립안을 작성·제출하였고, 이는 제국의 회에서 일부 수정을 거쳐 법제화되었지만, 정작 대만에 대해서는 척식회사 설립이 진전되지 못하였다. 대만에는 중일전쟁 직전인 1936년이 되어서야 대만척식회사가 설립되었던 것이다. 일본이 대만을 식민화했을 때에는 척식회사를 세우지 않았다가, 조선을 식민화할 때 '동척'이라는 척식회사를 설립한 이유는 무엇일까? 이와 같은 대만과 조선의 차이는 동양척식회사의 설립 과정을 시간적·공간적으로 보다 넓은 범위에서 재검토해 볼 필요가 있다는 점을 일깨워 준다.

대만의 식민지 기업에 대한 연구를 보면, 일본제국 속에서 조선과

---

13) 君島和彦, 「東洋拓殖株式会社の設立過程」(上, 下), 『歴史評論』, 282·285號, 1973·1974 참조.

대만이 가졌던 의미가 상당히 달랐다는 점을 파악할 수 있다. 대만에도 척식회사를 설립하자는 주장이 동양협회(당시 대만협회)로부터 나왔지만 이는 실현되지 않았다. 대만의 식민지 기업을 분석한 구보(久保文克)는 그 이유를 '대만제당회사'(臺灣製糖會社)의 존재에서 찾았다.[14] 대만제당은 민간기업이었음에도 불구하고 국가가 원하는 바를 충분히 수행하고 있었다. 즉 대만제당의 높은 수익률로 인해, 일본 정부가 굳이 국가기업을 설립하지 않아도 경제적 이익을 충분히 거두어 갈 수 있었다는 것이다. 조선의 경우에는 '수탈'을 위해서는 경제를 개발해야 했고, 또 이를 위해 국책척식회사가 필요했던 데 반해, 대만에서는 대만제당과 같이 법적으로는 민간회사이지만 내용적으로는 '준(準)국책회사'의 형태를 띤 회사만으로도 충분했던 것이다.

이처럼 '동척'의 설립은 일본제국 속에서 조선이 차지하는 위상과 국가기업으로서의 척식회사 고유의 성격이 결합되어 나타난 결과이다. 즉, 조선과 대만은 식민화의 과정과 내용에서 차이를 보였으며, 이는 척식회사 설립 과정에도 반영되었던 것이다. 조선은 대만과 달리, 사탕수수와 같은 세계적 상품을 생산하지 못하고 있던 농업국이었다. 그래서 대신 일본은 조선과 일본의 공통 식량인 쌀에 주목하였다. 조선산 쌀이 일본에서 소비되기 위해서는 생산량의 증대와 품종개량이 필요하였는데, 이를 위해 일본식 벼를 생산할 수 있는 일본 농민을 조선으로 이주시키고자 하였다. 동척이 이민회사인 것은 바로 이 점 때문이었다. 그런데 쌀 생산력을 증대시키고 품종을 개량하기 위해서는 생산자인 농민만이

---

14) 久保文克, 『植民地企業経營史論 : 準國策会社の實証的硏究』, 日本経濟評論社, 1997. 서문과 1장을 참조할 것.

아니라 농경지에 대해서도 막대한 투자가 필요하였다. 일본은 자본이 부족한 조선에서 대규모 토지개량 사업을 하기 위해서는 국가자본의 투여가 필요하다고 보았고 이를 위해 국가기업으로서 동척을 설립했던 것이다. 동척은 막대한 자금력을 바탕으로 조선 농지를 대량으로 매수하여 일본 농민에게 저리융자로 분배하고자 하였다. 하지만 일본 농민들이 조선 이주에 소극적이어서 동척 이민은 결국 실패로 끝나고 말았다. 결국 동척은 조선인들로부터 '수탈'한 토지를 조선 농민을 소작인으로 하여 직영하기 시작했고, 이는 동척의 대지주화로 귀결되었던 것이다.

국책과 이윤: '동척법 개정'과 척식회사의 금융화

'동척'이 조선 이민회사라는 초기 성격을 넘어, 일본제국 전체 수준에서 자본의 형성과 분배를 수행하는 거대 회사로 성장할 수 있게 된 것은 1917년의 '동양척식회사법 개정'에 의한 것이다. 이 '동척법 개정'은 두 가지 내용으로 요약할 수 있다. 첫째는 '조선'으로 규정되어 있던 사업 지역이 '조선 이외의 지역'으로까지 확대되었다는 점이다. 둘째, 동척 사업 영역의 확장은 사업 지역의 확대만이 아니라 사업 내용의 확대도 포함하였다. 이 법개정을 통해 이민-토지-농업 회사였던 동척이 금융 부문의 확대로 금융회사화 할 수 있게 된 것이다. 즉, 이른바 '동척법 개정'은 동척의 금융기관으로서의 역할을 강화한 것으로, 이를 통해 동척은 부동산담보대출만이 아니라 다른 기업에 자본을 출자하여 투자를 할 수 있는 '식민지투자회사'로 변화되어 갔다. 많은 식민지 기업들이 동양척식회사의 투자나 출자에 의해 설립되었기 때문에 이와 같은 동척의 변화는 대단히 중요하다.[15]

그런데 '동척법 개정'은 그 과정이 결코 순탄한 것이 아니었으며, 또 동척 내부의 문제로 국한되지 않는다. 이 개정은 일본의 주요 식민기구인 조선총독부-동양척식-조선은행의 향배와 관련된 문제였고, 그렇기 때문에 일본 제국주의의 전개 방향에 대한 문제이기도 했다. 일본의 정치는 제국주의의 전개 방향과 방식을 둘러싸고 다양한 입장으로 갈려져 있었는데, 동양척식회사법 개정을 둘러싸고는 크게 '만선일체론'(滿鮮一體論)과 '일지제휴론'(日支提携論)이 대립하였다.[16] 동척의 만주 진출과 경합하고 있던 것은 후자의 만주은행(滿洲銀行) 창설이었다. 1916년 초 『경성일보』의 제37회 제국의회 관련 기사를 통해 볼 수 있는 것은,[17] 일본 제국주의의 중국 대륙 진출을 위해서 중일 합작법인으로서 일지은행(日支銀行)·만주은행의 창설이 논의되었고, 사실상 거의 성사 단계에 있었다는 점이다. 그런데 돌연 '동척법'의 개정, 즉 '조선'에 한정되어 있던 동양척식의 영업 지역을 조선 이외의 지역으로까지 확대시키자는 방안이 제출되었다. 이에 대해 제국의회는 물론, 조선 내부에서도 치열한 격론이 벌어졌다. 동척의 만주 진출은 토지농업회사의 만주 진출만이 아니라 조선계 금융의 만주 진출을 의미하였고, 이는 곧 중일 합작의 만주은행 창설이 백지화된다는 것을 뜻했기 때문이다.

동척법 개정은 일본 의회('제국의회') 내부는 물론, 식민지 조선의 일본인 사회에서도 반발을 불러일으켰다. 왜냐하면, 동척은 조선에 대

---

15) 예를 들어, 일본의 위임통치령이었던 남양군도에서 제당업을 독점하고 있던 주식회사 남양흥발의 경우, 회사 주식의 49%를 동척이 출자·보유하였다. 또 이 남양흥발은 1936년 설립된 남양척식의 주요 주주이기도 했다.
16) 이에 관해서는 나미가타(波形昭一)의 『日本植民地金融政策史の硏究』(早稻田大學出版部, 1985)를 참조.
17) 『京城日報』 1916년 2월의 '제37회 제국의회' 관련 기사 참조.

한 산업개발을 목적으로 하여 설립된 회사이지만, 그 사업은 재조일본인에게도 별반 도움이 되지 못한, 일부 특권층을 위한 회사로 인식되고 있었기 때문이다.[18] 제국의회에서는 '동척이 조선에서 도대체 무슨 사업을 하고 있는지 알 수 없으며, 사업 성적도 공개되지 않으면서 국가보조금만 타먹는 회사'로 비판받고 있었다. 이러한 상황에서 동척이 활동 범위와 사업 영역을 더 넓혀서는 안 된다는 게 반대론의 주장이었다.

하지만, 야마가타-가쓰라-데라우치로 연결되는 조슈벌(長州閥)이 주도한 동척법 개정안은 이듬해인 1917년에 결국 통과되었고, 이 법 개정으로 동양척식의 사업 범위는 '조선'에서 '조선 이외의 지역'으로 확대되었다.[19] 이는 일본-조선만이 아니라, 만주-관동주까지, 더 나아가 대만-남양군도에까지 영향을 미친 중대한 사안이었다. 일본 제국주의는 동척을 통해 막대한 자금을 융통할 수 있게 되었고, 실제로 동척은 일본 제국주의의 전 판도를 대상으로 식민지 개발사업을 수행하였다.

이와 같은 동척의 변화는 척식회사의 역사에서 매우 중요하다. 왜냐하면 '동척법 개정'을 통해 동척은 '식민지투자회사'로서 다른 4개 척식회사에 대해서도 주식을 인수하는 방식으로 자본을 제공해 주었기 때문이다. 이처럼 일본의 척식회사들은 동척의 투자를 중심으로 서로 연계된 상태에서 사업지를 나누어 분업을 하고, 때로는 서로 경쟁하기도 하였던 것이다.

그런데 이와 같은 '동척의 확장·금융화'는 기업의 대차대조에 큰 영

---

18) 『조선공론』(朝鮮公論)은 동척에 대한 재조일본인의 불만을 대변하는 기사·논설을 종종 게재하였다.
19) 이와 아울러, 조선은행권이 관동 주와 만철 부속지, 만철 연선에 통용되게 되었다.

향을 미쳤다. 식민지 수탈에 의해 막대한 수익을 올리던 조선에서의 토지농업 사업은 이제 동척 전체로 보아서는 하나의 사업 부문일 뿐이었다. 식민지투자회사가 된 이상, 동척은 '국책수행'을 충실히 해야만 했다. 제국주의 침략을 위해 설립되어야 할 회사가 있다면 동척은 투자를 마다하지 않았다. 하지만 문제는 정치적·군사적 요구에 의해 수익성이 불분명한 기업에도 자본을 대거 출자·투자해야만 했다는 데 있었다. 국가의 기업이긴 했지만, 기업의 존립을 위해서는 일정한 영업이익을 확보해야만 했던 동척은 국책과 이윤의 모순이라는 과제를 어떻게 해결했던 것일까? 이 모순은 동척만이 아니라 다른 척식회사도 안고 있던 문제였다.

이에 대한 일반적인 설명은, 국가가 지불보증을 하는 회사채권을 발행하여 막대한 영업손실을 벌충하였다는 설명이다. 국가기업은 국채에 준하는 회사채를 발행하고, 정부보조금을 받을 수 있는 특권을 가지고 있었다. 국가기업은 수익을 기대할 수 없지만 국가운영에서 필수적인 사업을 하기 때문에, 이 특권을 통해 경영상의 손실을 만회하는 방식은 국가기업의 기본적인 특징이라 할 수 있다. 그런데 일부에서는 동척이 가진 특권을 인정하면서도, 동척이 공격적으로 사업을 전개할 수 있었던 것은 조선에서의 토지농업 경영수익이 뒷받침을 하고 있었기 때문이었다고 주장하였다.[20]

이는 동척 자본의 근원이 어디에 있었는가를 묻는 논쟁적 문제이다. 즉 조선에서의 토지 경영 수익인가, 국가보증 회사채권인가 하는 것인데, 이에 대한 실증적 연구는 아직 없다. 그런데 최근 대만척식회사의

---

20) 河合和男·金早雪·羽鳥敬彦·松永達, 『國策会社·東拓の硏究』, 不二出版, 2000.

수익 구조에 관한 흥미로운 연구 결과가 발표되었다.[21] 사이토 나오(齋藤直)는 대만척식회사의 사업을 국책성 사업과 수익성 사업으로 구분하고, 회사자본을 정부출자분과 민간주주분으로 구분한 후, 수익성 저하에 어떠한 조합을 통해 대응하였는지 보여 주었다. 그에 따르면, 회사 경영진은 수익성이 저하되었을 때 정부출자분을 수익성 사업에 이용하고, 저수익의 원인인 국책성 사업을 기업화(민간자본의 도입)하는 미묘한 운영을 통해 전체 사업의 수익성을 맞추었다고 한다. 즉 대만척식회사는 '국책성'과 '영리성'의 모순을 극복하고, 양자를 동시에 달성하였던 것이다.

이러한 대만척식회사의 경영 사례는 다른 척식회사의 경영 상태에 대한 기존의 설명들이 재검토되어야 한다는 것을 뜻한다. 국책을 위한 이윤의 희생과 그에 대한 국가의 보상이라는 도식은, 척식회사를 비롯한 국가기업이 갖는 국책성을 지나치게 강조한 나머지, 척식회사가 기업으로서 갖는 성격을 경시한 것이라 할 수 있겠다.

모델 혹은 반모델로서의 동척

일본제국의 5개 척식회사들은 ①인적구성과 자본 등에 대해 국가가 주된 이니셔티브를 가지고 설립했다는 점, ②국가의 법률에 의해 설립·운영의 근거가 마련되었다는 점, 그리고 ③'국책사업'을 수행하는 것을 목적으로 했다는 점에서 '국가기업'이라 할 수 있다.

일본의 국가기업은 국책을 수행한다는 의미에서 일반 사회에서는 '국책회사'로 불렸는데, 법제로 볼 때에는 이를 '특수회사'라 하였다. 특

---

21) 齋藤直,「國策会社における'國策性'と'營利性'」,『早稻田商學』416号, 2008.

수회사라는 것은 '특수한 법률'에 의해 설립된 회사라는 의미로 명명된 것으로, 특수회사는 특별법에 의해 일본법 상법 회사편의 구속력에서 벗어나 운영될 수 있었다. 즉 법적으로 특수하다는 의미에서 특수회사가 된 것이다.[22] 역으로 특수회사가 특수할 수 있는 것은, 국가의 시책, 즉 국책 수행을 위해 설립된 회사였기 때문이다. 이 글에서 다루는 '척식회사'들은 모두 특수회사이다.[23]

원래 회사·기업은 상법의 회사편에 규정된 법률에 따라야 하는데, 특별법은 상법의 규정을 변경 혹은 보충하여 국가기업을 상법의 규정력으로부터 벗어날 수 있게 하였다. 이는 국가기업의 '특권'이라 할 수 있는데, 국가는 '특별법에 의해 부여된 특권'을 통해 척식회사가 국책을 원활히 수행하도록 다양한 혜택을 제공하였다. 예를 들면, 특수회사는 상법의 법규를 넘어 회사채를 발행할 수 있었고, 이는 국가가 지불보증을 했기 때문에 국채와 마찬가지였다.[24] 또 자금이 부족할 경우 국가로부터 일정한 보조금을 받을 수 있었다. 이 특권은 척식회사의 자본구성과 자금 운영에 있어 결정적인 역할을 하였다. 법률을 통한 자본구성상의 혜택은 척식회사가 국책을 수행할 수 있는 가장 중요한 요건이었던 것이다.

그런데 일본제국의 척식회사들은 이러한 법적 특권을 보장받은 것 이외에, 자본구성과 사업 내용에 있어 일정한 연관 관계를 맺고 있었다.

---

22) 특수회사의 법제에 대해서는 松本烝治, 「会社法」, 『現代法學全集』 13卷(日本評論社, 1929)을 참조.
23) 1906년에 일본인 제염업자 가마타(鎌田勝太郞)가 한국의 토지농업 경영을 목적으로 '한국척식주식회사'(韓國拓殖株式会社)를 설립한 바가 있었다. 이 한국척식주식회사는 '한일합방'의 해인 1910년에 한국 식민화에 있어 경제적 부분을 대행했던 정상재벌 시부사와(澁澤) 가문의 '한국흥업'(韓國興業: 나중에 '조선흥업'이 됨)에 인수합병되었다(『朝鮮興業株式会社三十周年記念誌』, 1936, 60~61쪽).
24) 강태경, 「동양척식주식회사의 토지수탈 경영」, 『경영사학』 13호, 1996.

동양척식은 조선에서 직접 척식 사업을 전개하는 것은 물론이고, 아시아–태평양 지역의 식민지 '개발' 기업에 막대한 투자를 하고 있었다. 동척의 투자 대상은 나머지 4개 척식회사의 주식을 인수하는 것도 포함하고 있었다. 이 동척의 투자 활동을 중심으로 다른 척식회사들은 대만–남양–만주 등으로 권역을 나누어 식민지 척식 사업을 전개하는 일종의 '척식 협업'을 하기도 하였다. 반면 조선총독부가 주도하여 설립한 선만척식은 만주 척식 사업의 주도권을 놓고 일본 본국에서 설립한 만주척식공사와 경쟁 관계에 놓이기도 하였다. 이처럼 5개 척식회사들은 분업과 경쟁을 통해 일종의 '척식 네트워크'를 구성하고 있었던 것이다. 따라서 일본 척식회사의 역사는 이 네트워크가 어떤 상호연관의 위계 구조 속에서 작동했는지를 분석해야만 종합적으로 파악될 수 있다.

　　여기서 논점이 되는 것은 동양척식의 역할과 위상이다. 최초의 척식회사이자 다른 척식회사의 주주이기도 했던 동척은 일본 척식회사의 모델이었던 것일까? 아니면, 식민자와 피식민자 모두로부터 격렬한 비판을 받았던 동척은 다른 척식회사의 반(反)모델이었던 것일까? 동척이 이민 사업을 포기하고 사실상 금융기관화한 것은 동척이 '척식'이라는 본래의 사명을 포기한 것으로 보아야 할 것인가? 이를 이해하기 위해서는, 특히 1937년에 설립된 만주척식공사와 비교해 볼 필요가 있다. 왜냐하면 만주척식공사는 동척이 포기한 대륙 이민 사업을 국책으로 추진한 국가기업이었기 때문이다. 일본 정부와 관동군, 만주국이 본래 이민 사업 회사였던 동척을 두고 굳이 만주척식공사를 세워 만주농업이민을 실시한 것은 무엇 때문일까?

　　만주척식공사(滿洲拓植公社)는 일본 농민의 국책 만주 이민 사업을 위해 1937년 설립되었다. 본래 1935년 12월에 '만주척식주식회사'가 일본 법인으로 설립되었는데, 만주척식공사는 1937년에 이 회사를 인수합병한 후 조직과 자본을 재편성하여 탄생하였다. 이 만주척식공사는 일본-만주국 간의 조약에 의해 설립된 양국 합작회사의 형태를 띠고 있었으며, 법적 형식으로는 만주국 법인이었다. 만주척식공사는 회사명의 '척식'이 다른 4개 회사와는 달리 '拓殖'이 아니라 '拓植'인데, 이는 단순한 한자 용법의 차이가 아니다. 일본은 이 국책회사의 설립 목적이 일본 농민의 만주 입식(入植)에 있음을 보다 강조하기 위해 '植'을 의도적으로 바꿔 넣었던 것이다. 그리고 또 하나 특기할 것은, 만주척식공사는 다른 척식회사가 모두 주식회사인데 반해, '공사'(公社)라는 명칭을 갖고 있다는 점이다.[25] 여기서 '공사'는 공공적 성격을 가진 기업 조직이라는 의미로, 영리성을 전제로 한 '회사'와 구별되는 의미로 쓰인 것이다.[26] 이처럼, 만주척식공사는 다른 척식회사에 비해 '척식'이 '이민' 사업임을 명확히 규정하였으며, 또 기업 조직 역시 주식회사가 아니라 국가의 공적인 사업을 추진한다는 의미로 '공사'라 하였다는 점에서, 다른 4개 척식회사와는 뚜렷이 구별된다고 하겠다. 즉 만주척식공사는 '이민-토지-화폐'의 조합에 있어 1917년 동척법 개정 이전의 동척처럼 이민을 최우선 순위에 둔 척식회사였다는 점에서, 척식회사의 원래 이념으로 복귀한 것이었다고 하겠다.

---

25) 만주척식공사의 명칭에서 '拓植'과 '公社'에 관한 내용은 『滿拓』(滿洲拓植公社, 1943), 2~5쪽 참조.

26) 한국의 공기업들 중 다수가 '공사'라는 회사명을 갖고 있었는데, 역사적으로 이 '공사'라는 명칭이 처음 사용된 용례가 바로 이 만주척식공사였다. 한편, 중국에서 쓰는 '公司'는 한국의 '公社'를 가리키는 것이 아니라, 일반 '회사'를 지칭하는 용어이다.

일본 제국주의의 확대와 '척식 네트워크'의 구축

척식회사의 설립 과정은 일본 제국주의의 전개 과정과 조응한다. 일본은 조선-만주-화베이(華北)-화중(華中)으로 침략해 갈 때마다, 각 지역의 경제 수탈/개발을 목적으로 한 국가기업을 차례로 설립하였다. 조선 침략 시에는 동양척식회사, 만주 침략 시에는 남만주철도회사, 화베이 침략 시에는 '북지나개발'(北支那開發), 화중 침략 시에는 '중지나진흥'(中支那振興)이라는 국가기업을 만들었던 것이다.

앞서 말한, '동척법 개정'은 만주 침략을 위한 자본 및 토지 확보라는 요구, 즉 '북진'과 '만선일체론'의 구현이라는 목적에서 진행되었다. 이 구도에서 핵심적인 정치 쟁점 중의 하나가 바로 일본제국 속에서 조선을 어떻게 위치 지을까 하는 문제였다. 이 문제는 척식회사의 향방과 성격에도 큰 영향을 미쳐, 척식회사의 전개 과정은 조선의 정치적·경제적 위상변화와 밀접하게 관련되어 있었다.

식민지 조선이 중요할 때에는 척식회사의 무게중심도 조선에 두어졌는데, 동척의 설립과 확대는 모두 조선의 위상을 반영한 것이면서, 또 동시에 그 위상을 강화한 것이기도 하였다. 반면 전쟁의 확대로 남방의 중요성이 강조되면서 '남진론'이 국책으로 재등장했을 때에는, 남진을 위한 대만척식과 남양척식이 각각 설립되었다. 한편, 1932년 만주국 건립 이후, 조선총독부는 만주 침략에서 지분을 확보하기 위해 전력을 기울여서 선만척식회사를 설립하였다. 그런데 이 회사는 설립 5년만에 결국 일본 본국에서 관할하는 만주척식공사에 흡수합병되었다.[27] 이는 중일전쟁 이후 식민지 조선과 만주의 위상 관계에 모종의 변화가 있었음을 시사하는 부분이다. 이처럼 '척식 네트워크'의 작동은 일본제국 전체의 움직임과 연동되어 있었다고 하겠다.

그런데 '척식 네트워크'의 형성을 보다 명확히 이해하기 위해서는 1936년 이전에 식민지에 있던 '식민회사'들의 동향과 성격을 검토해야만 한다. 척식회사가 신설된 만주-대만-남양군도에는 그 이전에 사실상 국책사업을 수행하고 있던 민간회사 혹은 반관반민회사가 존재하고 있었던 것이다.

(1) 만주: 동아권업회사에서 선만척식회사, 만주척식공사로

동아권업회사(東亞勸業會社)는 만철, 동척, 오구라구미(大倉組)[28]가 출자하여, 1922년에 조선인의 만주 이민과 만주 토지농업 경영을 위해 설립한 회사였다. 이민과 토지를 사업 대상으로 했다는 점에서 척식 사업을 수행한 회사였지만, '특수법'에 의해 설립된 것이 아니었기 때문에 '특수회사'로서의 척식회사는 아니었다. 동아권업은 만주에서 조선인 '안전농촌'을 건설했다는 점에서 중요한데, 하지만 만주에서의 토지소유권 문제가 해결되지 않아 영업성적이 부진하였고, 결국 1936년 선만척식회사에 모든 자산을 인계하고 해산하였다.

동아권업을 인수합병한 선만척식회사는 조선총독부 제령(制令)에 의해 설립되었으며, 만철·동척·조선은행·조선식산은행 등 국가기업이 대주주로 자본을 출자하였고(40만 주 중 약 30만 주), 조선 총독이 임명권과 감독권 등 전권을 갖고 있었다는 점에서 다른 척식회사와는 뚜렷이 구분된다. 이 회사는 두 가지 사업을 하였는데, 이는 조선 농민의 만주농

---

27) 선만척식회사는 서북선 개발과 조선인의 만주 이민을 위해 설립되었는데, 해체 시 서북선 관계 사업은 동양척식에, 만주 이민 사업은 만주척식공사로 인계되었다.

28) 오구라구미는 회사 설립 2년만에 모든 지분을 만철과 동척에 넘기고 철수했다.

업이민이라는 대외사업과 서북부 조선의 개발이라는 대내사업으로 구
성되었다. 조선총독부는 선만척식이라는 조선총독부의 국가기업을 가
지고 조선 농민의 만주 이민을 지원·통제하는 한편으로,[29] 만주와의 연
계를 강화하기 위해 '서북선 개발' 사업을 추진했던 것이다.

한편, 앞서 설명했듯이, 만주척식공사는 일본 농민의 만주 이민을
시행하기 위해 1937년 만주국 법인으로 설립되었다. 일본은 만주에서의
식량 확보와 일본 내부의 과잉인구 문제를 해결하기 위해, 1936년에 '만
주농업이민'을 국책사업으로 확립하였고, 이 사업의 시행 기구로서 만
주척식공사를 설립하였던 것이다. 만주척식공사는 자본금 5,000만 엔,
주요 주주는 일본 정부와 만주국 정부, 만철·동척, 미쓰이(三井)·미쓰비
시(三菱)·스미토모(住友) 재벌로 구성되어 있었다.[30] 만주척식공사는
1941년에 선만척식회사의 자회사인 만선척식회사를 인수합병하여, 일
본의 만주농업이민 사업을 총괄 시행하였다. 당초 조선인의 만주 이민은
선만·만선척식회사로, 일본인의 만주 이민은 만주척식공사로 분리되어
진행되었는데, 1937년 중일전쟁 발발을 계기로 하여 만주 이민 사업의
일원화가 모색되어, 결국 1941년에 조선인·일본인 두 민족 집단의 만주
이민 사업은 만주척식공사에서 전담하게 되었던 것이다.[31] 한국인 만주
강제동원자의 기록에서 종종 등장하는 '만척' 혹은 '만척회사'는 바로 이

---

29) 조선 농민의 만주 이민 사업은 선만척식회사의 자회사인 만선척식회사가 시행하였다. 선
　　만척식회사는 주로 사업자금을 모집·분배하는 지주회사(holding company) 역할을 하면
　　서, 직영사업으로 '서북선개척' 사업을 시행하였고, 만주 이민 관계 사업은 거의 전적으로
　　자회사인 만선척식회사가 시행하였다.
30) 만주척식공사에 관해서는 다음을 참조할 것. 君島和彦, 「滿州農業移民機關の設立過程と
　　活動狀況 : 滿州拓殖会社と滿州拓殖公社を中心に」, 滿州移民史硏究会編, 『日本帝国主
　　義下の滿州移民』, 龍溪書舍, 1976.
31) 선만척식회사의 직영사업이었던 '서북선개척' 사업은 동척으로 인계되었다.

만주척식공사를 가리키는 것이다.

(2) 대만: 대만제당과 대만척식회사

대만제당은 1901년에 대만 가오슝(高雄)에 설립된 '준국책회사'이다.[32] 대만제당은 회사에 설립과 운영에 관한 특수법이 제정되지 않은 민간회사였음에도 불구하고, 대만총독부로부터 보조금을 교부받았다는 점(1901~1906년), 정부가 직접 자본을 출자하지는 않았지만 일본 황실과 귀족의 지분이 21%에 달했다는 점, 사탕수수 핵심 재배지를 소유하고 토지농업 경영을 했다는 점, 그리고 대만 산업개발에 있어 개척자 역할을 했다는 점 등에서 국가기업에 가까운 성격을 갖고 있었다. 대만총독부는 이 대만제당을 필두로 한 각 제당회사의 활발한 경영 덕택에 1905년에 이미 일본 정부로부터 재정보조금을 받지 않았으며, 1914년에는 재정독립을 이루어 일본 본국에 송금을 하기까지 하였다. 이처럼 대만은 이 대만제당을 비롯한 일본계 제당회사가 사실상 국책회사의 기능을 하면서 일본 본국에 많은 수입을 가져다 주었기 때문에, 조선에서처럼 식민지배 초기에 굳이 동척과 척식회사를 설립할 필요가 없었던 것이다. 이는 일본제국의 경제권에서 조선과 대만의 차이를 반영한 것으로 해석할 수 있다.

그런데 대만총독부는 1936년에 이르면 대만제당과 별도로 대만척식회사를 설립하였다. 대만척식회사는 선만척식회사와는 달리 일본 법률에 의해 설립되었다. 대만 총독은 회사 경영진에 대한 인사권과 회사

---

32) 대만제당을 준국책회사로 규정한 것에 관해서는 久保文克, 『植民地企業経営史論：準國策会社の實証的研究』 참조.

의 운영에 감독권을 가졌지만, 회사의 최종 감독권은 일본 본국의 척무대신(拓務大臣)이 가지고 있었다. 이 점에서 회사에 대한 전권을 조선총독이 보유했던 선만척식회사와는 확연한 차이를 보였다고 하겠다. 또 주주 구성에서도 두 회사는 차이를 보인다. 대만척식회사는 총주식 60만 주 중 대만총독부의 토지 현물 출자분 주식이 30만 주로 절반을 차지하였는데, 나머지 절반인 30만 주는 제당자본／그 외 회사자본／일반공모로 각기 10만 주씩 분배되었다. 거대 국가기업들이 주식의 절반 이상을 보유했던 선만척식과는 달리, 대만척식에는 제당기업을 필두로 한 민간자본이 대거 출자를 했던 것이다. 그리고 대만척식회사의 사업 대상지는 대만 본도 이외에도 남중국 지역(특히 푸젠福建성과 하이난 섬)이었다는 점도 눈여겨 볼 필요가 있다. 대만척식회사는 만주처럼 일본제국의 세력권이 아닌 중국의 영토에 대해서도 투자·개발 사업을 하였던 것이다.

이처럼 대만척식회사는 회사의 법제 및 감독권, 주주의 성격, 그리고 사업의 내용에서 조선총독부의 선만척식회사와는 뚜렷이 구별되는 특징을 갖고 있었다. 이 두 척식회사의 차이는 일본제국의 주요 식민지인 조선과 대만이 가졌던 성격과 위상의 상이성을 엿볼 수 있는 사례라 할 수 있다.

(3) 남양군도: 남양흥발과 남양척식회사

일본의 위임통치령이었던 남양군도에는 '남양흥발'(南洋興發)이라는 제당회사(1921년 설립)가 남양청의 후원하에서 독점기업으로 군림하고 있었다. 물론 남양흥발은 법적으로 특수회사가 아니었다. 하지만 남양흥발의 최대 주주는 바로 동척으로, 동척은 남양흥발 전체 주식의 49%를 소유하였으며,[33] 동척의 사원을 남양흥발에 파견하기도 하였다. 남양흥발 설립을 주도한 '사탕왕' 마쓰에 하루지(松江春次)는 남양청의 주선으로 동양척식 총재 이시즈카(石塚英藏)을 만나 투자 교섭을 진행하였다. 대만의 '니이타카제당'(新高製糖)의 이사를 역임했던 마쓰에는, 대만에서 면화재배 사업이 실패하고 제당산업이 성공한 이유를 설명하고, 남양군도에도 제당사업이 유망하다고 이시즈카 총재를 설득하여 동척으로부터 막대한 투자를 유치하게 되었던 것이다. 결국 마쓰에의 남양흥발은 민간회사로 설립되었지만 동척이라는 국가기업의 출자 및 지원을 받게 되어 준국가기업이 되었다.[34] 또 남양군도의 식민기구인 남양청은 남양흥발에 토지독점권을 부여했을 뿐만 아니라, 많은 보조금을 교부하였다.[35] 남양흥발의 경영 발전에 의해 남양군도에는 사탕수수 모노컬처(monoculture)가 성립되었고, 이 회사의 납세에 의해 남양청은 1932년에 재정독립을 이룰 수 있었다. 이처럼 동척-남양청 등과의 관계와 사업의 성격상, 남양흥발은 국가기업적인 성격을 띠고 있었다고 하겠다.[36] 남양흥발은 당업 경영을 위해, 일본 특히 오키나와로부터 농업이민자를 대거 수용하여 남양군도를 일본의 식민개척지로 만드는 데 큰 역할을 하였다.[37] 그런데 1935년 일본은 국제연맹 탈퇴를 계기로 '남양군도 개발 10개년 계획'을 수립하여, 남양군도와 외남양(뉴기니, 티모르, 필리핀)의 산업개발 정책을 추진하였다. 이를 위해 칙령으로 설립한 것이 바로

---

33) 이상, 남양흥발과 동양척식의 관계에 대해서는 다음을 참조할 것. 佐伯康子,「海軍の南進と南洋興發(1920年~1936年) : 南洋群島委任統治から'國策の基準'迄」,『慶應大學法學研究』, 65卷 2号, 1992.

34) 역으로 이로 인해 일본 패전 후 남양흥발은 법적 민간기업으로서는 유일하게 연합국 총사령부로부터 일본 제국주의에 협력한 기업이라는 이유로 해산명령을 받아 해체되었다.

35) 남양군도는 국제연맹 위임통치조항의 규정상 일반인에게 토지 소유가 허가되지 않았다.

36) 이에 대해서는 다음을 참조할 것. 今泉裕美子,「南洋群島経濟の戰時化と南洋興發株式会社」,『戰時下アジアの日本經濟團體』, 日本經濟評論社, 2004.

남양척식회사였다. 남양척식회사의 총주식 40만 주 중 거의 절반을 남양청이 광산으로 현물 출자하였고, 그다음으로는 남양흥발이 약 4만 주(18%)로 사실상 최대 출자자였으며, 그 외 미쓰이·미쓰비시·오구라구미 등의 일본 재벌과 동척이 1~2만 주씩을 인수하였다. 남양척식회사는 이 자본을 바탕으로 주로 남양군도와 그 주변 지역에 대한 인광(燐鑛) 개발에 주력하였다. 이 광산 개발을 위해, 필요한 경우 일본 본토와 조선으로부터 노동력을 징발하기도 하였다.[38]

이처럼 일본제국의 척식회사들은 식민지(와 점령지)의 조건에 따라 매우 복잡한 관계 양상을 보인다. '척식' 사업이라는 공통 목적을 갖고 있었지만, 주도 세력, 법적 형태, 자본의 구성, 사업 전개에 있어 다양한 모습을 띠고 있었던 것이다. 이러한 복잡성에도 불구하고, 4개 신설 척식회사는 크게 '북진형'과 '남진형'으로 구별할 수 있다. 즉, 북진형인 선만척식과 만주척식공사는 인구 이동에, 남진형인 대만척식과 남양척식은 자원 개발에 보다 중점을 두고 있었던 것으로 유형화할 수 있다.

맺음말: 이민과 '개발'

식민지배의 두 축을 '개발'과 '동화'로 설정한다면, 척식회사는 식민지의

---

37) 여기에는 조선인 노동자들도 끼어 있었다. 남양군도로의 조선인 이민은 1917년부터 시작된 것으로 확인되는데, 1938년까지는 남양군도 거주 조선인의 수는 700명 정도에 그쳤다. 하지만 1939년부터는 2,000명에 육박하기 시작하여, 1943년에는 8,000명 수준에 이르렀다. 이러한 급증은 1938년 '국가총동원법' 공포 이후 조선인의 해외송출이 본격화된 것을 계기로 한다. 이상, 조선인의 남양군도 송출에 관해서는 정혜경의 논문 「일제 말기 '남양군도'의 조선인 노동자」(『한국민족운동사연구』 44호, 2005)을 참조할 것.
38) 남양척식회사와 조선인 강제동원에 관해서는 다음을 참조할 것. 김명환, 「일제 말기 남양척식주식회사의 조선인 동원실태」, 『한일민족문제연구』 18호, 2010.

경제를 '개발'하면서, 일본인 인구의 이주를 통해 식민지를 모국과 똑같은 공간으로 만들고, 더 나아가 피식민자들을 일본인으로 '동화'시키고자 하였다. 이런 의미에서 척식회사의 '척식' 사업은 식민지배의 출발이자 궁극적 목적이라 할 수 있을 것이다. 이 '척식'이라는 것은 '척지식민'(拓地殖民)의 약자인데, 이는 '토지를 개척하여 인민을 번성시킨다' 것으로, 여기에는 인민을 단순히 '입식'시킨다는 의미만이 아니라 번성시킨다는, 즉 식민지를 개발한다는 의미가 포함되어 있다.

척식회사가 이민회사나 토지수탈회사로서의 사업만이 아니라 식민지 개발을 주요 목적·사업으로 하고 있었다는 점에서 동척의 제1사업이었던 이민 사업도 개발의 관점에서 재검토해야 할 부분이 있다. 그간의 논의에서는 동척의 일본 농민 조선 이민 사업은 실패로 끝났다고 보고, 동척의 일본인 대(對)조선 이민 사업이 공식적으로 종료된 이후에 대해서는 별 주목을 하지 않았다. 그러나 동척이 직접 이민을 조성하는 것은 중단되었지만, 척식회사의 목적이 이민을 통한 식민지의 '개발'에 있었다고 한다면 동척은 여전히 이에 개입하고 있었다. 조선에 대해서는 '산미증식갱신계획'에 참여하여 식민지 농업 개발을 위한 인프라 구축을 시행하였다. 그리고 만주에 있어서는 1922년에 '동아권업회사'라는 토지이민회사를 만철과 합작설립하여 만주로의 조선인 이민과 만주 토지 확보 사업을 진행하였다. 1931년 '만주사변'을 전후해서는 재만조선인에 대한 보호·통제를 위해 조선총독부의 요청에 응하여 간도 지역을 중심으로 '집단부락'을 설치·운영하기도 하였다. 그리고 국책 만주농업 이민이 본격화된 1936년에는 선만척식회사를 만철, 조선은행, 조선식산은행과 합작설립하여 조선인의 만주 이민 사업을 수행하였다.

한편, 지금까지 다룬 논점들을 제외하고도, 척식회사에 관해 검토되

어야 할 또 하나의 중요한 과제는 바로 '해산과 청산, 적산(敵産)의 문제'
이다. 국가기업의 성격을 규명하는 데에는 그 설립 과정만이 아니라 해
산 과정도 중요하다. 국가기업은 법을 통해 설립된 이상, 해산도 법을 통
해 이루어져야 했으며, 이 과정에서 국가기업의 본질적 특징이 드러나
기도 한다. 실제로 일본은 패전 후 '폐쇄기관 정리위원회'를 설치하여 국
책회사들을 법적으로 정리·청산하였다. 그런데 일본 척식회사의 해산은
신생독립국가에 있어서는 적산인수의 과정이었다. 제국주의의 유산을
어떻게 처리할 것인가는 새로 탄생한 국민국가들의 중요하고도 어려운
과제였다. 이 문제는 동아시아 각국의 국민경제의 형성 과정은 물론, 동
아시아 경제권의 형성을 설명하는 데 있어서도 빼놓을 수 없는 연구 과
제이다.

2부

식민지/제국의 역내 이동과 '내지'의 구멍들

3장 _ 내지의 외지, 식민본국의 피식민지인,
또는 구멍의 (비)존재론

차승기

현해탄을 건너는 '요보'들

"그래 그런 훌륭한 직업이 무엇인데, 어데 잇세요."

……

"실상은 쉬운 일이애요. 나도 이번에 가서 해오면, 세번째나 되오만은, 내지의 각 회사와 연락하야 가지고, 요보들을 붓드러 오는 것인데……즉 조선 쿠리(苦力) 말슴이애요. 노동자요. 그런데 그것은 대개 경상남북도나 그러치 안으면 함경, 강원, 그다음에는 평안도에서 모집을 하여야 하지만, 그중에도 경상남도가 제일 쉽슙넨다. 하하하."

그자는 여긔 와서 말을 끊고, 교활한 듯이 웃어 버렷다.

……

"웨 남선 지방에, 응모자가 만코 북으로 갈스록 적은고 하니, 이 남쪽은 내지인이 제일 만히 들어가서 모든 세력을 잡기 때문에, 북으로 쫓겨서 남만주로 기어드러가거나, 남으로 현해탄을 건너스거나 두 가지 중에 한 가지 밧게 업는데, 누구나 그늘보다는 양지가 조흐니까 "제미부틀 일 년 열두 달 죽도록 농사를 제야 주린 배를 불리긴 고사하고 반년짝

슨 강낭이나 시레기로 부증이 나서 뒈질 디경이면, 번화한 대판, 동경
으로 나가서, 홍청망청 사라보겟다"는 수작으로, 나두 나두 하고 청을
하다십히 하야 오는 터인대, 그러나 북선 지방은 인구도 적거니와, 아
즉 우리 내지인의 세력이 여긔가티는 밋치지를 못하얏스니까, 비교적
그놈들은 평안히 살지만, 그것도 미구(未久)에는 동냥쪽박을 차고 나
스게 되리다. 하하하."[1]

1910년대 후반의 시점에 현해탄(玄海灘)을 건너 조선으로 들어오
는 유학생 이인화는, 연락선 내 목욕탕에서 조선인 '노동자'를 속여 내지
에 팔아먹는 일본인 인부 청부업자의 대화를 엿듣고 충격을 받는다.[2] 이
충격은 그에게 두 가지 자각을 불러일으키는데, 그 하나는 민족적 동일
성의 자각이고 다른 하나는 조선 농촌의 현실에 무지했던 자신에 대한
반성적 자각이다. "간혹 심사 틀리는 일을 당하거나 일 년에 한 번씩 귀
국하는 길에 하관에서나 부산, 경성에서 조사를 당할 때에는 구치안키도
하고 분하기도 그때 뿐이요, 그 적개심이나 반항심을 이르킬 기회가 사
실 적엇섯"[3]던 그가 같은 '요보'(ヨボ: '여보'에서 유래하는 조선인 비하 표현)로
서 분노를 느끼고 있으며, 또한 "설마 그러케까지, 소작인의 생활이 참혹
하리라고는, 꿈에도 드러본 일이 업섯"던 '책상 도련님'의 "공상과 천려
(淺慮)"[4]를 자기비판하고 있기 때문이다.

---

1) 염상섭, 「만세전」, 『염상섭 전집』 1, 민음사, 1987, 38~39쪽.
2) 이 장과 다음 장에서는 식민지/제국 시기 이주 조선인들의 경험의 지평을 고려해, '일본'/'한
   국'과는 그 역사적 함의가 상이한 '내지'/'조선'(외지)이라는 표현을 사용하고자 한다.
3) 같은 글, 36쪽.
4) 같은 글, 40쪽.

이인화 역시 내지에 체류하는 조선인이었음은 물론이다. 그러나 그가 유학생의 신분으로 내지에 있을 때, 함께 그곳에 있었을 다른 조선인을 그는 만나지 못했다.[5] 아마도 이러한 '자각'이 이후 수많은 계몽 또는 연대의 시도들을 촉발했을 테지만,[6] 이곳에서는 우선 조선인 유학생과 농민이 함께 현해탄을 건너면서도 서로 만날 수 없었다는 사실, 그리고 민족적 울분 속에서 유학생과 농민의 동일성이 자각되고 있는 곳이 현해탄 위의 연락선에서라는 사실만을 확인해 두도록 하자.

이인화와 '요보'가 만날 수 없었던 것은 그들이 전혀 다른 경로를 통해 현해탄을 건넜기 때문이다. 유학생들은 내지에서 이른바 '유식(有識) 직업'을 구하는 특별한 경우를 제외하고는 대부분 조선 내에서의 신분 상승을 기대하며 건너갔다. 그러나 계층 하락, 실업 상태, 궁핍의 악순환에서 벗어나기 위해 현해탄을 건넌 하층 농민들은 처음부터 내지에서의 경제활동을 목적에 두고——궁핍에서 벗어나기 위해서든 보다 나은 수준의 생활을 위해서든——내지행을 택했다. 또한 전체적으로 봤을 때 다양한 계기에 의해 귀환과 재도항이 반복되는 경우도 존재했으나, 가족·

---

5) 이인화는 "단순한 노동자라거나 무산자라고만 생각할 때에도, 잇삿홀 어울르기가 실타. 도의적 이론으로나 서적으로는 소위 무산계급이라는 것처럼, 우리 친구가 되고 우리 편이 될 사람은 업다고 생각하면서도, 실제에 그들과 마조 딱 대하면 어쩐지 얼굴을 찝흐리지 안을 수 업섯다". 염상섭, 「만세전」, 48쪽.

6) 특히 3·1운동 이후 내지의 '이주 조선인 사회'가 확대되고 민족적·계급적 맥락에서 다양한 사회단체가 결성됨으로써 어떤 형태로든 이같은 '만남'의 계기들은 마련되었다. 이주 조선인 사회의 두 축을 이루는 농민 출신 이주자와 유학생이 결합될 수 있었던 사회운동에 대해서는 김인덕, 『식민지시대 재일조선인운동 연구』, 국학자료원, 1996 ; 김광렬, 「재일 한인의 민족해방운동과 3·1운동 기념」, 『한국근현대사연구』 50집, 2009 등 참조. 그러나 적어도 문학적 형상과 서사에서 농민 출신 이주자와 유학생이 만나는 경우는 송영, 윤기정 등 1920년대 프롤레타리아 문학의 '노동소설'에서는 찾아보기 어려우며, 1930년대 말 이후 장혁주, 김사량 등이 '내선일체'의 담론장에서 조선인의 정체성 문제를 고민할 때 비로소 등장하는 것으로 보인다.

친척 등 연고자들의 연쇄적 도항으로 이어지면서 점차 내지를 '생활 근 거지'로 삼게 되는 경우가 많았다. 요컨대 유학생들은 귀환을 전제한 기획 속에서 내지로 건너간 반면, "떠나도 지옥, 남아도 지옥"[7]인 하층 농민들에게 내지행은 뿌리 뽑힌 자들이 삶의 근거지를 찾아 헤매는 광범위한 운동 가운데 이루어졌던 것이다.

이 뿌리 뽑힌 조선인의 내지 도항 및 그들의 생활상에 대해서는 이미 여러 측면에서 많은 연구가 이루어져 왔다.[8] 식민지/제국 시기 농민 출신 조선인의 대규모 내지 도항과 이주 조선인의 궁핍한 생활상은 일제의 식민지 지배·수탈과 민족차별의 실상을 드러내 주는 가장 뚜렷한 증거 중 하나였다. 그러므로 기본적으로 일제에 의한 식민지 수탈 및 강제동원의 실상을 폭로하고 이주 조선인에 대해 가해진 민족차별의 폭력을 입증하는 방향이 주도적이었고, 다른 한편으로는 이주 조선인들의 저항과 투쟁의 역사를 복원하는 방향이 그것을 보충했다. 또한 그것은 일본 전후 사회 최대의 소수민족임에도 불구하고 "보이지 않는 사람들"[9]로 치부되고 있던 재일조선인의 주체성을 확립하고 일본 사회를 비판하고자 하는 실천 행위와 이어진 것이기도 했다.

이렇듯 식민지/제국 시기 내지 이주 조선인의 역사는 기본적으로 일본과 조선 사이의 지배/피지배 관계, 또는 차별/저항의 관계 속에서

---

7) 梶村秀樹, 「八·一五以前の在日朝鮮人の歷史」, 『梶村秀樹著作集 第6卷 在日朝鮮人論』, 明石書店, 1993, 68쪽.
8) 식민지/제국 시기 재일조선인의 형성과 관련된 연구는 1950~1960년대에 강재언, 박경식 등에 의해 선구적으로 이루어졌다. 최근의 정리된 연구로는 도노무라 마사루, 『재일조선인 사회의 역사학적 연구』, 신유원·김인덕 옮김, 논형, 2010 ; 김광열, 『한인의 일본이주사 연구: 1910~1940년대』 등 참조.
9) 도노무라 마사루, 『재일조선인 사회의 역사학적 연구』, 17쪽.

서술되어 왔다. 이주 조선인 사회의 형성이 일제에 의한 조선 식민지화의 파생물임은 말할 것도 없으며, 따라서 식민지/제국 시기의 내지 이주 조선인 문제를 사고할 때 민족적인 지배/피지배 또는 차별/저항의 관계가 기본 축을 이루는 것도 당연한 일일 것이다. 이 기본 축을 망각하고서는 계급적·젠더적 지배/피지배 관계 역시 제대로 사고되지 못할 것이다. 그러나 일본과 조선 사이의 민족적·계급적·젠더적 대립 관계는 단순 대칭을 이룬다기보다 서로 교차하거나 복잡하게 착종되어 나타나는 것이 또한 사실에 가까울 것이다. 예컨대 조선인 인부 청부업자, 함바 관리인(飯場頭) 등이 조선인 노무자들의 중간착취자로 등장하기도 했다. 더욱이 당시 일본이 기획하고 있던 '대동아' 지역질서와 황민화 정책 아래에서, 조선인은 일본인과의 대립 요소를 내포하는 한편으로 아시아의 다른 인종·민족과 경쟁하는 구도 속에 놓이기도 했다.

따라서 식민지/제국 시기 내지 이주 조선인 사회의 '장소'를 이해하기 위해서는 민족적·계급적·젠더적 갈등을 발생시키고 봉합하고 치환하는 식민지/제국 체제 자체의 작동 방식을 전제할 필요가 있다. 아울러 이 체제는 일종의 다민족 국민국가 기획[10]이라고 할 수 있는 이른바 '대동아'의 지역질서 구상 속에서 부단히 변동되고 있었기 때문에 아시아의 다른 인종·민족과의 관계도 고려해야 할 것이다. 그리하여 이 글은 우선, 피식민지인인 조선인들이 식민본국인 일본에서 일정한 규모의 사회를 형성하게 된 과정 및 그 사회가 놓여 있던 역사적 장소를 식민지/제국 체제의 일상적 작동 방식 속에서 고찰하고자 하며, 또한 내지 이주 조선인 노동자들의 삶을 직접 포착하거나 형상화하고 있는 문학 텍스트를

---

10) 사카이 나오키, 『국민주의의 포이에시스』, 이규수 옮김, 창비, 2003 참조.

통해 그 역사적 장소의 (비)존재론을 사유해 보고자 한다. 이 과정에서
식민지/제국 일본이 피식민지 또는 아시아의 타자들을 지배 내로 포획
하는 방식이 드러나는 한편으로, 이 타자들의 탈주체화의 가능성이 예감
될 수 있기를 기대한다.

유동성이 각인된 신체들

식민지는 무엇보다도 '식민'(植民), 즉 사람을 이식시키는 곳이다. 따라
서 식민지의 핵심은 (자발적이든 강제적이든) '이동'에 있다고 할 수 있
다. 물론 사람이 이식됨으로써 관계도 이식된다. 일본은 홋카이도, 오키
나와에 이어 대만과 조선에서 이러한 이식의 실험을 행했다. 이들 지역
의 문화·역사와 토양을 파악하기 위해 치밀한 '구관(舊慣)조사'를 실시
했지만, 모호한 타자를 언어와 통계를 통해 이해 가능한 것으로 번역하
는 과정 자체가 이미 이식의 첫 단계였다. 그리고 이러한 사람과 관계의
이식 및 재구성은 내부·외부 식민지들의 더 많은 뿌리 뽑힌 자들의 이동
과 이주를 파생시켰다.

특히 식민지의 뿌리 뽑힌 자들의 이동을 이해하기 위해서는 우선
식민지/제국 체제 내에서의 식민지의 위치, 그리고 피식민지인들의 이
동의 필연성을 이해할 필요가 있다.

일본의 식민지/제국 체제에서 식민지는 모호한 위치에 놓여 있다.
일종의 내부 식민지라고 할 수 있는 홋카이도나 오키나와 지역과 달리,
식민지는 식민본국의 통치역(統治域) 내부에는 포섭되어 있었지만 제
국의 내지에 대해서는 '이법'(異法) 지역인 외지로서, 내지의 법률이 아
니라 조선 총독이 발한 명령(제령)으로 입법 사항을 규정하도록 해왔던

것이다.[11] 즉 식민본국에 의해 정치적으로 장악되어 있지만, 동일한 법이 적용되지는 않는 특수 지역이 식민지였다. 식민지/제국 체제가 내포하고 있는 이 근본적인 차별적 구조는, 민족적 배제와 포섭의 정치를 작동하게 하는 장치로서 기능했다. 이 장치는 체제 변동의 역사적 국면에 따라 역설적으로 기능했던 것으로 보인다. 우선, 차별을 내재화한 식민지/제국 체제는 '융화'를 표방하면서도 내지/외지의 구별을 법과 제도에 각인함으로써 오히려 이법 지역의 관습법이 통용될 수 있는 여지를 남겨 두었다. 그러나 한편으로 조선의 '관례'가 유지될 수 있게 한 이 장치는 이면에서 봉건성을 민족성에 고착시키며, '정체성'(停滯性)의 지표 또는 내지와의 동일성을 부정할 수 있는 근거를 만들어 내기도 했다. 이 차별 구조는 중일전쟁 발발을 전후해 반대 방향으로 뒤바뀌게 된다. 즉 전쟁동원의 필요성이 긴급해짐으로서 이른바 '내지연장주의'를 강화하고 '내선일체'를 표방하면서 법적으로도 내지/외지 통합이 시도되었던 것이다. 결정적으로 '대동아전쟁' 발발 즈음에 내지 정부는 조선 총독의 자율적 권한을 축소하고 조선을 일본 법역에 통합하고자 했다. 이 시기에는 내지/외지를 동일한 법역 속에 포함시킴으로써 조선 특유의 관습적 세계를 무너뜨리고 단 하나의 '합리적 질서'를 구축하고자 했다. 한편으로 조선인을 일본인과 동일한 권리·의무를 지닌 신민의 위치에 끌어들이는 이 장치는, 이면에서 고도 국방국가 구축의 기획과 '일시동인(一視同仁)의 문명화'라고 할 수 있는 전체주의적 동일화를 통해 모든 민족적 차이의 지표를 무화시키는 폭력을 작동시켰다. 물론 완전히 통합되는

---

11) 淺野豊美, 『帝國日本の植民地法制: 地域統合と帝國秩序』, 名古屋大學出版会, 2008 ; 이승일, 『조선총독부 법제 정책』, 역사비평사, 2008 참조.

일은 벌어지지 않은 채 일본이 패전했지만, 중요한 것은 식민지/제국 체제가 내지/외지의 차이——그리고 그 차이의 조정——를 체제 유지를 위한 동력의 기초에 각인시키고 있었다는 사실이다.

안도 바깥도 아닌 식민지의 모호한 위치, 또한 식민지/제국 체제가 구조화하고 있는 내지/외지의 차별과 격차는 식민지 인민들의 욕망의 흐름에 특정한 방향성을 부여한 것으로 보인다. 물론 식민지/제국 관계 자체를 폐기하려는 움직임은 식민지의 사법적·행정적 영토의 지하에서 식민지 시기 내내 간헐적으로 지속되었다. 때로는 독립된 국민-국가의 비전 속에서, 때로는 식민지/제국 전체의 자본 재생산 관계를 파괴한다는 전망 속에서. 그러나 식민지의 일상을 살아가고 있던 인민들은 바로 그 사법적·행정적 영토에서 경계를 넘나들며 식민지/제국 체제를 경험해 갔다. 그리고 경계를 넘나들거나 부딪치는 경험들은 특정하게 부여된 방향성 내부로 모조리 환원되지 않는 특이한 장소들을 개시하곤 했다.

더욱 근본적인 차원에서, 식민지화와 더불어 일제에 의해 진행된 일련의 근대적인 '개혁'이 기존의 공동체적 관계를 붕괴시키면서 토지로부터 분리된 '자유로운' 노동력을 대량 생산했음은 주지의 사실이다. 흔히 일국적 관점에서 이 '자유로운' 노동력은 도시 또는 근대 산업 내부로 유입되어 프롤레타리아로 전화되고, 유입되지 못한 잉여 노동력은 프롤레타리아 주변에 산업예비군을 형성하고 유동하는 것으로 이해된다. 그러나 식민지 경영 초기 '산미증식'에 집중한 일제와 총독부의 경제계획으로 인해 근대 산업이 부진할 수밖에 없었던 식민지에서 이 '자유로운' 노동력은 프롤레타리아로 전화되는 것조차 불가능했다. 이렇듯 지역경제에 흡수될 수 없었던 잉여 노동력이 주로 북부 조선에서는 만주·간도 방향으로, 중부 조선에서는 도시 주변 및 산간의 '화전민'으로, 남부 조선에서는 내지로 이동해 갔다. 특히 조선인들의 내지 도항은 제1차 세계 대전 종전 후 일본 자본주의의 재생산 규모가 확대되고 노동력 수요가 증대하는 과정과 맞물려 있으며, 그중에서도 국가가 주도하는 공공사업 과 사회 인프라 구축 사업의 확대로 인해 위험하고 비위생적인 작업환 경을 견딜 수 있는 저임금 노동력에의 요구 증대라는 사정이 관련되어 있다.[12] 여기에 포괄적인 의미에서의 문명에 대한 동경 및 생활수준의 향상에 대한 기대를 촉발하는 식민지/제국 체제의 차별과 격차의 구조 가 가로놓여 있었음은 무시할 수 없다. 식민지/제국 체제는 내지에 대한 '동경'(憧憬), 예컨대 내지로 건너간 후 도회화되어 돌아온 '이웃집 언니' 를 통해 제국을 동경하게 만드는 방식으로도 작동했던 것이다.[13]

내지/외지의 차별과 격차를 체제 동력의 기초로 삼고 있는 식민지/ 제국 체제 내에서 조선인의 역내(域內) 이동, 특히 내지 도항은 무엇을 의미하는가? 조선에서 일본으로의, 즉 외지에서 내지로의 이동은 무엇 보다도 그것이 동시에 '농민'에서 '노동자'로의, 특히 '룸펜 프롤레타리 아'로의 이동이기도 했음을 뜻한다.[14] 이미 고도의 독점자본을 형성한

<hr>

12) 켄 카와시마, 「상품화, 불확정성, 그리고 중간착취: 전간기 일본의 막노동시장에서의 조선 인 노동자들의 투쟁」, 헨리 임·곽준혁 엮음, 『근대성의 역설: 한국학과 일본학의 경계를 넘 어』, 후마니타스, 2009 참조.
13) "…… 일본에 갔다 온 사람은 예뻐져서 오기도 했고. 언니도 동네 사람도. 여기[오사카]에 오면 조금이라도 예쁜 옷을 입을 수 있기도 했고. 나도 그렇게 되고 싶다고 생각했지"(양예 녀(1912년경 제주생)와의 인터뷰 내용). 杉原達, 『越境する民: 近代大阪の朝鮮人史研究』, 新幹社, 1998, 91쪽 참조.
14) 통계에 따르면 1926년부터 1937년까지 내지 주요 도시의 이주 조선인 중 농민 출신이 언제 나 80~90%를 차지한 데 반해, 내지에서 그들 대부분의 직업은 단순노동자였다. 그중에서 특히 많은 비율을 차지하는 것은 토건 노동자 및 토건 현장에 고용된 것으로 보이는 일용 직 인부였다. 도노무라 마사루, 『재일조선인 사회의 역사학적 연구』, 91, 100~102쪽 참조. 내지 이주 조선인 노동자들의 단순노동 직업구성과 관련해서는 직업구성 문제를 출신 지 역과의 관계에서 검토하는 4장에서 좀더 상세히 다루고 있다.

일본이 조선을 식민지로 장악하고 농민층을 분해함으로써, 더욱이 조선 내부에서의 자본의 본원적 축적이 기대될 수 없는 상태에서 계급분해가 이루어짐으로써, 노동력의 토지로부터의 이탈과 근대적 재편은 식민지/제국의 범위에서 인구의 유동성을 낳게 되었다. 물론 '농민'에서 '노동자'로의 이동이 식민지 내부에서 이루어지기도 했으나, 계급분화가 외지에서 내지로의 이동과 연동되어 있다는 것이 중요하다. 왜냐하면 식민지/제국 체제의 규모에서 이루어지는 계급분화는 경제적인 의미에서 토지 긴박성이 약화된 인구층을 양산했을 뿐만 아니라 언어, 법, 정체성의 층위에서도 유동성을 신체에 각인한 인구층을 만들어 냈기 때문이다.

더욱이 식민지/제국 체제 내에서 전개된 식민지의 계급분화는 규범적인 양상으로 나타날 수 없었다. 피식민지인에 대한 민족적 차별이 언어, 문화의 차이에 의해 더욱 증폭되면서 내지로 건너간 조선인 노동자들의 대다수는 이곳에서 전형적인 프롤레타리아가 아니라 극히 불안정한 룸펜 프롤레타리아층을 형성하고 산업예비군 또는 일용직 노동자로서 유동하고 있었기 때문이다. 그러나 덧붙이자면 이 산업예비군이 '현역'으로 진출하는 일은 거의 없었다.[15] 그러므로 피식민지인의 식민본국

---

15) 예컨대 식민지/제국 말기라고 할 수 있는 1940년 내지 주요 도시에서의 조선인의 직업구성비를 보아도도, 공장 노동자라고 간주할 수 있는 섬유, 금속·기계, 화학 등의 분야에 종사하고 있는 조선인은 22.38%에 그쳤다. 특징적인 것은 제주도 출신 조선인 노동자들 중에 상대적으로 공장 노동자가 많다는 점이다. 1936년의 통계에 따르면 전체 제주도 출신 조선인 노동자 중 64.68%가 섬유, 금속, 화학 등의 분야에 종사하고 있었다(도노무라 마사루, 『재일조선인 사회의 역사학적 연구』, 102쪽 참조). 이는 제주도 인민에 대한 내지 도항 관리가 그만큼 철저하게 이루어졌음을 뜻하는 것으로 보이며, 제주도 출신 이주 조선인에게 귀환과 재도항이 상대적으로 자유로웠던 사정도 이런 맥락에서 이해할 수 있을 것이다(같은 책, 47쪽 참조). 그러나 공장 노동자라 하더라도 조선인들은 대부분 단순작업에 국한되어 있었음은 물론이다. 최창선(崔昌先), 「우리의 공장생활」, 『민중시보』 1935.7.15 참조.

으로의 이동 및 정주 과정은 식민지/제국 체제에서의 근대적 계급해체 과정의 특이성을 보여 줄 뿐만 아니라 피식민지 인민을 '배제적으로 포섭'하는 방식으로 노동시장을 조절하는 식민지/제국 체제의 착취 구조 역시 보여 준다.

차별이 움직이게 하는 것

식민본국의 피식민지인인 이주 조선인들의 역사적 장소를 이해하기 위해서는 우선 그들이 식민지/제국 체제 내에 '붙들려 있던' 측면을 살펴보아야 할 것이다.

내지에서 룸펜 프롤레타리아층을 형성하고 있던 다수의 조선인들은 그들의 불안정한 상태에 큰 변화가 없었음에도 불구하고 점차 뚜렷한 '정주의식'을 갖게 된 것으로 보인다. 1930년대 중반까지의 통계를 볼 때, 설문조사의 상황에 따른 변수를 고려한다 하더라도 상당한 정도의 정주의식을 찾아볼 수 있다.

내지에서의 생활이 상당 기간 지속되고 작업장과 연계된 지역의 이

---

16) 여기의 〈표 1~3〉은 김광열, 『한인의 일본이주사 연구: 1910~1940년대』, 208~210쪽에서 재인용.

17) 杉原達, 『越境する民 : 近代大阪の朝鮮人史硏究』, 102쪽 참조. 제주도 출신의 오사카(大阪) 이주 조선인의 사회사를 연구한 스기하라 도오루는 특히 이 이동의 구조가 양방향적이었음을 강조하고 있다. 이주 조선인들의 이동이 식민지→내지로의 일방향적인 것이기만 했던 것은 아니다. 도항, 역도항, 재도항은 식민지/제국 시기 내내, 또한 식민지/제국 체제 붕괴 이후까지도 합법적·불법적 방식으로 계속 이루어지고 있었기 때문이다. 그러나 귀환과 재도항이 상대적으로 수월했던 이들은 대체로 제주도 출신 이주 조선인들로 제한되어 있던 점을 고려해, 이곳에서는 우선 전반적으로 내지로의 이동과 정주의 특성에 주목하고자 한다.

〈표 1〉 1928년 도쿄 거주 한인의 생활과 영주에 대한 인식[16]

종류별		세대주	독신자	계(명)	%
영주 여부	영주	106	232	338	16.90
	비영주	270	1,232	1,502	75.10
	미정	24	62	86	4.30
	불명	0	74	74	3.70

출처 : 東京府社会課, 『東京居住朝鮮人勞働者の現狀』, 1929年.

〈표 2〉 1935년 도쿄 거주 한인의 생활과 영주에 관한 인식

종류별		세대주	독신자	계(명)	%
영주 여부	영주	1,303	823	2,126	57.47
	비영주	400	675	1,075	29.06
	미정	120	144	264	7.14
	불명	110	124	234	6.33

출처 : 東京府社会課, 『東京居住朝鮮人勞働者の現狀』, 1936年.

〈표 3〉 1930년대 교토 거주 한인의 영주 인식

영주여부	세대주		독신자		계(명)	%
	동반 도일	초청 도일	배우자 있음	배우자 없음		
희망함	1,392	3,314	972	861	6,539	88.1
희망 않음	149	345	198	191	883	11.9
계(명)	1,541	3,659	1,170	1,052	7,422	100
%	20.9	49.2	15.7	14.2	100	

출처 : 京都市社会部, 『市內居住朝鮮出身者に關する調査』, 1937年.

주 조선인 커뮤니티가 생활의 근거지로 자리 잡으면서 이 같은 정주의식이 나타난 것으로 보인다. 대체로 앞서 이주한 이들이 내지의 특정 지역에 일정한 생활기반을 형성한 이후 지연·혈연 등에 의해 이루어지는 이주(연쇄형 이민)가 진행되는 경우, '출신지의 농·어촌 → 내지 이주 조선인 커뮤니티의 생활세계 → 지역 공장 및 토건 현장의 노동세계'로 이동하는 구조가 정착되어 간 것으로 보인다.[17] 더욱이 몰락한 농민층에게

'도항' 여비와 지참금이 상당한 경제적 부담을 줄 만한 것이었음을 고려할 때,[18] 또한 내지의 경제상황 또는 실업률에 따라 변화되던 도항관리 정책[19]이 1937년의 중일전쟁 발발로 대규모의 강제동원이 요구되기 전까지 기본적으로——특히 1929년 대공황을 전후한 후로는 줄곧——엄격한 규제와 통제의 방향에서 결정되었음을 고려할 때, 일단 커뮤니티를 형성한 이주 조선인이 조선으로 귀환하거나 자유의지로 재도항하는 일은 쉽지 않았다. 따라서 이 시기 이주 조선인들의 정주의식의 뒷면에는 역설적으로 뿌리 뽑힌 자의 **불안**이 자리잡고 있었던 것으로 보인다. 예컨대 이주 조선인들의 조선어 신문『민중시보』[20]의 한 기사에 따르면, 오사카 시에 살고 있던 이신여(李信汝)라는 조선인이 어떤 이유로 경찰에 호출된 뒤 한 달여 지나도록 돌아오지 않다가 어느 날 고향인 제주도에서 오사카의 가족에게 부친 편지가 도착한 후에야 그가 고향으로 강제 송환되었다는 사실을 알게 되는 일도 있었다.[21] 이주 조선인들에게 "송환이라는 소리는 …… 뼈와 몸을 저리게 하는 소리"[22]였다.

---

18) 김광열,「전간기 일본 도항 조선인의 특질」,『일본학보』46호, 2001. 김광열은 당시 내지 도항 조선인들의 소지금과 교육 정도를 보여 주는 통계에 입각해 의외로 농민 중간층 이상 출신자들이 대부분이었으리라고 추측한다. 하지만 상대적으로 많은 소지금을 지참했던 이들이 대체로 가족을 동반한 세대주였다는 점에서(같은 글, 352쪽 참조), 이 통계 자료는 이들 도항 조선인들의 계층적 특성뿐만 아니라 강한 정주 지향을 보여 주는 증거이기도 하다.
19) 김인덕,「1920년대 후반 재일조선인의 생활상태 연구」,『한국근현대사연구』5집, 1996 참조.
20) 참고로 1935년 6월 15일에 창간된『민중시보』는 1920년대 후반부터 오사카 지역에서 조선인 노동운동을 주도해 온 제주도 출신의 김문준(金文準)이 발행 및 주간을 맡았던 매체로서, 여타 운동조직의 기관지와는 달리 내지 이주 조선인들의 '생활권 확립'을 목표로 차별과 부정의의 현실을 고발하고 공론화하는 역할을 수행했다. 그러나 1932년 오사카 고무공장 스트라이크의 배후조종 혐의로 2년 6개월간 옥고를 치르는 와중에 얻은 폐결핵이 악화되어 1936년 5월 김문준이 사망한 후, 이신형(李信珩)이 이어서 경영을 맡았으나 일본 당국에 의해 같은 해 9월 21일자로 폐간당했다.
21)「경찰에 호출된 가장 한 달 후에야 송환이 판명!」,『민중시보』1935.9.15.
22)「조선인에 대한 강제송환을 단연 폐지하라! 그 폐해는 막대하다!!」,『민중시보』1935.9.15.

이러한 불안과 공포는 조선인들 스스로 전통적인 생활풍속이나 관습을 변경할 것을 요청하게까지 한다.

…… 명색이 눈뜨고 살려는 노동자라면 지방열(地方熱)과 회향병(懷鄕病)을 걷어쳐버려야 된다.

일터가 고향이지 고향이 꼭 고향이람!

장사 치른다고 시체를 운반해서 고향에 갔다가 일터도 잃어버리고 다시 일본에 나오지도 못해서 기겁을 하는 친구들이 얼마나 많은지 헤일 수도 없다. 가난하면 할수록 자유도항이 막히면 막힐수록 귀찮은 토장(土葬)에서부터 해방하지 않으면 한 개의 시체로 해서 몇 개의 생명이 기아선상에서 위협을 받는다. 토장에서부터 해방하자. 화장을 여행(勵行)하자.[23]

토장의 관습을 준수하기 위해 사망한 가족의 시신을 싣고 현해탄을 건너는 조선인들에게 화장을 권고하는 이 글은, 내지로의 (재)도항이 엄격히 통제되는 상황이 '정주의식'을 강화시킬 뿐만 아니라 일상적 차원의 '내지화'를 촉발할 수 있음을 보여 준다. 아울러 여기서, 토장을 화장으로 전환하자는 주장이 현실적 생활에 근거한 합리적 판단의 수사와 연결되고 있다는 점을 주목할 필요가 있다. 불안정한 존재의 긴급한 생활상의 필요에 입각할 때 고향을 일터로 교체하고 토장을 화장으로 대체하는 것이 합리적인 것이다. 그러나 이처럼 토장 풍습의 폐지를 요구하는 합리적 판단은 삶과 죽음의 관계를 대하는 전통적인 이해의 형식

---

23) PS生, 「火葬을 勵行하자」, 『민중시보』 1935. 7. 15.

을 "'형식에 사로잡힌', '폐지해야 할', '인습' 또는 '묘지의 신성함에 대한 미신'"[24]으로 간주하는 제국주의적 문명의식의 내면화와 이어져 있기도 한 것이다.

이렇듯 이주 조선인들은 민족적 차별과 계급적 소외와 법적 무권리 상태가 중첩되는 지대에 놓여 있었기 때문에 오히려 자신에게 남아 있는 불합리한 부분을 일소해야 한다는 의식이 강하게 나타나게 된다. 그리고 그것은 종종 자기비판의 형태를 취하곤 했다. 각종 브로커와 완력단들이 판치는 조선 사회에 대해 수치스러움을 느끼기도 하고,[25] 조선인이 일본인 집주인에게 방을 임대받지 못하는 이유를 조선인의 공중도덕 의식의 취약함에서 찾기도 한다.[26]

물론 이같은 '합리성' 의식이 내부로만 향하는 것은 아니다. 이 의식은 차별과 소외와 무권리 상태를 강요하고 있는 내지 당국을 비판할 때에도 등장한다. 그런데 당국에 대해 합리적인 처우를 요구하거나 그 불합리함을 비판하는 언설이 '합법성'의 수사를 취하고 있다는 점이 이들 이주 조선인의 장소와 관련해 흥미로운 부분이다.

…… 세계에서 일등국으로 자랑하는 일본, 입법·사법·행정, 즉 삼권분립의 입헌정체를 가진 **법치국**인 일본, 이런 일본에서 둘째가는 도시인 대대판(大大阪), 일본의 경제적 심장이 되어 있는 산업도시인 대판, 이와 같이 굉장 벅적지근한 대판이 어느 모로 볼 때 법이 없고 경찰이 없

---

24) 杉原達, 『越境する民 : 近代大阪の朝鮮人史研究』, 132쪽.
25) 愚隱洞天人, 「大阪은 무법천지?」, 『민중시보』 1935.6.15(창간호).
26) 愚隱洞天人, 「주택난 문제에 대하야」, 『민중시보』 1935.7.15.

는 것 같이 보이더란 말이외다.[27]

일본은 백성을 법으로 다스리는 법치국이라 한다. 볼 양이면 '나폴레
옹'의 대법전도 게 있거라 할 만큼 면밀한 법률의 그물 즉 법망을 벌여
놓고 사법경찰 사법재판소 형무소는 그 법망을 지키고 있다. 그런데 이
러한 법치 밑에서 생활하는 우리들 조선 사람에게는 오히려 자기네가
과연 법치국에 살고 있는가 의심될 적이 많고 또 많다.[28]

근대적 법치국가 일본의 제2도시라고 할 수 있는 오사카가 "현대문
화가 훨씬 뒤떨어진 조선의 한 벽지궁촌보다도 무법 무경찰의 상태"[29]
에 놓여 있다며 비판하고 있다. 이렇게 일본이 '법치국'임을 내세우며 조
선인에 대한 불합리한 처사를 비판하는 언설은 식민지에서는 찾아보기
힘들다. 말할 필요도 없이 식민지에는 삼권분립도 존재하지 않고, 인간
의 기본권을 보장하는 헌법의 정신도 찾아볼 수 없기 때문에 애당초 비
판을 위한 근거가 되지 못하기 때문이다. 그러나 내지인들과 동일한 법
역 안에 들어가 있는 이주 조선인들은 소수자로서의 차별을 더욱 실감
하면서 동일한 법 적용을 요구하고 있다. 위 인용문에서 '법치국'이라는
표현이 반어적으로 사용되고 있음은 물론이다. 그러나 일상적으로 부딪
치는 차별과 편견과 부정의의 폭력을 고발하기 위해 법치국으로서의 일
본을 과장하는 수사적 전략을 취하고 있다는 정황을 고려하더라도, 조선

---

27) 愚隱洞天人, 「大阪은 무법천지?」, 『민중시보』(창간호) 1935.6.15. 강조는 인용자.
28) 「조선인에 대한 강제송환을 단연 폐지하라! 그 폐해는 막대하다!!」, 『민중시보』 1935.9.15.
　　강조는 인용자.
29) 愚隱洞天人, 「大阪은 무법천지?」. 강조는 인용자.

인이 내지의 법의 문을 두드리고 있다는 점은 의미심장하다. '죽게 내버려 두는' 무법과 무경찰의 현실이 있을 뿐만 아니라 '살게 해주는' 법의 입구가 멀지 않은 곳에 보일 때에만 욕망과 힘은 이 방향으로 움직일 수 있다. 여기서 실제로 안전을 보장받을 수 있는가 없는가 하는 것은 전혀 문제가 되지 않는다. 내지의 이주 조선인들이 식민지의 조선인들과 다른 자리에 서 있다면, 그들의 자리는 아마도 이 근처에서 찾아야 할 것이다.

'구멍'에서 '구멍'으로

내지의 이주 조선인들에게 정주의식이 나타나는 이유 중의 하나가 그들이 일정한 커뮤니티 또는 생활권을 형성하고 있었던 데 있다는 점은 앞서 말한 바와 같다. 주로 노동현장 인근에 형성된 조선인 커뮤니티는 그 직종과 현장의 분위기, 조선인들의 출신 지역과 혈연 관계, 주거 형태 등에 따라 다양한 성격을 지니고 있었다. 그리고 이들 커뮤니티를 연결하는 다양한 상호부조 단체가 등장하면서 직업소개, 부상자 부조, 빈곤자 구제 등의 사업을 통해 커뮤니티의 재생산을 가능하게 했다. 이렇게 커뮤니티 또는 '생활권'을 형성함으로써 말 그대로 내지 속의 외지라고 할 만큼 이주 조선인의 독자적인 '사회'가 존립하게 되었다.[30]

그러나 이 '사회'는 다른 지역의 이주 조선인들의 사회와도 구별되

---

30) 일본 측 기록에 따르면 조선인의 집단 거주지가 처음 생겨난 것은 1907년경의 오사카 시 히가시나리 구(東成區) 코바시(小橋) 일대로서 일찍이 이카이노(猪飼野)라고 불렸던 장소이며, 이곳은 오늘날까지 일본 최대의 조선인 거주 지역을 이루고 있다. 한편 관동 지방에 조선인 부락이 형성된 것은 관동대지진 이후인 1924년 무렵으로 추정된다. 金贊汀, 『韓國併合百年と'在日'』, 新潮社, 2010, 70~71쪽 참조.

는 특징을 가지고 있다. 앞 절에서 암시된 법과의 관계도 그러하듯이 내지의 이주 조선인 사회는 내지인 사회와 멀지 않은 곳에 산발적으로 형성되어 있었던 것이다. 이 점이, 넓은 영역에 걸쳐 거의 모든 구성원이 조선인으로 이루어지고 때로 행정권까지 쥐기도 했던 러시아 극동 지방 및 중국 둥베이 지방의 조선인 사회와 내지 이주 조선인 사회를 결정적으로 구별하는 특징이다.[31] 따라서 내지 이주 조선인 사회는 내지 사회의 일부라고도 간주할 수 있을 터이나, 그럼에도 불구하고 내지 사회로 용해되지 않은 채 내지인들과 가까운 곳에 작고 큰 부락을 형성해 분리된 채 군집하는 형태로 독자적인 사회를 형성하는 경우가 전형적이었다고 할 수 있다.

물론 이 독자성의 경계는 적극적으로 자기 존재를 긍정함으로써가 아니라 배제되고 쫓겨남으로써 형성된 것이다. 그리하여 이주 조선인들의 커뮤니티는 주로 대규모 토목공사장 주변이 아니면 도시 빈민가, 피차별 부락 근처로 집중되었다.[32] 특히 도시 빈민가의 조선인 커뮤니티는 내지 사회와의 관계 속에서 살아가는 이주 조선인들의 역사적 장소를 이해하기 위해 주목할 필요가 있다. 1930년대 중반 조선인 부락을 취재한 장혁주(張赫宙)가 경험했듯이, 조선인 커뮤니티는 긴자(銀座)에서 1엔짜리 택시를 타면 20~30분만에 가닿을 수 있고, 런던의 빈민가 이스트엔드(East End)와는 달리 "양장에 하이힐을 신은 아가씨나 유한마담"

---

31) 도노무라 마사루, 『재일조선인 사회의 역사학적 연구』, 118쪽 참조.
32) 이렇듯 내지의 조선인 커뮤니티가 배제와 소외에 의해 형성되었다는 것을 잘 알았기 때문에 내지의 입장에서는 그 커뮤니티가 두려운 요소로 비쳐지기도 했다. 예컨대 도쿄 인근의 다마가와(多摩川)에서 자갈 채취 작업에 종사하며 공동생활을 하는 수천 명의 조선인 노동자 집단이 마치 내지에 조선의 식민지를 세우기라도 한 것처럼 묘사되기도 한다. 「帝都 近くに朝鮮の植民地? 多摩川べりの鮮人部落」, 『京城日報』 1933.7.30.

도 "빈민들의 야릇한 응시만 참으면 곧 그 사람들도 독자들도 같은 사람이라는 것을 알게 될" 그리 위험하지 않은 곳이다.[33] 그가 찾은 시바우라(芝浦)의 쓰키미마치(月見町)에는 가까운 시바우라 항만의 노동자 숙소들과 함께 도쿄의 대표적인 조선인 부락이 형성되어 있었다. 원래는 석탄저장소였던 곳에 나무판자와 함석 조각으로 무허가의 판잣집을 지은 것이 점차 늘어나고 증축되어 1937년 현재 이 부락에만 600여 명의 조선인이 거주하고 있었다. 이 르포 취재의 경험은 장혁주 자신의 소설 「골목길(路地)」(『改造』 1938.10)의 세계를 형성하는 결정적인 계기가 되기도 했다.

「골목길」은 과거 노동운동에 투신했다 전향한 허진이라는 인물이 자신이 발행하던 조선어 신문 『동아신보』 발행을 정지당한 후, 이주 조선인의 내지화를 주장하는 과거의 동지 김삼달, 안경희 등과는 거리를 두면서 시바우라 부락의 조선인들과 관계를 유지해 가는 과정을 보여 준다. 조선인 부락을 왕래하면서 차별받는 일용 노동자들을 위해 힘이 되어 주고는 하던 허진은, 그 부락에서 탁주 밀조, 장물거래, 도박장 제공, 고리대금업 등을 겸하고 있던 가네다(金田)라는 조선인에게 빚을 지고 팔려 갈 위기에 놓여 있던 순영을 구해 주고 그녀에게 청혼한다. 허진과 부락의 조선인들 사이에 일종의 교사-제자의 관계가 형성되어 있는 것으로 보이지만, 김삼달 등과 비교할 때 허진은 오히려 조선인들의 '있는 그대로'의 상태를 긍정하는 인물이라고 할 수 있다. 예컨대 전향자 김삼달의 협력자인 안경희야말로 무지몽매하고 야만적인 조선인들을 교화의 대상으로 여기고 있다.

---

33) 張赫宙, 「ルポルタアジュ 朝鮮人聚落を行く」, 『改造』 1937.6, 47쪽.

"…… 노동에서 돌아오면 술이나 마시고 도박에 빠지고 금세 격분해서 와하고 뒷일도 생각하지 않은 채 난폭해지고, 그런 걸 생각하면 저런 사람들을 구원하는 것은 예전 우리들이 몰두하고 있었던 운동이 아니라 눈앞의 뭔가 다른 방법을 강구해야만 하는 게 아닌가 하는 생각이 듭니다. 김삼달 씨는 거기에 착안하셔서 교풍회(矯風會)를 일으켰다고 말하고 있습니다. 주민의 일본화, 그것을 기초로, 즉 정부의 힘을 빌려 생활의 개선을 꾀한다는 것입니다. 부락의 판잣집도 부수고 시에서 아파트풍의 주택을 건설할 계획도 있다고 하고요—"
……

"이전의 우리들의 운동과는 달리, 김삼달 씨의 운동은 전적으로 정부의 정책방침대로의 행동이고, 그래서 내지인과 완전히 똑같은 대우를 해달라고 하는 새로운, **가장 합리적인 운동**을 하기 시작한 것이예요. 이것이 저 사람들을 구원하는 가장 타당한 효과 빠른 방법이 아닐까요? 특히 오늘에 있어서는—"[34]

김삼달 등은 앞 절에서 살펴본 것처럼 내지의 법의 세계 안으로 들어감으로써 이주 조선인의 생활을 '개선'하고자 하는 지향을 대변한다. 이주 조선인을 '일시동인의 문명화'로 이끌고자 하는 이 "가장 합리적인 운동"은, 그 대가로 '교풍'(矯風) 실천을 요구한다. 내지인과 동등한 '법 안의 인간'으로 구원되기 위해서는 조선인이 가지고 있는 야만적 표지들을 삭제해야 하는 것이다. 이에 반해 허진은 김삼달 등의 주장이 가지고 있는 '현실성'을 인정할 수밖에 없다고 생각하면서도 그에 대해 내적

---

34) 張赫宙, 「路地」, 『改造』 1938. 10, 26~27쪽. 강조는 인용자.

으로 저항감을 갖는 등 혼란을 겪지만, 안경희가 아닌 조선인 부락의 순영을 택하면서 새로운 생활을 시작하고자 한다. 비록 허진은, "초라하고 시커멓고 어지럽게 겹쳐져 있는 이 부락도 왠지 친근해" 보이게 만들 부락 건너편의 "넓은 도로"에 대한 동경을 품고 있지만, 그래서 순영을 부락으로부터 데리고 나와 함께 간다(神田)로 이사해 가지만, 부락의 이 좁은 '골목길'의 세계에 강한 애착을 보인다. "이 종기 덩어리 같은 추한 부락도 그에게는 그리운 마음의 고향이었다."[35]

장혁주가 「골목길」에서 이주 조선인의 내지화에 대해 머뭇거리는 태도를 보이고, 조선인 부락의 삶에 대해 애착을 가질 수 있었던 것은, 아마도 그가 직접 부락을 취재하면서 내지의 조선인 사회가 가지는 어떤 환원 불가능한 지점을 포착했기 때문이 아닐까. 그것은 다만 정부가 판잣집을 부수고 건설하겠다는 아파트의 열악한 실상을 직접 목격했기 때문만은 아니다.[36] 「골목길」의 배경이 되기도 한 시바우라 쓰키미마치의 조선인 부락은 누구나 쉽게 접근할 수 있는 곳에 자리잡고 있지만 사실 내부로의 진입을 쉽게 허락하지는 않는다. 장혁주는 한참을 헤매던 끝에 조선인 아낙네들에게 물어 겨우 입구를 찾았다.

불규칙한 구멍이 입을 열고 있어 나는 그 안으로 빨려들듯 들어갔다. 과연 그 구멍이 이 부락의 통로였다. 어쩌면 유일한 통로였을지도 모른다. 판자벽과 기둥이 겨우 나를 지나가게 했다. 열린 작은 구멍으로 안을 들여다보면, 거적이나 흠뻑 젖어 더럽혀진 다다미가 깔려 있고, 아

---

35) 張赫宙, 「路地」, 17쪽.
36) 張赫宙, 「ルポルタアジュ 朝鮮人聚落を行く」, 51~52쪽 참조.

이들이나 어른들이 붉고 흰 조선 천이나 검은 일본 천으로 된 이불로 몸을 둘러싸고 자고 있는 방도 있다. 파리가 어린아이의 입 근처를 엿보는 듯이 날아다니고 있었다. 몇 걸음 가지 않아 구멍창고(穴倉)는 어두워졌다. 머리 위에는 지붕에서 지붕으로 걸쳐 걸린 2층이나 빨래 건조대 등으로 하늘이 가려져 있기 때문이었다. …… 구멍에서 구멍으로, 이것이 부락의 통로였다. 지렁이나 개미의 집을 나는 문득 떠올렸다. 이 구멍의 연결이 집에서 집으로의, 아니 방에서 방으로의 통로였다.[37]

장혁주가 부락의 내부로 들어가기 위해서는 무엇보다도 '구멍'을 찾아야 했다. 그리고 그 내부에는 다시 구멍에서 구멍으로 이어지는 좁고 어두운 통로가 있다. 제국의 수도인 도쿄 도심 가까운 곳에 있는 이 개미집과도 같은 형상은 '내지의 외지'가 존재하는 방식을 상징적으로 보여 주는 듯하다. 내지의 외지는 동일 법역(法域)에 들어와 있는 이법인(異法人)의 영역으로서 구멍처럼 입을 벌리고 있다. 이 구멍은 내지/외지의 차별과 격차에 근거한 질서의 현존을 '보이지 않는' 방식으로 드러낸다. 그러나 이주 조선인 사회라는 구멍은 실체로서의 식민지와 제국 사이에 존재하는 것은 아니다. 식민지와 제국은 영토·인종(민족)·언어적인 동일성/차이의 실체적 지표를 가지고 있는 것으로 보이지만, 이 각각의 동일성/차이는 식민지/제국 체제에 의해 (재)생산되는 것이기 때문이다. 따라서 이 구멍은 조선/일본, 저항/친일, 민족/계급 등의 대립 개념들이 충돌하며 만들어 내는 지배적 언설장에는 가시화되지 않으며, '식민지와 제국 사이'가 아닌 '식민지/제국 체제 내부'에 불균질적으로

---

37) 張赫宙,「ルポルタアジュ 朝鮮人聚落を行く」, 48~49쪽.

뚫려 있다고 할 수 있을 것이다.

내지 이주 조선인들의 역사적 장소라고 할 수 있는 이 구멍은 곧 제국법의 구멍, 동화주의의 구멍, 나아가서는 아시아주의의 구멍으로 (비)존재하면서 식민지/제국 체제의 한계 지점을 식민본국의 대도시 주변에서 발견할 수 있게 한다. 물론 이 한계 지점의 발견이란, 비유적인 의미에서, 이 구멍을 찾을 수 있을 때 가능한 것이리라. 장혁주는, 사실적인 의미에서, 구멍 속을 답사했고, 그로써 조선인의 내지화라는 '현실적이고 합리적인' 운동이 이 환원 불가능한 구멍을 메워 하나의 균질적인 평판(平板)을 만들 수 있을지에 대해 의심했던 것은 아닐까.[38]

우리 이슬람교도, 또는 불가사의한 벌레의 자리

「골목길」의 김삼달 등이 이주 조선인의 내지화를 주장하게 된 데에는 내지인/조선인 사이의 차별과 격차라는 조건이 작용하고 있다. 요컨대 '한낱 삶'과 '그 이상의 삶'이 민족적·계급적·젠더적 경계와 중첩되어 형성되어 있을 때, 욕망의 운동은 동물같은 삶으로부터 더 나은 삶에로 향해질 것이기 때문이다.[39] 그런데 허진은 그럼에도 불구하고 저 동물같은 삶이 삭제되어 마땅한 것인지에 대해 쉽게 동의하지 못한 채 망설인다. 그러나 또한 그는 저 동물같은 삶 역시 쉽게 긍정하지 못하고 있다. 그는 '구멍' 속을 관찰하고 묘사했지만, 그 안에서의 삶을 흔쾌히 긍정할 수는

---

38) 그러나 장혁주는 「골목길」을 발표한 후 얼마 지나지 않아 「조선의 지식인에게 호소한다」(「朝鮮の知識人に訴ふ」, 『文藝』 1939.2)라는 악명 높은 글에서 조선인의 완전한 내지화를 주장한다. 장혁주 개인의 정치적 비전이 가지고 있던 불안정성과 비일관성에 대해서는 별도의 논의가 필요해 보인다.

없었다. 따라서 순영은 구멍으로부터 구출되어야 했다.

구멍 안의 삶을 이해하기 위해 김사량의 「벌레(虫)」(『新潮』 1941.7)[40]를 통과해 가보자.

도쿄에서 넝마주이 생활을 하면서도 화가가 되기 위해 그림 공부를 하는 '나', 언제나 외로움과 고독감을 떨쳐버리지 못하는 '나'에게 유일한 친구가 있다면 '지기미'라는 아편쟁이 영감이다. 구(舊)한국 시절 군인이었다고 하는 그는 늘 혼잣말로 '지기미, 지기미, 지기미……'라는 알 수 없는 소리를 내고 다녀 '지기미'라 불린다. "이주 조선인의 메카이기도 하고 또한 메디나이기도"[41] 한 시바우라 항만에는 매일같이 새벽에 석탄을 실은 배가 들어온다. 석탄 짐을 내리고 배 밑을 청소하는 일용 노동자들은 거의 모두 조선인인데, 그들은 '지기미'를 괴짜에 덜떨어진 바보처럼 여기고, "이 세상이 단 한번도 필요로 한 적 없는 경멸스런 인간",[42] 곧 벌레같은 존재로 간주한다. 그럼에도 불구하고 '지기미'는 새벽 배가 들어올 때마다 함바에서 자고 있는 노동자들을 깨우며 돌아다닌다. '나'는 이런 '지기미'를 그린다. 한편 내지 이주 조선인의 비참한 생활을

---

39) 여기서 사용하고 있는 '한낱 삶'이라는 용어는 벤야민의 '단순한 생명'(bloßes Leben)과 아감벤의 '호모 사케르'로부터 촉발된 것이지만, 나치하의 유대인, 오늘날 수용소의 테러 용의자와 같이 추방을 통해 법에 붙들려 있는 존재, 따라서 역설적으로 주권자의 위치를 환기시키는 존재를 지시하는 것은 아니다. 오히려 '그 이상의 삶'과의 차별과 낙차를 가시화함으로써 욕망을 동원하는 체제가 그 자체의 갱신을 위해 체제 내부에 끌어들일 수밖에 없는 힘의 원천이자 공포의 원천을 뜻한다. 이 삶은 어떤 '실체'로서 재현되지는 않으며, 언제나 '그 이상의 삶'과 상호작용하는 효과로서 움직인다. 그러나 욕망동원체제의 힘과 공포의 원천이라는 점에서 이 '한낱 삶'은 그 체제의 한계 지점을 드러내는 특이한 (비)장소들을 산출해 낸다.
40) 이 소설은 「지기미」(『삼천리』 1941.4)를 수정하여 일본어로 번역한 것이다.
41) 金史良, 「虫」, 『金史良全集』 II卷, 河出書房新社, 1973, 8쪽.
42) 같은 글, 10쪽.

나타내는 통계 숫자를 열거하며 통곡하곤 하던 한 대학생은 어느 날 직접 석탄 짐을 내리는 노역을 하고는 앓아누운 뒤 실성한다. 함바 사람들은 조금씩 돈을 내 이 대학생을 고향 가는 사람 편에 조선으로 내보낸다. 그러나 '지기미'는 고향에 돌아가면 노동자들을 깨울 수 없다며 그날도 배가 들어오는 새벽 노동자들을 깨우러 다닌다.

이 소설에는 크게 '나'와 '지기미'와 노동자들과 대학생이라는 네 유형의 인물이 등장한다. 그러나 노동 현장과의 거리를 기준으로 한다면 한쪽 끝에는 '나'와 대학생이, 다른 쪽 끝에는 노동자들이 놓일 것이다. '나'는 비록 넝마주이를 하고 있지만 화가를 꿈꾼다는 점에서, 그리고 항구의 하역 노동자들과 특별히 관계를 갖지 않는다는 점에서 노동의 세계의 반대편을 향해 있다. 한편 자신과 현실 사이에 통계 숫자라는 추상화 장치를 필터로서 장착하고 있는 대학생[43]과 마찬가지로 '나'는 그림이라는 재현장치를 현실과 자신 사이에 설치하려고 한다. '나'와 대학생이 각각 가지고 있는 장치란 일종의 번역장치에 다름 아니다. 이 장치 없이 직접 현실과 부딪치면, 예컨대 하룻밤 하역 노동에 뛰어들었던 대학생처럼 자기붕괴에 이르고 만다. 이렇게 번역장치를 가지고 있는 '나'와 그 장치 너머에 있는 노동자들은 그래서 작품 내내 한 번도 말을 섞지 않는다. 노동자들과도 '나'와도 말을 섞는 유일한 인물은 정작 아무도 알 수 없는 소리를 중얼거리고 다니는 '지기미'뿐이다. 그는 망국의 군인에

---

43) "…… 너희들이야말로 숫자가 얼마나 신성한지 모르는구나. 응, 그렇잖아. 숫자라는 것, 곧 통계라는 것에 무지하면 이미 볼장 다 본 거지. 끝이야. 나는, 아니, 이 내가 말이야, 도대체 뭐하러 여기 왔다고 생각하는 거냐. 나는 이런 곳에 일하러 올 법한 고학생이 아니야. 대학생도 여러 가지 있지만, 대학생 중에도 난 말이야, 버젓한 대학의 사회학부에 다니고 있고, 게다가 자비유학생이란 말이다. 나는 그, 그래, 너희들이 여기서 어떤 생활을 하고 있는지 정확히 통계를 뽑으러 온 거란 말이다!" 金史良, 「虫」, 18쪽.

아편 중독자에 비굴하고 비루한 인물, 그래서 나이 60의 노인임에도 불구하고 모두가 하대하는 인물이다. 뿐만 아니라 노동의 세계에도 번역장치 이편의 세계에도 통하지 않는 언어를 구사하는 그는 일종의 아큐적(阿Q的) 인간[44]이라고도 할 수 있다.

그러나 흥미로운 것은 지기미는 벌레면서도, 아니 벌레이기 때문에 신적인 존재와 유사한 위치에 자리 잡고 있다는 점이다.

사면팔방으로부터 증기선의 기관의 신음소리가 들려오기 시작하고, 어둠을 뚫고 이쪽저쪽에서 기적 소리가 울린다. 이렇게 보면 지기미는 마치 모든 것을 지배하는 예언자같기도 하고 신같기도 하다. 그래서 이 시바우라 해안을 이주 조선인의 메카 혹은 메디나라고 한다면, 그를 가리켜 경전[코란] 속의 신[알라]이라고 할 수 있을 것이다. 왜냐하면 그야말로 영원 고독의 독신자로서 '[누구를] 낳지도 않고 [누구에게서] 태어나지도 않으며'(生まず, 生まれず), 또는 그와 같은 자는 삼계(三界)에 오직 한 사람으로 '그 누구도 그와 견줄 자 없기' 때문이다.[45]

항만으로 들어오는 전마선(傳馬船)을 맞아들이며 "환호작약하는

---

44) '아큐적 인간'이란 김사량의 또 다른 소설 「유치장에서 만난 사나이」(『문장』 1941.2 ; 일본어 번역판의 제목은 「Q伯爵」)에 등장하는 왕백작을 두고 황호덕이 붙인 이름이다. 황호덕, 「제국 일본과 번역 (없는) 정치」, 『벌레와 제국』, 새물결, 2011 참조. 기괴한 일본어 발음으로 당당함과 비굴함을 오가는 왕백작은 사상범 검거가 있을 때마다 일부러 혐의를 만들어 유치장을 제 발로 들어가는 유치장의 '단골손님'인가 하면, 이민열차에 출현하기도 하고, 강원도 홍수에 떠내려간 젊은 목재상과 겹쳐지기도 하며, 경방단원의 모습으로 등장하기도 한다. 황호덕은 Q라는 하나의 기표에 다양한 전형성들이 수렴된다는 점이 「아Q정전」의 방법과 닮았다는 점에서 이 인물에 '아큐적 인간'이라 이름 붙이고 있다.
45) 金史良, 「虫」, 13쪽.

지기미의 모습은 석양빛을 뒤집어써, 마치 하늘에 절하는 이슬람교도 처럼 아름다웠다"[46]는 「벌레」의 마지막 문장도 그렇듯이, '지기미'의 형상은 이슬람교에 비유적인 참조 지점을 두고 있다. 이곳에서 천애고아와 독생자로서의 신은 홀로 있는 자로서 동일시되고, 가장 밑바닥에 있는 자와 가장 높은 곳에 있는 자는 공히 비교 불가능한 존재로서 동일시된다. 요컨대 벌레와 신은 예외적인 존재로서 법과 질서의 경계 저편에 자리잡고 있는 것이다. 김사량은 바로 이 벌레, 또는 이슬람교도라는 특이한 존재를 내지 이주 조선인을 지시하는 암호처럼 사용하고 있다. 사실 이 무렵 김사량은 내지 이주 조선인을 지시하기 위해 '벌레'라는 암호를 종종 사용했던 것으로 보인다.[47] 현재 대본이 남아 있지 않아 정확한 내용을 확인할 수는 없지만, 무라야마 도모요시(村山知義)의 극단 신쿄(新協)에서 상연을 준비하다가 당국에 의한 극단 멤버들의 체포와 극단 해산(1940년 8월)으로 인해 빛을 보지 못한 김사량의 희곡 「불가사리」도 "불가사의한 벌레"(不思議な虫)로 번역되어 소개되고 있었다.[48] 김사량은, 장혁주가 르포 취재에서 본 '구멍' 속의 존재를 벌레와 이슬람교도라는 예외적인 형상으로 포착하고 있었던 것이다.

---

46) 金史良, 「虫」, 22쪽.
47) 김사량과 김달수 사이에 교환된 서신에서는 이 비유를 보다 직접적으로 사용하고 있다. 김 달수가 자신이 거주하고 있던 요코스카(橫須賀)에서의 조선인 노동자 운동회에 김사량을 초대하자, 김사량은 "'이슬람교도와 벌레'들의 운동회에는 꼭 가겠습니다"라는 답장을 보냈다. 金達壽, 「戰死した金史良」, 『新日本文學』1952.12, 51쪽. 한편 김사량은 이 운동회와 운동회에서 만난 조선인들을 「십장 곱새」(「親方ゴブセ」, 『新潮』1942.1)에 담고 있기도 하다.
48) 『讀賣新聞』1939.12.22, 석간 3면. 곽형덕, 「김사량의 일본 문단 데뷔에서부터 '고메신테' 시대까지(1939~1942)」, 김재용·곽형덕 편역, 『김사량, 작품과 연구 2』, 역락, 2009, 643쪽에서 재인용. 또한 무라야마 도모요시도 "不思議な虫"로 기억하고 있다. 村山知義, 「金史良を憶う」, 『新日本文學』1952.12, 55쪽.

‘지기미’는 순간적으로 군인다운 “늠름한 당당함”[49]이 엿보이면서
도 ‘나’가 언성을 높여 꾸짖으면 금세 눈물을 흘리는 분열증적인 인물이
다. 그의 말은——‘언어’ 쪽에서 보면——깨어져 있고, 어떤 질서에 의해
구조화되어 있는지 파악하기 어렵다. 그렇기 때문에 노동의 세계와 번역
장치 이편의 세계의 각각의 질서에 모두 걸쳐 있으면서도 그 양편의 질
서로 환원되지 않는다. 바로 이 같은 점이 구멍처럼 ‘지기미’를 이 시기
내지의 이주 조선인들의 알레고리 형상으로 간주할 수 있게 해준다. 아
울러 소설에서는 노동의 세계와 번역장치 이편의 세계로 대비되어 있
지만, 앞서 언급한 삶의 두 층위를 대입하자면 소설 속의 노동의 세계는
‘한낱 삶’의, 번역장치 이편의 세계는 ‘그 이상의 삶’의 형상으로 볼 수 있
을 것이다.[50] 10조짜리 함바에서 40여 명씩 뒤엉켜 잠들었다가 항구에
배가 도착하면 반사적으로 나가 하역 작업에 몰두하는 노동자들의 삶에
는 어떤 장식도 꾸밈도 없다. 그저 먹고 일하고 잠들 뿐이다. 반면 ‘나’와
대학생에게는 그들의 삶을 한낱 삶으로 귀착시키지 못하게 하는, 그림과
통계 숫자라는 장치 또는 수단이 **부가**되어 있다. 그러나 이 부가된 삶은
동물적 삶의 직접성을 추상화할 때에만 유지될 수 있다.

차별이 구조화된 식민지/제국 체제가 그 안에서 일상을 살아가는
내지의 조선인들을 붙들어 놓는 방식은 ‘한낱 삶’과 ‘그 이상의 삶’을 분
리시키는 것이었다. 양자 사이에 발생하는 격차는 ‘한낱 삶’으로 전락하
는 데 대한 공포를 ‘그 이상의 삶’에 진입하도록 이끄는 동력으로 전환시

---

49) 金史良, 「虫」, 22쪽.
50) 오해의 여지를 줄이기 위해 덧붙이자면, 노동의 세계가 ‘한낱 삶’의 세계에 해당되는 것이
    아니라 소설 내의 구조에서 노동의 세계가 위치하고 있는 **자리**가 ‘한낱 삶’의 자리에 해당
    된다는 것이다.

킨다. 특히 이주 조선인 노동자들을 '한낱 삶'으로, 나아가 동물적인 죽음으로 몰아가는 폭력은 이러한 전환을 가속화시키게 만든다. 일찍이 관동대지진이 발생한 후 수천 명의 조선인이 그 차이와 '예외성'의 지표로 인해 동물적인 죽음으로 내몰린 것은 물론이고, 배제되고 쫓겨남으로써 형성된 이주 조선인 노동자들의 '독자적인 사회'는 종종 수용소의 특징과 겹쳐지기도 했던 것이다.[51] 민족적 차별은 단순히 민족적 차이를 가치론적으로 평가절하하는 행위가 아니라 동물적인 '한낱 삶'으로 몰아가는 형태로서 작용했다. 그러므로 이주 조선인들이 자신들에게 부여되는 다양한 '동물적 표지'를 강하게 부인하는 반응을 보이는 것은 당연했다.[52]

그러나 「벌레」의 '지기미'가 움직이는 장소를 '한낱 삶'과 '그 이상의 삶' 사이에 끼어 있는 예외적 존재로서의 이주 조선인의 위치와 겹쳐놓고 본다면, 식민지/제국 체제의 작동원리 안으로 모조리 수렴되지 않는 이주 조선인의 위치의 특이성이 드러난다. '지기미'는 많은 이주 조선인 노동자들이 룸펜 프롤레타리아로 유동했듯이 노동의 세계에 진입하

---

51) 예컨대 열악한 노동 현장에서 탈주하고자 했던 조선인 노동자들이 추격자들에 의해 린치를 당하고 죽음에 이르는 일이 일어나기도 하고(「일본노동자단 조선인을 난타」, 『동아일보』 1920.4.22), 니가타(新潟) 산 속의 고립된 댐 공사 현장에서 탈주하는 조선인 노동자들에 대한 대규모 린치·살해 사건이 벌어지기도 했다(「일본에서 조선인 대학살」, 『동아일보』 1922.8.1 ; 「新潟縣 사건 特電 : 학대 참형의 實例」, 『동아일보』 1922.8.20). 또한 조선인들의 집단 거주지가 강제로 이전되는 일도 발생하고 있었으며(「大阪 조선인 강제 이전」, 『조선일보』 1929.11.1), 조선인들의 노동쟁의를 파괴하기 위해 일본인 노동자들이 조선인 촌락을 습격하는 경우도 있었다(「조선인 촌락을 습격, 가옥 11간도 파괴」, 『조선일보』 1932.5.24).
52) 愚隱洞天人, 「도야지같은 놈」, 『민중시보』 1935.9.15 참조. 몇 사람의 이주 조선인이 대담을 하는 방식으로 구성된 이 글은, 『다이아몬드』(ダイヤモンド)라는 잡지에 실린 「도야지 한가지」(とやちい はんがちい)라는 글이 조선 농민을 불결하고 무기력하고 무감정한 돼지와 같다고 비하한 데 분개하며 '돼지'라는 표지를 그 글의 필자에게 되돌려 주고 있다.

지 못하고 그 주변을 배회하는 자이다. 또한 자신과 주변의 현실을 추상화하여 이해 가능한 것으로 번역할 수 있는 장치를 가지고 있지도 못한 자이다. 무엇보다도 그는 두 세계 어디에서도 이해되지 않는 언어를 사용하는 분열된 자로서 두 세계와 관계하고 있는 자이다. 사실 이주 조선인 사회는 '고쿠고'(國語) 안의 '조선어' 사회이면서 그와 동시에 (표준어로서의) '조선어'와도 동일화될 수 없는 세계를 형성해 왔다. 그들은 내지어로 말하더라도 "도처에서 주워 모은 것 같은 일본어"[53] 또는 "도처의 방언에 표준어와 노동어가 뒤섞여"[54] 있는 일종의 개별 방언으로 말하거나, 조선어로 말하더라도 "혀가 제대로 돌지 않는 조선어"[55]로 중얼거린다.[56]

그리하여 내지의 외지인인 조선인은 내지에 대해서도 외지에 대해서도 예외적인 존재로서, 식민지/제국 체제 내부에 뚫려 있는 체제의 한계지점으로서의 구멍 속에 벌레처럼, 이슬람교도처럼 존재한다. 그러므로 그들이 법, 언어, 질서의 세계에서 오랫동안 '보이지 않는 사람들'로 있어 온 것은 어떤 의미에서 당연한 것이었다. 그러나 식민지/제국 체제

---

53) 張赫宙, 「憂愁人生」, 『日本評論』 1937.10, 443쪽.

54) 같은 글, 449쪽.

55) 金史良, 「無窮一家」(『改造』 1940.9), 『金史良全集』 1卷, 河出書房新社, 1973, 176쪽.

56) 황호덕은 이미 「제국 일본과 번역 (없는) 정치」에서, 비록 「벌레」를 본격적으로 다루지는 않았지만, 아감벤의 '동물', '예외상태', '주권' 등의 개념을 통해 식민지의 다이글로시아 (diglossia)적 상황에 대해 분석한 바 있다. 하지만 그가 고쿠고와 조선어, 언어와 비언어 사이에서 이루어진 김사량의 글쓰기 실천에 주목하고 그것을 '주권적 행위'로 평가한 데 반해, 이 글은 주권적 행위 자체보다는 식민지/제국 체제가 내포할 수밖에 없는 한계 지점, 그 체제의 장치가 막다른 골목에 처하는 지점을 발견하기 위해 내지 이주 조선인 노동자들의 장소에 주목하고자 한다. 그렇지만 이 한계 지점이 단순히 '해방' 또는 '탈식민'의 계기와 동일시될 수 없다는 점은 분명히 해둘 필요가 있을 것 같다. 그 지점은 식민지/제국 체제의 장치가 막히는 지점일 뿐만 아니라 피식민지인들에게도 '상처'를 남기는 지점이며, 국민-국가 시대의 인종·민족·언어 체제가 봉합하고자 하는 지점이기도 하다.

가 변동할 때, 또한 국민-국가 체제가 동요할 때 그들은 그 체제가 어느 지점에 한계를 가지고 있는지를 드러내면서 가시화된다.

아시아와의 대면 (불)가능성 — 맺음말을 대신하여

내지의 조선인들은 언제나 '한낱 삶'으로 떨어질 가능성을 불안과 공포로 예감하고 있었다. 그들이 식민지/제국 체제에 구멍처럼 존재한다 할지라도 그곳에서의 삶은 언제나 의미론적으로도 존재론적으로도, 나아가서는 생물학적으로도 부정될 가능성에 노출된 삶이다. 식민지/제국 체제의 기본 동력인 차별의 정치경제학에 말려들지 않는다 할지라도 그들의 자리는 폭력의 예감[57]을 떨칠 수 없는 곳에 있었다. 식민지/제국 내부에는 이들과 유사하게 폭력에 노출된 채 차별의 세계를 살아가야 했던 이들, 즉 다른 아시아인들이 존재하고 있었다. 과연 이들은 만날 수 있었을까. 식민지/제국 체제 내에서 내지로 이주해 간 피식민지인들이 차지하는 역사적 장소를 탐구하고자 한다면, 마찬가지로 제국의 중심 내지로 이주해 온 다른 식민지 및 아시아의 타자들과의 관계도 염두에 두어야 할 것이다. 그러나 이 관계를 본격적으로 탐구하기 위해 검토해야 할 문제의 상당 부분은 이 글의 범위를 초과하는 영역에 놓여 있으므로, 이곳에서는 식민지/제국 체제가 식민지 및 아시아의 타자들을 포획하거나 배제하는 메커니즘의 일단을 검토하는 데 만족하고 글을 마치고자 한다.

1924년 11월 고베(神戶)에서 있었던 쑨원(孫文)의 '대아시아주의'

---

57) 폭력에 노출되어 있는 자들이 '방어태세'를 취함으로써 폭력을 예감하는 태도에 대해서는 도미야마 이치로, 『폭력의 예감』, 42~84쪽 참조.

강연은 식민지/제국 체제에서 아시아인들이 만나는 방식을 의미심장하게 보여 준다. 이 강연에서 쑨원은 러일전쟁이 끝날 무렵 유럽 체재(滯在)를 마치고 돌아오던 길에 있었던 일화를 소개한다. 수에즈 운하를 거쳐 아시아 쪽으로 돌아오던 길에 그가 만났던 중동인들이 일본이 러일전쟁에서 승리하고 있다는 소식을 알려 주고는 '동양 민족이 서양 민족을 이겼다'며 기뻐하더라는 것이다. 물론 쑨원은 "일본이 러시아를 이겼다는 뉴스가 동방에 있는 아시아 사람들에게는 그다지 중요한 뉴스로 여겨지지 않았으며 그다지 기쁜 일이 아니었을지도" 모른다고 말하고 있다. 그리고 이 유명한 강연에서 쑨원은, 일본의 성장으로 인해 동아시아 세계의 질서가 급변하는 추세를 우려하면서 일본에게 "서양 패도의 앞잡이"가 되지 말고 "동양 왕도의 방패"가 될 것을 요청한 바 있다.[58] 이곳에서 쑨원은 일본이 중국에 대한 불평등 조약을 개정하고 중국혁명을 지원할 수 있기를 기대하면서 일본을 향해 발화하고 있었을 것이다.[59] 그러나 쑨원의 이 발표에 대해 그 자리에 있던 조선인 청중은 그의 대아시아주의가 "현재의 조선을 목전(目前)에 보면 서로 저촉되지 않느냐"[60]는 질문을 던진다. 이 질문에 대해 쑨원은 조선의 식민지 상태 앞에서 대아시아주의가 성립할 수 없다는 것을 알고 있으면서도, "일본에 있어서 조선 문제를 철저히 논하는 것은 회피하고자"[61] 한다.

이곳에 중동인과 쑨원과 조선인, 그리고 문면에는 등장하지 않지만

---

58) 쑨원, 「대아시아주의」, 최원식·백영서 엮음, 『동아시아인의 동양인식 : 19~20세기』, 문학과지성사, 1997.
59) 요네타니 마사후미, 『아시아/일본』, 조은미 옮김, 그린비, 2010 참조.
60) 윤홍렬, 「삼민주의를 역설」, 『동아일보』 1924.11.30 ; 요네타니 마사후미, 『아시아/일본』, 15쪽 참조.
61) 같은 글.

청중으로 앉아 있는 일본인이 있다. 아시아주의의 내용뿐만 아니라 이들 각각의 아시아인 사이의 '만남'도 식민지/제국과의 거리에 의해 결정적으로 규정되고 있음을 알 수 있다. 여기서 주목할 것은 바로 쑨원이 서 있는 난처한 위치, 즉 (당연히 중국의 입장이 전제되어 있지만) 아시아 전체의 평화와 개혁을 위해 일본을 회유해야 하는 자리에서 '왕도'와 이미 어긋나는 사례였던 조선 식민지화의 문제를 거론할 수는 없었다는 사실이다. 이 사례는 일본의 제국주의화로 인해 폭력적인 형태로 불균등해진 아시아의 영토에서 중국과 조선이 일본을 매개로 하지 않고서 만나기란 이미 힘들게 되었음을 상징적으로 보여 준다.

더욱이 식민지/제국 체제 안에서 일본을 통하지 않고 아시아인들이 만나기란 거의 불가능했던 것으로 보인다. 예컨대 동일한 내지이면서도 내지의 식민지인 오키나와의 한 교사의 말처럼.

"관동대지진 당시 표준어를 말하지 못한다는 이유로 많은 조선인이 살해되었다. 너희들도 자칫 오인되어 살해당하는 일이 없도록."[62]

또는 김사량이 같은 식민지 출신이면서 일본어로 작품 활동을 하고 있던 대만인 작가 룽잉쭝(龍瑛宗)에게 보낸 다음의 편지 구절처럼.

형의 「초저녁 달」(宵月)을 읽고 저는 굉장히 친근함을 느꼈습니다. 역시 형이 있는 곳도 제가 있는 곳도 현실적으로는 다르지 않은 것 같아

---

62) 沖繩縣勞働組合協議会, 『日本軍を告發する』, 1972, 69쪽. 도미야마 이치로, 『폭력의 예감』, 손지연·김우자·송석원 옮김, 그린비, 2009, 26쪽에서 재인용.

전율했습니다. 그 작품은 물론 현실을 폭로하는 것이 아니라 지극히 평범한 방식으로 쓰고자 하신 작품이네요. 하지만 저는 거기에서 형의 떨리는 손을 본 것 같습니다.[63]

표준적인 일본어 발음 앞에서 살해의 위협을 느끼며 어눌한 목소리를 낼 수밖에 없는 조선인과 오키나와인, 내지의 문학인과 독자들 앞에서 떨리는 손으로 '고쿠고' 창작을 할 수밖에 없는 조선인과 대만인은 모두 일본(인)을 매개함으로써 같은 공간에 있고 유사한 공포와 불안을 느끼고 있다. 그런데 중요한 것은 이들 각각이 서로 마주 볼 수 없다는 사실이다. 이들 앞에는 언제나-이미 일본(인)이 있고 이들은 공포와 불안을 느끼며 서로 다른 높이에서 **옆**에 서 있다.[64] 1942년부터 종전까지 3회에 걸친 '대동아문학자대회'에서 만난 아시아의 문인들 역시 내지 문학인과 군인들 앞에서 불안과 긴장 속에 언어를 고르고 있었다.[65]

식민지/제국 체제는 이렇듯 아시아인들을 서로 마주 대하지 못하게 하고 내지를 향해 (서로 다른 높이에서) 나란히 서 있도록 그들의 신체를 규율했다. 그러므로 이 체제 내의 일상적 조건 속에서 아시아인들은 내지를 향해 서로 경쟁하도록 부추겨졌다. 이러한 체제 내에서는 "싼값

---

63) 김사량이 룽잉쭝에게 보낸 편지, 下村作次郎, 『文學で讀む台湾 : 支配者·言語·作家たち』, 田畑書店, 1994, 211쪽. 한편 이 편지를 한국어로 처음으로 번역·소개한 것은 황호덕, 「제국 일본과 번역 (없는) 정치」 참조.

64) 표현은 다르지만, '학대받은 자들의 연대'라든가 '민중 간의 끈끈한 유대' 등을 간단히 말할 수 없을 만큼 식민지/제국 체제 내의 마이너리티 사이의 관계가 불균등하고 착종되어 있음을 조선 병합에 대한 오키나와인들의 반응을 통해 검토한 戶邉秀明, 「併合体験の思想史 : 沖繩から朝鮮半島の不可視の交差をたどる」, 한국일본사학회 연차대회, 2010.11 참조.

65) 대동아문학자대회에 대해서는 尾崎秀樹, 『近代文學の傷痕』, 岩波書店, 1991 ; 신지영, 「'대동아문학자대회'라는 문법, 그 변형과 잔여들」, 『한국문학연구』 40집, 2011 참조.

에 노동하려는 자가 있다면, 그가 제주도인이든 류큐인이든 전혀 상관없다"[66]고 하는 내지 자본가의 말도, 아시아인들에게 고통과 불안의 감각을 불러일으키지 않고서는 아시아를 떠올릴 수 없게 만들지 않았을까.[67]

『만세전』의 한 장면으로 시작한 이 글의 서두에서, 유학생 이인화가 농민 출신의 '요보'들과 만날 수 없었다는 사실과 더불어, 그 자신과 '요보'와의 동일성을 민족적 울분 속에서 자각하는 것이 현해탄 위에서였다는 점을 언급한 바 있다. 내지에 있을 때는 조선인 노동자들과 만날 수 없었던, 그리고 조선으로 들어온 후에도 "무덤이다! 구더기가 끓는 무덤이다!"라고 되뇌며 내지로 다시 돌아가고 마는 이인화가 현해탄 위에서 그들의 존재를 의식하게 되었다는 것은 의미심장하다. 여기에서 자신이 내지 이주 조선인 노동자, 그리고 조선의 소작농들과 이어져 있다는 의식이 떠오른 것은 현해탄이 단지 내지와 외지의 경계이기 때문만은 아닌 것으로 보인다. 그곳은 단순한 경계가 아니라, 불안과 위험과 공포 속에서 자신의 민족과 계급과 젠더가 의식될 수밖에 없는 식민지/제국 체제 내부의 낭떠러지이기 때문이다. 하지만 이때 수반되는 감각이 불안과 공포이기 때문에, 이인화와 '요보' 역시 식민지/제국 체제 내에서의 아시아인들 간의 관계와 마찬가지로 제대로 대면하지 못할 수도 있다. 일본을 앞에 두지 않고서는 만날 수 없었던, 그리고 일본을 통하지 않고서는 대면할 수 없었던 아시아가 이러한 '아시아 트라우마' 없이, 또한

---

66) 『大阪每日新聞』 1928.9.23. 도미야마 이치로, 『폭력의 예감』, 145쪽에서 재인용.
67) 이처럼 공포와 불안을 내포한 경쟁 구조로 인해 식민지/제국 체제 내에서 아시아인들 사이에 폭력적인 충돌이 종종 발생하곤 했다. 특히 내지에서 조선인과 오키나와인 사이의 충돌에 대해서는 「空地の大亂鬪, 二十名傷つく. 朝鮮人と沖繩縣人, 港區の炭燒部落で大騷ぎ」, 『大阪每日新聞』 1932.9.16 ; 「三百の沖繩人, 朝鮮人襲擊を企つ 昨夜港區の騷ぎ」, 『大阪朝日新聞』 1932.9.22 등 참조.

직접성에 대한 환상 없이 만나고자 한다면, 아마도 식민지/제국 체제와 '대동아'가 아시아인들의 신체에 각인시켰던, 즉 서로 마주 보지 못한 채 다른 높이에서 옆에 서 있게 했던 구조를 숙고하는 데서 시작해야 할 것이다.

4장 _ 지방주의의 역사-지정학

: 식민지 시기 내지 이주 조선인들의 지방주의적 갈등

차승기

충돌하는 고유성들

식민지/제국 시기 전체를 관통해 내지로 도항한 조선인들의 절대다수가 노동자층을 형성하고 있었음은 주지의 사실이다. 그러나 노동자층이라 하더라도 그중 대부분은 토목·광산 노동자와 일용 노동자로서, 일본인 노동자보다 낮은 임금으로 위험한 노동환경에서 비숙련 단순노동 부문에 극히 불안정하게 고용되어 있었다. 게다가 적잖은 비율의 내지 도항 조선인들은 비고용 상태에서 룸펜 프롤레타리아로서 연명해 가고 있었다.[1] 말하자면 식민지/제국 시기 내지로 이주한 조선인들은 '정착'이라고 말하기 어려운 불안한 삶의 연속 속에서 존재의 유동성을 경험하고 있었다. 이러한 존재의 유동성은 무엇보다 먼저 일본인/조선인 사이의 일상적인 민족적 차별의 현실을 드러내 준다. 이주자로서의 삶의 불안정성은 민족적 귀속성에 의해 '우선적으로' 조건 지어져 있었기 때문

---

1) 김인덕, 『식민지시대 재일조선인운동 연구』, 국학자료원, 1996, 47~49쪽 ; 김광열, 『한인의 일본이주사 연구 : 1910~1940년대』, 176~196쪽 참조.

이다. 개인의 능력 여하보다 민족적 귀속에 따라 차별적인 분류가 행해지는 현실 속에서 내지 이주 조선인들은 스스로를 '조선인'으로서 의식하지 않을 수 없었다.

당연히 이 같은 사정은 노동의 세계 또는 노동력에 대한 경제적 평가의 영역에만 국한되어 있던 것이 아니었다. 내지 이주 조선인들은 행정 및 치안 청사에서, 학교에서, 전차 안에서, 시장에서, 매일매일의 삶이 영위되는 거의 모든 공간에서 언제든 스스로 '조선인'임을 의식하지 않을 수 없는 순간에 부딪치고 있었다. 물론 '조선인'임을 의식할 수밖에 없도록 만드는 것은 '일본인'의 시선과 호명이다. 여기서 '조선인'이란, 일본인에게는 경멸과 부인(否認)과 동정이 각인된 부정적 표지였고, 따라서 조선인들에게는 원한과 울분의 정서, 그리고 폭력의 예감을 동반하는 이름이었다. 이렇듯 내지 이주 조선인 개개인을 '조선인'으로서의 동일성에로 회수시키고 있던 부정의(不正義)의 현실은 역으로 '차별로부터 탈피'[2]하고자 하는 욕망을 발동시킴으로써 '조선인'으로부터의 이탈을 촉발하고 '조선인'의 부정성을 조선인들 자신에게 내면화시키는 효과를 발휘하기도 했다는 점에서 식민지/제국 체제[3]의 통치성과 관련된 것이었다.

하지만 조선인 내부에서 볼 때 이들이 스스로 형성하고 있던 동일 집단으로서의 자기정체성 의식이 반드시 민족적 범주로 환원되는 것은 아니었다. 조선인 사회 내부에도 계급적·젠더적 차이에 따라 격차와 대립이 존재했음은 물론이지만,[4] 출신 지역의 상이함에 뒤따라 붙곤 했던

---

2) 미야다 세쓰코, 『조선민중과 '황민화' 정책』, 이형랑 옮김, 일조각, 1997 참조.
3) 이 글에서 사용하는 '식민지/제국 체제'라는 개념에 대해서는 다음 절에서 상술한다.

이른바 '지방색'도 무시할 수 없는 갈등을 빚어 내고 있었다. 1920년대 중반 이후 하나의 사회집단으로 이주 조선인 사회가 성립되어 가면서 출신 지역의 차이에 따른 갈등도 표면화되기 시작했는데, 특히 두드러지는 대립은 제주도 출신과 육지 출신 사이에 형성되어 갔다.

"육지 사람과 제주도 출신자는 반목했는데, 다이쇼(大正) 말기, 처음엔 육지 사람이 수가 많아서 우리들을 섬 출신이라는 이유로 멸시하며 집단적으로 괴롭힘을 가하거나 따돌리는 행위를 했습니다.

제주 놈 대가리를 두드리면 술이 나온다는 따위의 말도 안 되는 소리를 하며 집단적으로 폭행을 가해 술을 사게 만드는 일도 있었습니다."[5]

"다이쇼 말기, 육지 출신자의 아리랑단이라는 폭력단과 제주도 출신의 청년들이 큰 싸움이 있었습니다. 제주도 출신자가 육지 출신자로부터 차별을 받아 학대당하는 듯한 상황이 있었기 때문에, 제주도 출신의 청년들이 아리랑단 무리와 큰 싸움을 벌인 거죠.

당시 조선인끼리 싸움이 벌어지면 일본 경찰은 보고도 못 본 척하기 때문에, 스스로 자위라고 할까요, 그런 수단을 취할 수밖에 없었기 때문에, 제주도 출신 중 건장한 청년 10여 명이 아리랑단의 무리 30여 명을

---

4) 특히 내지 이주 조선인 룸펜 프롤레타리아의 삶에 대해서는 Ken Kawashima, *The Proletarian Gamble*: *Korean Workers in Interwar Japan*, Durham: Duke University Press, 2009 참조. 조선인 여성들의 특수한 위치에 대해서는 서지영, 「식민지 시기 일본 공장으로 간 제주 여성」, 『비교한국학』 18권 3호, 2010 ; 이정은, 「식민제국과 전쟁, 그리고 디아스포라의 삶」, 『한국사회학』 45집 4호, 2011 등 참조.
5) 金贊汀, 『異邦人は君ヶ代丸に乘って』, 岩波書店, 1985, 86~87쪽. 김찬정이 인터뷰한 제주도 출신 도항 1세 김희조 씨의 말(인터뷰 당시 오사카 시(大阪市) 이쿠노 구(生野區) 거주).

상대로 이마다바시(今田橋) 근처에서 대난투극을 벌였습니다.

그것이 다이쇼 14년[1925년―인용자] 10월경인가……. 제가 이곳에

와서 2, 3년 지났을 무렵입니다.

그때 아리랑단 무리 중 한 명이 죽고, 5~6명이 중상을 입었습니다."[6]

일반적으로 내지 이주 조선인의 삶은 민족적·계급적 대립과 저항의 선을 따라 표상되어 왔으며, 조선인 사회 내부의 지방주의적 갈등은 감정적이고 우발적으로 형성된 편견 또는 전근대적 잔재의 표출 정도로 여겨질 뿐이었다. 혹은 민족적·계급적 차별과 저항의 역사가 전경화(前景化)됨으로써 지방적 차이는 (무)의식적으로 은폐되거나 부정되어 왔다고 해도 좋을 것이다. 식민본국에서 피식민지인의 민족적 차이는 흔히 계급적 차이와 겹쳐지고는 했고, 따라서 두드러지는 대립선을 혼란스럽게 하는 이질성들이 크게 주목받지 못한 데에는 그 나름의 이유가 없지 않다. 그러나 내지 이주 조선인들 사이에 잠재되어 있는 지역주의적 갈등, 특히 육지 출신과 섬 출신 사이의 갈등은 우발적이고 감정적인 성격을 갖기 이전에 이미 식민지/제국 체제의 역사-지정학적 규정 요소들과 관련되어 있었다.

흔히 혈연적·지역적 유대 속에서 일상적으로 반복되는 체험에 의해 형성되는 고유한 문화적 정체성은 그 체험의 유일무이성과 분리될 수 없는 채로 신체에 각인된 사회적 관계의 징후라고 할 수 있다. 그것은

---

6) 金贊汀, 『異邦人は君ヶ代丸に乗って』, 88쪽. 김찬정이 인터뷰한 제주도 출신 도항 1세 강병철 씨의 말(인터뷰 당시 오사카 시 이쿠노 구 거주). 출신 지역 간 대립에서 비롯된 것인지는 확인할 수 없으나 1920년대 초반에 오사카에서 조선인 간의 집단적인 충돌이 조선 내 신문에 기사화된 바도 있다. 「大阪 조선인 노동자 격투」, 『동아일보』 1922. 4. 21.

'관습'이라는 특정한 사회적 상상 체제의 패턴을 정착시키고, 흔히 '기질'이라고 명명되곤 하는 사고-반응-행동 체제의 공통성을 형성하며, '방언'이라는 언어적 소통 체제의 특이성의 울타리를 구성한다. 그러나 이 고유성은 다른 고유성과 만날 때에만——불투명한 채로——어떤 윤곽을 가지게 된다. 이 윤곽은 기본적으로 각 고유성의 바깥에서 이루어지는 사회적 관계에 의해 형성되는 것이기 때문에 불가피하게 번역 과정을 거치게 된다. 각 고유성들은 상호 간에 번역하는/번역되는 관계를 통해서만 상위의 공동체의 영역을 창안해 낼 수 있고 또한 참여할 수 있다. 따라서 고유성과 상위의 공동체 사이에는 마치 '사실'과 '언어' 사이처럼 불가피한 비약이 전제된다. 이렇듯 비약이 불가피하게 전제되기 때문에, 그 고유성 내부의 입장에서는 '번역된' 관습과 기질과 방언에 언제나 일종의 위화감을 느끼지 않을 수 없다. '사회적 거리'(social distance)[7]라는 사회학적 개념은 이러한 위화감을 고유성 내부의 각 개인 또는 집단 사이에 존재하는 가치/규범의 차이로 환원한 것에 다름 아닐 것이다.

더욱이 고유성들 사이의 관계가 적대적일 때 이 위화감은 더욱 강화된다. 고유성들 사이의 관계가 적대적인 형태로 전개되는 이유는 각 고유성들 사이에 형성되는 권력관계가 불균등하기 때문인데, 가장 극단적일 경우 이 불균등성은 어떤 특정한 고유성이 보편성을 참칭하며 다른 고유성들을 부정하거나 하위의 범주로 포섭하는 방식으로 나타난다. 이렇게 적대적인 관계가 성립되면 관습과 기질과 방언의 번역은 더욱 손쉽게, 말하자면 폭력적으로 이루어져 이른바 '편견'을 형성한다. 불투

---

7) '사회적 거리'라는 개념에 대해서는 김용학·김진혁, 「지역감정의 관계적 분석」, 『한국사회학』 24집, 1992, 68쪽 참조.

명하고 유동적인 타자의 경계를 선명하게 확정 지을 수 있는 것으로 사물화하고, 그럼으로써 스스로도 자기 고유성 내부의 개별적 특이성을 억압하며 내적으로 폭력적인 동일화를 수행하게 된다.

내지 이주 조선인들이 출신 지역의 상이함에 따라 대립과 갈등의 양상을 빚어 내는 구조 역시 이와 크게 다르지 않다.[8] 여기에 제주도 지역이 오랫동안 정치적으로 배제되고 소외되어 왔다는 역사적 특수성[9]이 부가되면서 육지/섬 사이의 상호 배타적인 표상화와 폭력적인 동일화가 보다 심화되었으리라 추측할 수 있다. 그러나 이 글에서 밝히고자 하는 것은 이와 같은 일반적인 '편견'의 성립 과정도 아니고 그것의 역사적인 연원도 아니다. 내지 이주 조선인들 사이의 지역 간 갈등과 대립을 주목하는 이유는 그것이 식민지/제국 체제의 지정학적 배치의 특이성을 드러내 줄 수 있다는 데 있다.

내지 이주 조선인들 사이에서 육지/섬 사이의 대립이 형성된 것은 물론, 육지사람/섬사람이 집단적으로 동일한 생활공간에서 마주칠 수 있었던 것은, 당연하게도 그들이 내지로 이주해 '조선인 사회'를 형성했기 때문이다. 사실 식민지 조선에서 일정한 근대화·도시화·산업화가 진행되었다 할지라도, 토지로부터 분리된 인구가 도시 주변에서 개별적·

---

8) 인종, 종교, 민족, 이념 등의 범주 아래에서의 권력관계의 불균등이 각각의 고유성들을 내적·외적으로 폭력적인 차별과 동일화에로 이끄는 메커니즘도 이와 같은 맥락에서 설명될 수 있을 것이다.

9) 제주도는 일찍이 고려 후기부터 중앙정치에서 축출된 이들의 귀양지이기도 했지만, 특히 구 조선 중기 중앙집권적 통치가 강화되어 갈 때에는 제주도민이 육지로 나가는 것을 금지하는 '출륙금지령'(1629년 8월)을 실시하여 제주도 유민을 통제하는 봉쇄정책이 취해지기도 했다. '출륙금지령'은 1830년대까지 200여년 간 적용되었다(장혜련, 「조선 중기 제주 유민의 발생과 대책」, 제주대학교 석사논문, 2006 참조). 이러한 일련의 정치적 조치들이 제주도의 문화적·언어적 특이성을 더욱 강화시키는 효과를 파생시켰음은 물론이다.

우연적으로 만날 수는 있었을지언정, 육지사람/섬사람이 제한된 생활공간에서 공동체로서 마주할 기회는 없었던 것이다. 이렇게 볼 때 내지 이주 조선인 사회는 조선 각지 ——주로 경상도, 전라도, 제주도 등 남선 지방——에서 온 뿌리 뽑힌 자들의 사회일 뿐만 아니라, 이전에는 함께 친밀한 생활공간에 진입할 수 없었던 이들이 바로 그 생활공간에서 마주 대하게 된 사회이기도 하다. 따라서 서로 보이지 않는 곳에서 지식과 표상과 풍문을 통해 '이해 가능한 것'으로 번역해 왔던 타자의 얼굴을 보고 목소리를 듣는 경험이 내지 이주 조선인 사회에서 발생했다. 이 사회의 특이성은 식민지/제국 체제가 개통한 이동 경로들의 특이성과 분리될 수 없으며, 그곳에서의 출신 지역 간 대립과 갈등 역시 식민지/제국 체제의 통치성의 형식과 무관할 수 없다. 그리하여 이 글은 내지 이주 조선인들의 출신 지역 간 갈등 관계에 주목해, 식민지/제국 체제 내에서 소수민족의 정체성이 '민족' 단위와 구별되는 지역적 원천을 가질 수 있었던 역사적 조건을 검토하고, 식민지/제국의 역내 이동 및 정주가 어떠한 역사적 규정성 속에서 이루어졌는지를 밝히고자 한다.

식민지/제국 체제에서 이동한다는 것

내지 도항 조선인들이 출신 지역에 따라 배타적인 정체성을 형성하게 된 역사적 맥락을 검토하기 위해서는 그들의 도항과 정주가 어떤 체제 안에서 이루어졌는가를 고려할 필요가 있다. 대규모 인구의 이주 및 정주는 이동을 촉발하고 동선을 조정하는 역사-지정학적 규정성과 함께 이해되어야 하기 때문이다. 앞 장에서도 간략히 언급되었지만, 식민지/제국 시기 조선인들의 내지 도항과 정주는 식민지와 식민본국이 함께 얽혀 들어가 있는 식민지/제국 체제의 지평에서 포착되어야 할 것이다.

오늘날, 즉 국민–국가 이후의 시점에서 식민지/제국 시기를 바라볼 때, 우리는 지배/피지배의 기본적인 분할선을 조선과 일본 사이 ─심지어는 '한국'과 '일본' 사이 ─에 긋는 사고 관습을 떨쳐 버리기가 쉽지 않다. 더욱이 현해탄을 사이에 두고 지리적으로 떨어져 있는 일본열도와 조선반도는 식민주의적 지배/피지배의 공간적 분할처럼 표상되기 쉽다. 경험적인 차원에서 공간성을 이해할 때 이러한 대립 구도는 자명한 것처럼 보이기도 한다. 예컨대 조선인이 내지로 건너가기 위해서는 도항증명서를 발급받아야 했고, 내지로 들어간 후에는 내지의 법에 의해 포획되었기 때문이다.

그러나 엄밀하게 말하자면 조선과 일본은 각각 식민지와 식민본국으로서 비대칭적인 위계 관계를 내포한 채 '하나의 식민지/제국 체제' 아래에 들어가 있다고 보아야 할 것이다. 지리적인 이동과 법적 전환, 문화적이고 관습적인 충돌이 경험적으로 존재함에도 불구하고, 아니 그것이 가시적인 영역을 지배하기 때문에 오히려 식민지/제국을 하나의 체제로 파악할 필요가 있다. 이는 조선과 일본이 각각 식민지/제국 체제의 '동등한' 일부를 구성한다는 뜻이 아니다. 조선에 대해 일본이 차지하고 있는 비교 불가능한 권력적 우위와 지배의 작용을 포함해 하나의 체제를 구성하고 있다는 것이다.[10]

덧붙이자면, 조선과 일본, 즉 식민지와 식민본국이 하나의 식민지/제국 체제에 들어가 있다고 하는 것이, 식민지와 식민본국 사이에 엄존

---

10) 한편 '식민지/제국 체제'라는 표기는, 제국이 식민지를 결코 완전히 장악할 수는 없었음을 나타내기 위해 식민지와 제국 사이에 사선(/)을 포함하고 있지만, 이것이 마치 식민지와 제국이 일대일로 대응하고 있는 듯한 가상을 만들어 낼 수도 있다는 점에서 아직 불완전하다.

했던 민족적 차별과 지배/피지배 관계를 희석화하는 것으로 이해되어서는 안 된다. 타민족(인종)을 식민지화함으로써 민족(인종)적 차별을 통치성 내부에 구조화하고 있던 식민지/제국 일본에서 민족적 대립이 가장 지배적인 규정 요소로 작용하고 있었음은 물론이다. 식민지/제국 체제라는 규정이 민족적 적대를 상대화한다면, 그것은 오직 일본의 패전, 조선의 해방 이후 동아시아에 냉전 체제의 하위단위로 국민-국가 체제가 등장한 뒤 민족적 적대의 역사적 재생산이 국민-국가 체제를 자연화하는 데 기여해 왔음을 비판하기 위해서이다. 또한 식민주의적 지배/피지배 구조 또는 권력의 작용을 민족적 적대로 환원시킴으로써, 그 내부의 복잡한 적대들을 비판적으로 식별해 내지 못하는 문제를 극복하기 위해서이다. 민족, 지역, 계급, 젠더, 문화 등 다양하고 이질적인 차원에서 생성·소멸해 간 복수의 분할선들을 포착하기 위해서도, 그리고 그 위에서 작동하는 식민주의를 근본적으로 비판하기 위해서도, 나아가서 글로벌화가 심화되고 있는 오늘날에도 여전히 사라지지 않고 있는 다양한 식민주의의 변종들을 비판하고 극복하기 위해서도 '식민지/제국 체제'의 틀에서 지배/피지배의 작동 방식을 분석할 필요가 있는 것이다.

하나의 사례로서 '비국민/국민'의 분할을 통한 통치를 생각해 볼 수 있다. 식민지/제국 체제는 부단히 '비국민'을 생산해 냄으로써 '국민'의 동일성을 구축하고자 했다. 여기서 '비국민'은 단순한 배제가 아니라 일종의 '포함된 배제'로서 '국민'에 포획되어 있다. '포함된 배제'라는 것은 배제된 것을 밖에서 다시 포획하는 형태로 포함하는 구조를 의미한다.[11] '비국민'을 배제함으로써만 '국민'의 동일성을 유지·강화할 수 있다는 점에서 '국민'은 '비국민'을 필수적으로 요구하며, 따라서 '비국민'은 '국민'의 바깥쪽에서 사로잡혀 동일한 체제 내부로 포획된다. '비국민'이 실제로 존재한다는 것보다도 그 존재가 배제의 기호로서 '국민'의 울타리처럼 작용한다는 것이 중요하다. 요컨대 '비국민'으로 배제될 가능성이 체제를 작동시키는 힘의 하나로서 내부에 들어와 있는 것이다. 식민지/제국 체제는 부단히 '비국민/국민'의 분할을 생산하며 유지되어 왔다. 이 분할은 단순히 조선/일본의 대칭으로 환원될 수 없다. 조선인들 내부에서 끊임없이 '불령선인'을 발굴해 내며 '일본인이 되는 길'을 닦았다면, 특히 전시체제기 일본에서는 끊임없이 '시국의식이 결여된 비국민'을 만들어 내며 '죽음을 각오한 충성'의 맹세를 받아 냈기 때문이다. 조선/일본의 대칭을 가로지르는 이 같은 다양한 분할선들 ── '비국민/국민' 이외에도 '신여성/군국의 어머니', '부랑아/소국민', '불령선인/황국신민', '벌레/인간' 등의 서로 다른 층위의 분할선들 ── 이야말로 식민지/제국 체제의 통치 형식의 일단을 보여 준다. 이 분할선들이 국민-국가 체제에서 변형된 형태로 재생산되고 있음은 두말할 필요도 없다.

그렇다면 식민지/제국 체제의 차원을 고려할 때 조선인의 대규모 내지 도항과 정주는 어떻게 이해될 수 있는가.

첫째, 조선에서의 근대적인 계급분화가 규범적인 형태로 전개되기보다는, 식민지/제국의 범위에서 특이한 형태로 이루어졌다는 사실을 주목하게 해준다. 내지 도항 조선인들의 80~90%는 농민 출신이다. 토지조사사업을 통한 자본의 본원적 축적과 일본인 농민층의 이주[12] 등에 의

---

11) 조르조 아감벤, 『호모 사케르』, 60~62쪽 참조. 아감벤은 '예외상태'를 질서 이전의 혼돈이 아니라 질서가 정지된 채 적용되는 것으로 설명하기 위해 '포함된 배제'라는 표현을 사용하고 있다.
12) 총독부 조사에 따르면 1932년까지 조선에 이주해 온 일본인은 약 60만 명이었고 그중 농업 이민은 49,971명(11,457호)였다. 「일본인 농업 이미 합병 당시에 비해 호수로 10배 격증」, 『조선일보』 1933.11.5.

<표 1> 내지 이주 조선인 단순노동 직업 구성비(단위: %)

직업	연도	1920	1925	1930	1935	1940
단순 노동자	광업	22.09	9.67	5.38	2.81	12.73
	섬유				10.59	6.74
	금속·기계				6.56	7.77
	화학				10.93	7.87
	토건	16.66			24.82	23.58
	운수·교통		0.55	0.55		
	水上 취업자		1.63	1.49		
	각종 직공	26.47	22.85	21.62		
	각종 고용인	3.40	6.71	5.88		
	일용직·인부	20.54	52.67	58.35		
총계		89.16	94.08	93.27	82.82	81.85

출처 : 도노무라 마사루, 『재일조선인 사회의 역사학적 연구』, 100~102쪽을 참조해 전국 단위 단순노동자의 성비만으로 재구성.

<표 2> 중의원 의원 총선거에 참여한 조선인 유권자 수 (1928~1937)

선거 (시행년월)	조선인 유권자 수 (a)	조선인 인구(b)	유권자율 (=100a/b)
제16회 총선거 (1928. 2)	11,983	128,406	9.3%
제17회 총선거 (1930. 2)	24,244	298,091	8.1%
제18회 총선거 (1932. 2)	35,888	390,543	9.2%
제19회 총선거 (1936. 2)	41,829	337,454	12.4%
제20회 총선거 (1937. 4)	25,812	198,150	13.0%

출처 : 松田利彦, 『戰前期の在日朝鮮人と參政權』, 明石書店, 1995, 37쪽.

해 경작지가 축소되고 토지로부터 분리된 '자유로운' 노동력이 대량으로 생산되었지만, 조선에 이들이 흡수될 만한 근대 산업이 발달하지 못했음은 주지의 사실이다. 노동력의 토지로부터의 이탈이 애당초 식민지/제국 체제의 형성 과정에서 발생했다는 점에서 이들의 이후 행로는 식민지/제국 체제의 지정학적 배치의 특이성을 암시해 주는 바가 있다. 토지로부터 이탈되었으나 조선 내부로 흡수될 수 없었던 농민층의 다수는 조선의 경계 바깥으로 퍼져 나갔다. 그런데 중국 동북부 지역으로 이동해 간 이들이 대부분 토지와 다시 결합되는 방식을 취한 데 반해, 식민지/제국 체제 내부에서 '도항'을 통해 내지로 이동해 간 이들은 (룸펜) 프롤레타리아트로 분화되는 성격을 띤다는 점이 중요하다.

옆의 〈표 1〉에서 보듯이 프롤레타리아트로 전화된 내지 도항 조선인들 중 많은 부분은 토목 노동자 및 토목 건설 현장에 고용된 것으로 보이는 일용직 인부였다. 소규모 영세 공장 노동자였던 이들은 공장가가 형성된 내지 주요 도시의 빈민가 또는 부락에서 커뮤니티를 형성한 데 반해, 토목 노동자였던 이들은 광산의 노동자 합숙소 및 토목 공사 현장의 함바 등을 전전했다. 이들의 존재는 조선에서의 계급분화 및 계급이동이 식민지/제국 체제 전체의 규모에서 전개되었음을 보여 준다.

둘째, 내지 도항 조선인들은 식민지/제국 체제의 이중적 법체계를 가로지르면서 그 질서의 한계 지점을 드러내 준다. 일본은 메이지헌법, 즉 이른바 '대일본제국헌법'(大日本帝国憲法)으로 법질서의 근간을 삼고 있었지만, '제국' 헌법은 오직 내지에서만 적용되었다. 식민지는 형식적으로는 내지 정부와 대등한 위치에 놓이는 총독부에 의해 통치되었지만, 식민지의 삶과 현실을 포획하는 법은 총독의 명령이었다. 입법·사법·행정의 전권을 총독이 장악하고 있었기 때문에 식민지의 인민들은 다양한 칙령, 법률, 규칙 등에 의해 일방적으로 재단되고 있었고, 그 규칙들의 산출 및 수정 과정에 결코 참여할 수 없었다. 그러나 도항 조선인들은 내지 법의 적용을 받음으로써 지극히 형식적이고 제한된 형태로나마 '참정권'을 가질 수 있었다.

위의 〈표 2〉를 통해 알 수 있는 것처럼 내지의 조선인 중 실제로 참정권을 행사할 수 있었던 이들은 극소수에 불과했다. 그도 그럴 것이,

1925년 내지에서 '보통선거법'이 실시됨으로써 이전까지의 제한 조건이었던 납세요건[13]은 폐지되고 '제국 신민인 남자로서 연령 25세 이상인 자' 전체에게 선거권이 부여되었지만, 동일 시정촌(市町村)에 거주해야 하는 의무기한은 오히려 6개월에서 1년으로 연장되었고, 또한 공적·사적으로 부조를 받는 이들도 제외되어 프롤레타리아트에게는 여전히 참여의 길이 제한되어 있었기 때문이다. 더욱이 대부분이 (룸펜) 프롤레타리아층을 형성하고 있던 내지 도항 조선인의 경우, 〈표 1〉에서 보았듯이 공사 현장을 따라 빈번히 이주해야 했던 이들이 대다수였기 때문에 '보통'선거에 참여할 수 없는 '특이'가 오히려 일반적이었다. 뿐만 아니라 참여한다 할지라도, "의회(국회·부회·시회)에서 조선인의 생활과 이익을 대변한 이가 누구"[14]냐고 반문할 수밖에 없는, 대표 없는 대의제가 큰 의미를 가질 수는 없었다. 게다가 이른바 '선거 브로커'들의 선거권 매수 운동과 지방주의적 단체들의 분열·갈등 속에서 조선인들의 이해관계가 집약된 정치적 표현을 가지기는 어려웠다.[15]

그럼에도 불구하고 내지 도항 조선인들은 일본인들과 동일한 법역 안에 들어가 그 안에서 차별과 편견과 부정의 상태에 노출되어 있었다는 점에서, 그리고 차별과 부정의를 극복하기 위해 내지의 법의 문을 두드리고 있었다는 점에서 '내지의 외지인'으로서 독특한 소수자의 위치를 점하게 된다.[16] 내지의 법역에 들어온 이법 지역의 조선인은 식민지/

---

13) 선거권을 가지는 자의 납세요건은 1900년 법에서는 직접국세 10엔 이상, 1919년 법에서는 3엔 이상이었다. 松田利彦, 『戰前期の在日朝鮮人と參政權』, 14쪽 참조.

14) 「寸評一束」, 『민중시보』 1935.7.15.

15) '선거 브로커'의 발호와 지방주의적 갈등은 김명식의 회고에서도 찾아볼 수 있다. 김명식, 「나의 회상기: 大阪八年間放浪記」, 『삼천리』 1938.1, 19~20쪽 참조.

16) 이에 대해서는 이 책의 3장 참조.

제국 체제의 이중적 법체계의 모순을 체현하면서 유동하고 있었다.

셋째, 내지 도항 조선인들은 조선/일본 사이의 분할을 가로지르며 그 분할을 자명한 것으로 만들어 주곤 했던 언어적·문화적 정체성을 혼란에 빠뜨린다. 언어적·문화적 정체성과 관련해 그들이 체현하는 유동성은 무엇보다도 신체에 중층적으로 각인되어 있다. 그들의 정체성은 지방적인 것, 민족적인 것, 일본적인 것, 계급적인 것, 젠더적인 것이 복잡하게 뒤섞여 경계가 모호한 채 혼종적으로 구성된다.

이는 언어에서 가장 특징적으로 드러난다. 예컨대 1937년에 도쿄의 조선인 부락을 취재한 장혁주는, 부락의 판잣집 앞 공터에서 놀고 있던 아이들이 "완전한 도쿄 노동자 말"[17]로 서로 대화하고 있음을 목격하고 있다. 여기서 놓치지 말아야 할 것은 '도쿄 노동자 말'이 결코 표준어도 도쿄 방언도 아니라는 사실이다. 도쿄 일본인 노동자들의 대다수가 도호쿠(東北)를 비롯한 지방 출신으로 이루어져 있었기 때문이다. 그들은 "후쿠시마(福島) 사투리나 지바(千葉) 사투리나 도치기(栃木) 사투리 등"[18]을 사용한다. 그러므로 이를테면 다음과 같은 내지 이주 조선인 가정을 상상하기란 어렵지 않다. 아버지의 발화에는 경상도 방언에 내지의 도호쿠 지방 방언, 그리고 토목 노동자들의 거친 말투가 함께 공존하는 반면, 주로 조선인 커뮤니티를 생활 범위로 하는 어머니의 목소리에는 경상도 방언으로서의 조선어에 내지의 언어가 파편화된 단어로서 들어와 있다. 그런가 하면 그들의 어린 딸은 현재 그들이 거주하고 있는 지역——이를테면 오사카——의 방언으로서의 일본어에 부모의 고향인 경

---

17) 張赫宙, 「ルポルタアジュ 朝鮮人聚落を行く」, 53쪽.
18) 같은 글, 54쪽.

상도 방언으로서의 조선어가 단어로서 파편적으로 들어와 있는데, 말투는 일본인 성인 남성 노동자의 그것을 닮아 있다. 내지 이주 조선인들에게는 이렇게 "도처에서 주워 모은 것 같은 일본어"[19]와 "혀가 제대로 돌지 않는 조선어"[20]가 공존하는 것이 상례였다고 할 수 있다. 이들의 언어가 조선/일본의 각각의 '민족어'로 환원될 수도 없고 '고쿠고'에 완전히 포섭되지도 못하는 것은 물론이지만, 그렇다고 해서 이들의 언어에 '내선어'(內鮮語)라는 이름을 붙일 수도 없다.[21] 이들의 언어를 이해할 때 잊지 말아야 할 것은, '조선어'와 '일본어'가──어떤 복잡한 형태로든── 결합되기 이전에 이미 그들의 언어는 '조선어'로도 '일본어'로도 완전히 회수될 수 없는 "도처"에 흩어진 것에서 왔다는 사실이다. 조선어/일본어라는 대칭을 가로질러 민족, 지방, 계급, 젠더의 분할선들이 복잡하게 뒤얽혀 있는 이들의 언어에는 이들이 이동해 온 경로와 정주한 장소의 역사─지정학적 규정성이 각인되어 있다.

이러한 사정은 그들의 문화적 정체성과 관련해서도 마찬가지로 말할 수 있다. 그들의 삶에서 조선적인 것과 일본적인 것의 갈등적 결합을 찾으려는 시선은 이미 '조선적인 것'과 '일본적인 것'을 어떤 실증 가능한 것으로 전제했을 때에만 생겨날 수 있는 전도(顚倒)된 것이다. 이와는 반대로 계급, 법, 언어의 경계 등이 서로 다른 방향으로 복잡하게 분할

---

19) 張赫宙, 「憂愁人生」, 443쪽.
20) 金史良, 「無窮一家」, 176쪽.
21) 황호덕은 조선어와 내지어의 혼종된 형태를 지시하기 위해 '내선어'라는 용어를 사용한다 (황호덕, 『벌레와 제국』, 218~219쪽 참조). 그러나 '내선어'는 민족/계급/젠더/지방 등의 복잡한 갈등적 결합 관계를 지시하기에는 지나치게 민족중심적인 결합어이다. '내선어'는 이미 각각 구별되는 동일성으로서의 조선어와 내지어를 전제하고 있기 때문이다. 내지 이주 조선인들의 언어가 갖는 특이성을 포착하기 위해서는 동일성으로서의 조선어와 내지어의 충돌 또는 착종이라는 관점에서가 아니라 그 '생성'의 지점에서 바라볼 필요가 있을 것이다.

하고 있는 영역들을 가로지르면서 그들의 생활세계가 생성되는 지점에서 바라볼 때 그들의 문화적 정체성의 특이성도 이해될 수 있을 것이다. 불균등하고 비대칭적인 다양한 분할들이 이들의 혀를 갈라놓았듯이, 같은 내지 이주 조선인 내부에는 조선/일본의 대칭으로 환원될 수 없는 식민지/제국 체제의 지정학적 효과가 연대와 갈등의 형태로 존재하는 것이다.

지방주의의 역사-지정학적 조건들

조선(외지)과 일본(내지) 사이의 민족적·문화적·언어적 차이를 차별 또는 가치론적 격차로 번역·재생산하는 식민지/제국 체제의 정치적-의미론적 장치 아래에서, 내지 도항 조선인들이 '조선인'이라는 단일한 표지 아래 구속될 수밖에 없었던 사정에 대해서는 글의 서두에서 언급한 바와 같다. 이 분할선의 반대편에서, 식민지 조선의 미디어들 역시 '조선(인)'으로서의 동일성을 (재)확인하는 문맥에 내지 도항 조선인들을 배치하고 있었다. 그것은 다양한 '동포' 담론의 형태로 나타났다. '동포' 담론은, 내지에서 민족적 차별을 받으며 궁핍한 생활을 할 수밖에 없는 '동포'의 상황을 묘사하거나, 그러한 상황임에도 불구하고 '고국'에서 불행한 재해가 발생했을 때는 언제나 정성을 모아 지원금을 보내는 끈끈한 '동포애'를 보고하는 방식이 가장 전형적인 형태였다. 하지만 긍정적이든 부정적이든 '조선인'으로서의 동일성을 확인받고 확인하는 경우에도 추상적인 민족 관념을 지탱해 주는 것은 출신 지역과의 연계였다. 예컨대 조선의 특정 지방에 재해가 발생했을 때 그들의 불행과 고통에 먼저 반응한 것은 특히 그 지역 출신자들이었던 것이다.[22]

내지 이주 조선인들은 출신 지역인 고향과의 강한 유대를 형성하고 있었다. 이러한 특징은 무엇보다 이들의 도항과 이주가 이른바 '연쇄형 이민'의 형태를 띠고 있는 점과 관련되어 있다. 이에 대해서는 앞의 3장에서도 간략히 검토한 바 있지만, 가족과 친척 등 혈연과 지연에 기반한 네트워크에 의존해 연쇄적인 도항이 이루어짐으로써 '출신지의 농·어촌→내지 이주 조선인 커뮤니티의 생활세계→지역 공장 및 토건 현장의 노동세계'로 이동하는 구조가 정착되어 갔다.[23] 또한 지방에 따라 적잖은 편차를 보이지만, 도항에서 정주로 이어지는 과정이 일회적이라기보다는 도항·귀항·재도항이 반복되면서 출신 지역과 이주 지역 사이의 네트워크가 상당히 강하게 유지되고 있었다. 혈연과 지연에 의해 형성된 이 네트워크는 일본의 패전과 조선의 해방 이후에도 비공식적인 루트를 통해 상당 기간 지속될 만큼 강한 것이었다.[24] 마지막으로 들 수 있는 것은 이주 조선인 커뮤니티가 출신 지역에 따라 조성되는 경우가 일반적이라는 것이다. 물론 프롤레타리아층을 이루는 대다수의 조선인들은 광산과 토목 현장을 따라 이동하고는 했지만, 조선인 커뮤니티가 형성된 지역의 경우 동일 출신 지역 이주자들 사이의 유대가 주요한 형성 동력

---

22) 1933년 여름 경상도 지역에 심각한 수재가 발생했을 때 오사카 재주 조선인들 중 그 지역 '동포'의 구제를 위해 '남선수재구제회'를 조직한 것은 수재 지역이 출신지인 '동래부인회'(東萊婦人會)였다. 「大阪에서는 각 지역에 구제회」, 『조선일보』 1933.7.22. 1934년 여름의 삼남 지방 수재에 대해서도 유사한 대응이 눈에 띈다. 원적을 안동군에 두고 있는 내지 이주 조선인들, 익산군 출신자들의 '익산상조회' 등이 의연금을 자신들의 연고지에 전달하고 있다. 「일역으로 모은 푼돈 안동재민에 義捐, 안동에 원적을 둔 대판동포의 열정」, 『매일신보』 1934.8.23 ; 「관서재해지 동포가 고향재해에 義捐, 在神戸 익산상조회로부터 이리경찰서에 의뢰」, 『매일신보』 1934.10.2 등 참조.

23) 杉原達, 『越境する民 : 近代大阪の朝鮮人史研究』, 102쪽 참조.

24) 伊地知紀子, 「生活史から見る在日濟州島出身者の移動経路」, 朝鮮史研究会 第48回 大会 "解放後·在日濟州島出身者の生活史", 立命館大學, 2011.10.22 참조.

으로 작용했다. 이렇게 식민지/제국 체제 내에서 조선/일본을 가로질러 형성되는 생활적 유대가 내지 도항 조선인들에게 민족적 정체성과 구별되는 지방주의적 특성을 부여한 것으로 보인다.

위와 같은 사정을 고려할 때 가장 두드러지게 구별되는 지방주의적 특성은 '제주도 출신자'에게서 나타난다. 제주도 출신자가 스스로를 지방주의적으로 동일화해 명명할 때 그 타자는 '육지 출신자'이다. 이들 간의 대립은 종종 파괴적인 형태로 나타나곤 했는데, 이러한 갈등과 충돌은 이 글의 서두에 인용한 제주도 출신 1세들의 기억에도 강하게 남아 있지만,[25] 1930년대 중반 오사카 지역의 조선인들이 발행한 신문을 통해서도 찾을 수 있다. 신문의 한 필자는 오사카 지역 조선인들 사이에 존재하는 '육지/섬' 사이의 갈등을 비판하고 있다.

일본 내에 거주하고 있는 동포 간에 지방 차별의 악관념이 잠재하고 있음은 거짓 없는 사실이다. 남도(南道) 놈, 북도(北道) 놈, 전라도 깜쟁이, 경상도 문둥이, 제주 놈, 육지 놈 등…… 이 따위로 서로 비방 경멸 반목하고 있다. 십인십색으로 개성의 상이점은 있을지언정 지역적 상이에 기준하여 총괄적으로 선악우열을 규정한다는 것은 이 무리한 완명(頑瞑)의 극이라 할 것이다. ……

…… 어느 젊은 청년남녀가 결혼을 서로 원하나 그 부형(父兄)은 상대 여성이 단지 XX도(島) 출생이란 이유로 강경히 반대한다는 것이었다.

---

25) 앞서 인용한 인터뷰에서 '섬사람'이 '육지사람'에게 경멸과 박해를 받았던 기억을 떠올린 제주 출신 1세 김희조 씨는 50~60년이 지난 후에도 여전히 "얼굴에 노한 기운이 남아" 있을 만큼 강한 감정적 동요를 보인다. 金贊汀, 『異邦人は君ヶ代丸に乗って』, 88쪽 참조.

남양만도(南洋蠻島)의 식인종이 아니어든 무조건하고 같은 민족을 차
별하는 그 심사를 해석하기에 두통이 날 지경이다.[26]

이 필자는 "말초신경적 지엽 문제에 구니(拘泥)"되지 말고 지방적
반목과 갈등을 낳고 있는 보다 근본적인 문제에 눈을 돌리라고 주장하
고 있다. 그러나 경험과 일상의 영역에서는 사소한 사건 또는 오해를 통
해서도 쉽사리 폭력적인 형태로 출신 지역 간 충돌이 빚어지곤 했다.[27]

또한 제주 출신과 육지 출신 사이의 지역적 대립·충돌과는 다른 형
태로 지방주의가 문제시되는 사례도 있었다. 제주 중학 기성(期成) 운동
을 오사카의 제주 출신 조선인들에게까지 전개하고자 한 사례로서, 이는
지역의 이해관계 또는 권력관계가 조선/일본의 분할선을 가로질러 영향
력을 행사하고 있던 측면을 드러내 준다. 1930년대 중반 제주도에 중학
교를 건설하고자 제주도 불교협회 등 몇몇 단체가 기성회를 구성했는데,
이들이 오사카까지 건너와 브로커들을 동원하며 무리하게 기금을 수집
하고 있었던 것이다.[28] 이들은 제주도 지역의 면장 등을 비롯한 이른바
'지역 유지들'을 중심으로 지역의 권력을 이용해 사업을 벌이고 있었다.

이들이 오사카까지 와서 동향 출신 조선인들에게 기금을 강요할 수
있었던 것은 제주 출신 조선인들이 자신들의 출신 지역과 분리될 수 없
는 유대를 가지고 있었기 때문이다. 요컨대 그들은 내지에 있었지만 제

---

26) 김미동, 「지방적 차별 관념을 타파하자」, 『민중시보』 1935.9.15.
27) 「무뢰배의 발호와 지방차별의 악습으로 생긴 연일 유혈의 잔인한 난투」, 『민중시보』 1935.
　　9.15. 이 기사는 자전거에 부딪친 사소한 문제가 수일에 걸친 집단적 폭력사태로 기화된 사
　　건을 보고하고 있는데, 이곳에서도 충돌은 '육지/섬' 사이에서 발생하고 있다.
28) 「제주중학 기성운동의 검토」, 『민중시보』 1935.9.15 ; 「지방인사의 착각」, 『민중시보』
　　1935.10.1 참조.

주도 내에서의 권력관계로부터 완전히 벗어날 수 없었다. 내지에서 곤궁한 생활을 이어가고 있는 제주도 출신 조선인의 입장을 대변해 제주 중학 기성 운동을 비판하는 기사를 썼던 『민중시보』의 기자에게 기금 수집을 위해 오사카에 왔던 양홍기[29]가 "군(君)도 제주 사람이니까 귀향하는 날이 있겠지. 어디 보자!"[30]는 위협을 공공연히 할 수 있었던 것은 조선/일본의 거리보다 제주/오사카의 거리가 가까웠기 때문이다.

오사카 지역의 제주도 출신 조선인이 놓여 있던 이러한 지방주의적 환경은 단순히 지방색 또는 지방감정에 의해 형성된 것이 아니었다. 오히려 그 환경은 생활공간의 변형 및 분할을 결정하는 특수한 역사-지정학적 조건의 작용에 따른 것이었으며, 그 조건은 식민지/제국 체제의 통치성의 형식 속에서 조성된 것이었다. 식민지/제국 체제의 지정학적 배치의 관점에서 볼 때 육지/제주 출신 사이에는 몇 가지 구별되는 조건이 가로놓여 있었다.

첫째로 도항 경로의 차이를 들 수 있다. 육지의 다른 지역들의 경우에는——1930년에 여수-시모노세키(下關) 항로가 개설되기는 했지만——1905년부터 유지되었던 부산-시모노세키 간 '관부연락선'의 항로가 기본적인 이동 통로였다. 하지만 제주도의 경우에는 1922년부터 오사카까지의 직항노선, 기미가요마루(君ヶ代丸)가 운행되고 있었다. 시모노세키로 도항한 육지 출신의 조선인들이 노동 현장에 따라 내지 전국으로 이동해 간 데 반해, 제주도 출신 조선인들의 대부분은 산업 시설

---

29) 양홍기는 기성회가 정식으로 조직되었을 때 부회장의 자리를 맡았던 인물이다. 「제주도 중등학교 설립 기성회 조직」, 『조선중앙일보』 1936.5.20 참조.
30) 「제주중학 기성회의 야비광포한 兩 특파원」, 『민중시보』 1935.9.15.

<표 3> 제주도 출신 재일조선인의 직업 (1936)

직업		인원(명)	비율(%)
상업		3,010	7.48
농업		244	0.61
어업		1,780	4.42
노동자	계	35,074	87.14
	광산	1,150	2.86
	섬유	9,375	21.71
	금속	6,410	14.85
	화학	12,140	28.12
	자유노동	3,263	7.56
	기타	2,736	6.34
요리음식		19	0.04
기타		124	0.29
유업자(有業者) 합계		40,251	93.22

출처 : 濟州島廳, 『濟州島勢要覽』(1937) ; 도노무라 마사루, 『재일조선인 사회의 역사학적 연구』, 102쪽에서 재인용.

이 집중되어 있던 오사카에 직접 접근할 수 있었다.[31]

이와 관련해 두번째로 직업의 차이를 들 수 있다. 앞서도 언급한 바와 같이, 주로 경상도·전라도 지역에 집중된 육지 출신 조선인들이 토공, 탄광부, 일용노동자 등 대규모 작업장의 단순노무자 또는 룸펜 프롤레타리아층을 형성하며 유동하고 있었던 반면, 제주도 출신 조선인 노동자의 경우에는 소규모 영세 공장의 직공이 그 대다수를 차지하고 있었다.

직업상의 차이가 경제적인 생활수준의 차이와 직접 연결된다고 할 수는 없지만, 상대적으로 안정적인 고용상태를 유지한 것처럼 보여 육지

---

31) 더욱이 제주도 출신 내지 이주 조선인들은 일본인 항운회사의 횡포에 맞서기 위해 스스로 통항조합(通航組合)을 구성하고 제주-오사카 간의 자주(自主) 운항노선——복목환(伏木丸)——을 개척하기도 했다.

출신 조선인 노동자들에게 질시를 받곤 했던 것으로 여겨진다.[32]

세번째로는 도항 규제의 차이를 들 수 있다. 내지의 경제적·정치적 상황에 따라 크고 작은 변화는 있었지만, 조선인의 도항을 규제하거나 제한하는 것이 내지 정부의 기본 입장이었다. 하지만 단독 직항노선이 개설되어 있어 비교적 인구관리와 통제가 수월했던 제주도의 경우 도항·귀항·재도항이 상대적으로 자유로울 수 있었고, 이로써 제주-오사카 사이의 생활권적 유대가 형성될 수 있었을 뿐만 아니라 다른 육지 출신 조선인들의 반목을 사는 계기도 되었다. 제주도 출신 조선인들이 '특권'처럼 누리고 있던 이 도항의 자유에 대해 육지 출신 조선인들이 어떤 감정을 가졌을지를 추측하기 위해 다음의 기사를 참고할 만하다.

땅값이 비싼 일본에서 토장을 한다는 것은 경제상으로 보아서 말도 못 되는 일이요 그렇다고 해서 고국에 토장하러 간다는 것은 어느 특수한 섬사람들 외에는 문제도 안 된다.
그리고 어느 섬 중 사람이라면 그 지방 출신 노동자들은 노여워할는지도 모르지만은 명색이 눈뜨고 살려는 노동자라면 지방열(地方熱)과 회향병(懷鄕病)을 걷어치워 버려야 된다.[33]

장례의 풍습은 좁은 의미에서 죽음을 처리하는 의례의 전통과 관련되어 있을 뿐만 아니라 죽은 자와의 관계를 통해 살아 있는 자들의 세계

---

32) 金贊汀, 『異邦人は君ヶ代丸に乘って』, 87쪽 참조. 제주도 출신 노동자의 월급날 육지 출신 완력패들이 그들로부터 술을 강제로 얻어먹곤 했다는 김희조 씨의 증언 참조.
33) PS生, 「火葬을 勵行하자」, 『민중시보』 1935.7.15.

를 의미 있는 것으로 만드는 전통적인 세계의 질서와 관련된 것이었다. 조선은 토장의 풍습을 전통적으로 준수해 왔고, 매장을 통해 죽은 자와 산 자의 관계를 단절시키면서 동시에 상징적으로 연결시키는 문화의 세계를 지속시켜 왔다. 그러나 도항의 부자유는 이러한 전통적 세계를 해체하거나 근본적으로 변경할 수 있다는 합리적 의식을 강화하게 만들었다. 화장(火葬)을 권고하는 이 글은, 내지 이주 조선인들의 도항의 부자유가 '정주의식'의 강화와 일상적 차원의 '내지화'를 촉발할 수 있음을 보여 준다.[34] 그런데 제주도 출신의 "특수한 섬사람들"의 경우는 고국에 돌아가 토장하는 것이 상대적으로 수월했던 것이다. 장례를 치르기 위해 고향으로 돌아가는 제주도 출신 조선인들이 적지 않았기 때문에 제주-오사카 직항선인 기미가요마루에는 유해안치소까지 마련되어 있었다.[35] 육지 출신 조선인들이 제주도 출신 조선인들의 '특권'에 질시하는 감정을 가질 수 있었음을 추측하기는 어렵지 않다.

이상 살펴본 바와 같이, 내지 이주 조선인 사이에 형성된 육지/섬의 감정적 대립과 갈등에는 피식민지 인구의 이동을 촉발하는 동시에 통제하는 역사-지정학적 규정 요소가 작용하고 있었다. 육지/섬의 지역주의가 단순히 감정적이고 우발적으로 형성된 편견이 아님은 물론이거니와, 민족주의에 도달하지 못한 '결여태' 또는 전근대적 잔재도 아닌 것은, 그것이 식민지/제국 체제의 통치성과 관련된 바로 이 역사-지정학적 규정

---

34) 도항 규제가 '정주의식'의 강화와 연결될 수 있음은 당대에도 의식되고 있었다. 조선인의 내지 도항 및 귀향은 일차적으로 내지의 경제 상황과 실업률에 의해 변동되고 있었는데, 특히 세계적인 대공황 직후인 1930년대 초 조선인에 대한 도항 규제가 강화되면서 "직장으로서의 오사카(大阪)보다도 영주지로서의 오사카를 재인식"하는 경향이 나타나기도 했다. 송지문(宋知文), 「在內地 조선인 생활 : 在大阪 조선인의 생활상」, 『조광』 1939.2 참조.
35) 杉原達, 『越境する民 : 近代大阪の朝鮮人史研究』, 192쪽 참조.

요소의 작용 때문이다. 또한 이 작용은 분할을 통한 통치와 봉건유제의 잔존이라는 전형적인 식민주의적 지배 기술로 환원되지도 않는다. 민족 내부의 갈등과 분열이 '황민화'를 추동하는 동력의 하나가 되었음에는 틀림없지만, 조선/일본의 경계를 가르는 복수의 분할선들은 동화(同化)를 방해하는 소수자를 파생시키기도 했기 때문이다.

식민지/제국 체제의 소수자 : 맺음말에 대신하여

내지 이주 조선인들 사이에 존재했던 지방주의적 대립과 갈등은 다양한 제약 조건 속에서 특수한 경로를 따라 이루어진 식민지 조선인들의 내지 도항 과정과 분리될 수 없고, 식민지/제국의 역내 이동 및 정주의 성격을 규정하고 있던 역사-지정학적 조건과 분리될 수 없을 것이다. 이에 대한 고찰은 식민지 시기 조선인 내부의 차이들을 형성한 복잡한 역사적 기원의 일부를 드러나게 해주는 동시에, 식민지/제국 시기 조선/일본을 횡단하며 형성되었던 생활공간의 변형과 분할을 새롭게 재고할 수 있게 해준다.

조선인들의 생활공간은 조선의 식민지화와 식민지/제국 체제의 형성에 의해 급격하게 변형되었다. 이들의 이동은 조선/일본의 분할을 가로질러, 나아가서는 식민지/제국의 영토를 넘어 광범위하게 전개되었다. 그러나 이들의 이주와 정주는 일회적으로 끝난 것도 단절적인 것도 아니었다. 특히 내지 이주 조선인들의 지방주의적 특성에서 볼 수 있듯이 이들은 출신 지역과의 유대를 형성하며 다양한 분할선들을 형성하고 있었다. 이 글에서는 민족적 분할로 환원되지 않는 지방적 분할에 주목했지만, 이 분할선들은 식민지/제국 체제가 만들어 낸 이동 경로들을 따라 상이하게 움직이면서 민족/지방/계급/젠더 등의 변수에 의해 중층적으로 규정되는 예측 불가능한 존재들을 생산하는 통로이기도 했다.

요컨대 육지 출신의 도항 경로와 제주도 출신의 도항 경로는 각각 식민지/제국 체제 내부를 가르는 상징적인 분할선들이기도 하다. 이 분할선은 내지 이주 조선인들 내부를 가르며 지방주의적인 분단을 초래하기도 하는데, 그로써 파악할 수 있는 것은 조선/일본의 민족적 대칭에 의해 동일화될 수 없는 존재들이다. 이는 이들이 '조선인'이 아니라 '경상인', '전라인' 또는 '제주인'임을 뜻하는 것도, '조선인'이 아니라 '내지화된 외지인'임을 뜻하는 것도 아니다. 오히려 내지 이주 조선인들을 이해할 때 민족적 정체성과 더불어 지역적/계급적/젠더적 정체성이 중층적으로 작용하는 특이성을 이해해야 한다는 것을 의미한다. 아마도 이들에게 이름을 붙일 수 있다면 '식민지/제국 체제의 소수자'라고 해야 할 것이다.

이들이 식민지/제국 체제의 소수자인 이유는 단순히 '피해자'이기 때문만도 아니고, '조선인'과 '일본인'이라는 다수의 일반성에 비추어 볼 때 무시해도 좋은 특이한 일부 또는 양적인 소수이기 때문만도 아니다. 이들은 그 생성 과정에서부터 식민지/제국 체제의 존재를 전제하고 있었다. 제2차 세계대전 종전 후 냉전하의 국민-국가 체제로 전환된 이후에는 보이지 않게 된 식민지/제국 체제의 존재가 이들의 이력과 신체와 언어에 각인되어 있다. 이들은 식민지/제국 체제의 통치성과 관련된 민족/지방/계급/젠더 등의 다양한 분할선들, 지정학적 배치와 인구관리의 장치들, 법적·문화적 동화(同化)와 이화(異化)의 정치학 등이 중층적으로 작용하는 지대에 놓여 있으면서 언제나 불안정한 이방인적 존재이기 때문에 식민지/제국 체제의 소수자라고 할 수 있다.

이들은 식민지/제국 체제 내부를 가르는 다양한 분할선들을 그 신체에 각인하고 있다. 이렇게 각인한 채 이들은 실제로 '이동한' 존재일 뿐만 아니라 언제나 '이동하는' 존재이기도 하다. 이 글에서 살펴봤듯, 이들은 한편으로는 민족/지방/계급/젠더 등의 다양한 선들에 의해 분할되면서 다른 한편으로는 그 선들을 가로질러, 갈등 속에서 부단히 이동할 수밖에 없는 식민지/제국 체제 내의 삶을 증거하는 것이다. 그리하여 이동이 지리적·물리적인 차원에서 이루어진다 할지라도 그것이 또한 사회적 존재의 차원에서의 이동과 분리될 수 없음을 상기시켜 준다.

나아가 식민지/제국 체제의 소수자들의 존재는, 한반도에서 해방을, 일본열도에서 패전을 맞이한 '다수자들' 역시 이주자와 다름없는 존재임을 알려 준다. 즉 해방/패전 후 냉전하의 국민-국가 체제에서 귀속처를 갖지 못했던 구식민지/제국 체제의 소수자들은, 바로 이 국민-국가 체제가 생산해 낸 한국과 일본의 '시민들', 이 '다수자'들 역시, 비록 줄곧 동일한 영토적 경계 내에서 삶을 영위해 왔다 하더라도, 실상은 식민지/제국 체제로부터 '이주'해 온 자들과 그들의 후손이라는 사실을 일깨워 준다.

해방/패전 후 식민지/제국 체제가 국민-국가 체제로 전환됨과 더불어 내지 도항 조선인도 일본에 거주하는 외국인으로 전환되었다. 이로써 일본 정부는 '재일조선인'의 얼굴에서 식민지/제국 체제의 그늘을 걷어 내고 국민-국가 체제에 걸맞는 '외국인'의 가면을 씌우려 했지만, 식민지/제국 시기 형성되었던 생활권과 이동장치의 효과는 단번에 사라지지 않았고 다양한 '밀항'의 형태로 상당 기간 유지되었다. 특히 혼란스런 한반도의 상황은 귀환한 자들의 재도항을 촉발했고, 무엇보다도 1948년 제주도 4·3항쟁을 전후한 밀항은 재일조선인 사회에서 이념/지방/계

급/젠더 등의 중층적 규정성과 내적 갈등에 중요한 변수로 작용했다. 이
과정에서 발생한 지방주의적 갈등에 대해서는 식민지/제국 체제의 잔존
하는 효과를 염두에 두면서 해방/패전 이후 재일조선인 사회의 특이성
을 탐구하는 이후의 작업으로 남겨 둔다.

아시아 민족들의 혼거와 긴장, 식민지라는 장소

5장 _ 제국의 경계를 재구성하는 관점에서 바라본
식민지 조선의 중국인 이주 노동자 문제

마이클 김

제국에 대한 고찰은 오늘날 익숙한 '국경' 개념과는 다른 시각이 요구된다. 날로 정교해지는 근대 국민국가의 국경 통제력은 역사적으로 존재하지 않았던 '국경 개념'을 우리의 의식 속에 각인시킨다. 국경에 대한 새로운 접근 방법을 요구하는 주요한 예를 들자면 일본제국의 국경을 흘러 넘어왔던 중국인 노동자들을 그 예로 들 수 있다. 수많은 중국인 노동자들은 일본제국 내에서 사소한 소일거리들을 하기 위해 끊임없이 순환하였다. 일본제국의 무수한 저임금 노동에 대한 수요가 광범위한 중국인 노동자들의 네트워크를 형성했으며, 지속적으로 확장하는 제국의 교통망이 그들의 이주를 용이하게 했다. 중국 노동자들이 거점을 두는 지역에 근접하게 위치한 식민지 조선은 이러한 막대한 인구 이동으로 인해 영향을 받을 수밖에 없었으며 상당한 사회적인 파장에 직면하게 되었다.

식민지 조선으로 왕래하는 중국인 이주 노동자들은 다양한 식민지 인프라 건축 현장과 산업장에 저임금 노동자들을 고용하려는 자본가와 식민지 당국의 이익을 충족시켰으며, 그들의 활약으로 인해 식민지 경제의 노동임금시장은 오랫동안 최저가로 유지되었다. 이는 일본인 자본가들에게 유리한 노동시장을 형성하였던 반면 수많은 사회 문제들을 초래하기도 하였으며, 이에 따라 1934년 9월에 조선총독부는 중국인의 출입국에 제한을 시도하게 되었다. 중국인 노동자들의 조선으로의 유입은 일본 당국자들 사이에 많은 우려를 유발했는데, 이는 조선에서뿐만 아니라 일본에서도 신랄한 정치적 논쟁을 촉발시켰다. 식민지 조선으로의 중국인 이주를 제한하기 위한 노력은 일본제국 내의 복합적인 역학 관계를 잘 보여 준다. 식민지 시기 이전에 형성된 거대한 중국인 지역 네트워크를 제국의 국경 통제로 제한하려는 식민지 당국의 노력에는 어려움이 많았으며, 식민지 시대가 끝나는 시점인 1945년까지 결국 이루어지지 못했다. 이러한 노력은 식민지 당국이 법률적으로 제국의 정치 경계를 규정하는 데에는 의미가 있었을지도 모르지만, 중국 노동자들의 조선으로의 유입을 촉발시켰던 근본적인 동력은 별도의 복잡한 논리로 작동하였으며 식민지 관료들이 완벽히 통제하기에는 역부족이었다.

조선총독부가 실시한 중국인 노동자들에 대한 통제는 일시적이며 산발적이었으나, 이러한 움직임을 제한하려는 시도에는 제국 내에 설립한 인종질서를 유지하고 싶은 불안감이 내재되어 있었고, 동시에 일본제국의 여러 모순되는 면을 시사했다. 조선과 일본에서 대두된 중국인 노동자 문제는 정치적으로 상당히 논란이 많았으며 조선 내외의 여러 근본적인 대책을 요구하는 목소리에도 불구하고 1930년대 이전 조선총독부는 소극적 대처로 일관하였다. 조선에서 활동한 자본가들과 식민지 당국자들은 사회적 비난을 묵인하며 중국인 노동자들을 대대적으로 고용했으며, 중국과의 민감한 정치적·지리적 관계 때문에 중국인의 출입국 관리를 방치하였다. 그러나 조선 내에서 분출된 민족 갈등과 중국인 노동자의 이주와 조선인의 일본 도항 간의 상호관계가 뚜렷해짐에 따라, 조선총독부는 각종 해결책을 모색하게 되었다. 중국인 이주 노동자 문제는 일본제국의 복합적인 내부 구조를 표면으로 끌어내고, 일본제국이 팽창하는 과정에서 그들을 괴롭혔던 불안한 인종적 근심을 명시적으로 보여 준다.

지역적 차원의 식민지 조선 중국인 노동자

1920년대와 1930년대 사이, 봄 계절의 인천항은 매달 인접한 산둥 지방으로부터 들어오는 수천 명의 중국인 노동자들로 장관을 이루었는데, 이는 조선인들이 중국인들의 존재를 인식할 수 있었던 가장 선명한 광경 중 하나였다. 중국인 계절노동자들은 다양한 저임금 노동을 했고, 11월에 고향으로 떠나는 배를 타기 전까지 보잘것없는 수입을 성실히 모았다.[1] 수만 명 가량의 계절노동자들이 1920년대에 인천 항로를 통해 왕래했으며, 일본으로 이주한 조선인 노동자들과 유사하게 저임금 노동시장을 공략했다. 매년 중국인 노동자들이 신의주와 진남포를 통해서도 입국했으며, 이러한 계절노동자들은 1931년 완바오산 사건의 여파로 식민지 조선에서 대대적 민족분쟁이 발생하기 직전까지 거주하였던 십만 명이 넘는 중국인 거주자들의 주요 부분을 차지하였다. 이 유혈사건 이후로 조선에 거주하는 중국인의 수는 급격히 감소하였으나, 그들의 재입국을 제한하려는 식민지 당국의 법률적 시도에도 불구하고 그 수는 다시 빠르게 증가하였다.

막대한 중국 이주노동자들의 조선으로의 유입은, 일본제국 시기 행

---

1) 이옥련(李玉蓮), 「1920년대 산둥 쿨리(山東苦力)의 조선노동시장 진출」, 『인천문화연구』 2, 2004, 254~256면.

해진 만주, 관동, 대만으로의 대대적인 중국인 이주의 일부분이었다. 이 지역의 중국인 순환의 의의를 정립할 때 식민지 역사학자 프레드릭 쿠퍼(Fredric Cooper)의 문제의식을 고려할 필요가 있다. 식민지 점령은 이미 존재하던 장거리 네트워크에 영토적 경계를 정착시키려 하고, 새로 확립된 식민지 경계가 그 지역의 공간을 변경시킴에 따라 종종 식민지 시기 이전에 설립된 체제를 훼손하거나 파괴한다. 지구사 차원에서 그 상호연관성의 본질에 대하여 논의할 때, 쿠퍼는 이러한 점을 강조한다.

> 식민지화 과정은 세계화 과정으로 보기보다 탈세계화(deglobalization)로 간주하는 편이 더 적합하다고 할 수 있지만 식민지 이전의 체제는 나름대로 고유한 메커니즘과 경계를 지닌 특정한 네트워크로부터 제정되었으며 식민지 이전의 경제는 실질적으로 다양한 교환 네트워크와 사회문화적 상호작용과 교차되었다.[2]

일본이 조선을 점령하였을 당시, 일본은 동북아 지역에서 만주를 비롯하여 조선으로 이미 널리 확산되어 있던 기존의 중국인 이주와 상업적 지역 네트워크에 당면하게 되었다. 이 화교 네트워크는 영국 제국주의 및 일본 제국주의와 더불어 발전하였지만 주변의 두 제국과는 별개로 그들만의 경계와 한계선을 유지했고, 이 경계는 동북아시아의 전쟁과 제국주의로 인해 형성된 국경과 항상 일치하지는 않았다.

식민지 조선 내 중국인들의 중대한 존재와, 그들의 동아시아를 망라

---

2) Fredric Cooper, *Colonialism in Question: Theory, Knowledge, History*, Berkeley: University of California Press, 2005, p.105.

하는 이주 경로와의 상호관련성은 한국 역사학계에서 그동안 인지하지
못했던 측면이다. 조선으로 흘러 넘어오는 노동자 이주는 산둥과 허베이
(下北) 지방에 중심을 두고 있는 노동자 네트워크와 복잡하게 관련되어
있었다. 이 지역 출신 중국인들은 식민지 시기 내내 지속적으로 출향(出
鄕)하여 일본제국 경제 내의 많은 분야에서 일하였다. 남만주철도 경제
조사회의 통계자료에 의하면, 1931년 그 회사가 운영하는 공장과 광산
에서 일했던 노동자 194,193명 중 대략 93%가 중국인이었고, 그 중국인
들 가운데 71%의 공장 노동자들과 83%의 광산 노동자들은 만주 외부로
부터 들어왔으며, 대부분이 산둥 지방 출신이었고 그보다 적은 수가 허
베이 지방 출신이었다.[3] 다롄은 중국인 노동자들로 구성된 거대한 조직
들의 중심이었는데, 그중 몇몇 조직은 회원 수가 수천 명에 달했으며 남
만주철도회사와 정식적인 계약관계를 성립했다.[4] 다롄과 만주에서의 중
국인 노동시장의 발전은 전반적으로 식민지 조선에 직접적으로 영향을
미쳤고, 다롄과 만주로 이동하는 조직화된 중국인 노동자 집단들은 인천
과 육로를 통해서 조선 내에서도 구직 기회를 찾았다. 해마다 수천 명의
중국인 계절노동자들이 일본제국 내에서 구직 기회를 찾기 위해 이동했
으며, 황해를 가로지르는 삼각형 이주의 경로가 청도에서부터 다롄과 인
천을 연결하며 그려지게 되었다. 결국 조선에서의 중국인 노동자들의 존
재는 동북아시아 지역을 교차했던 보다 넓은 중국인 이주 네트워크와
상응된다. 조선에서의 중국인 노동자의 분포를 살펴보면 대다수가 평안
과 경기 지방에서 발견되는데,[5] 이는 대다수 계절노동자들의 출발지인

---

3) 南滿洲鐵道 經濟調査會, 『滿洲の苦力』, 大連: 南滿洲鐵道, 1934, 41~42쪽.
4) 「大連埠頭の大苦力頭」, 『朝鮮及滿洲』, 1935.7, 33~36쪽.
5) 朝鮮總督府, 「來住支那人」, 『朝鮮部落調査報告』, 1924.

산둥 지방과 육로와 해로로 연결되어 있는 지역이다.

한편, 조선에서 거대한 화교 커뮤니티의 존재는 중국인 노동자 이주를 한층 더 촉진시켰다. 특정 지역에 고도로 집중되어 있었던 중국인 노동자들은 그들의 거주를 용이하게 하는 상업들을 창출시켰다. 그 예로, 1930년대 초반 서울 지역 내부에서는 중국식 빵을 판매하는 202개의 점포가 생겨났다.[6] 실제로 식민지 조선에서의 화교 커뮤니티의 형성과 발전은 산둥 지방으로부터의 노동자 이주의 역사적 맥락을 벗어나서는 적절히 이해될 수 없다.[7] 조선에 거주하는 중국인 인구의 증가는 처음에는 점진적으로 진행되었지만, 1920년대에 들어서 그들의 존재는 식민지 전역에서 쉽게 찾아볼 수 있었다. 1910년의 화교 수는 대략 11,000명이었던 데 비해, 1920년 화교 수는 2배를 훌쩍 넘긴 대략 24,000명에까지 이르렀다.[8] 중국인 노동자들은 종종 중국계 사업에 고용되기도 하였고, 비좁은 공동주택에 거주하였다. 조선 내 화교에 대한 식민 시기 공식 인구 통계는 꾸준하게 매년 조선으로 들어왔다가 귀향하는 이주 노동자들을 반영하지 않았다. 1931년 완바오산 사건 직전에 조선에 거주하던 중국인 거주자들은 67,800명이었지만, 추적하기 어려운 중국 계절노동자들을 30,000명 정도로 추산하여 더하면 그 수는 100,000명을 족히 넘었다고 한다.[9]

조선의 대부분의 주요 도시 곳곳에 화교 소유 사업체들이 집중되었

---

6) 朝鮮総督府, 『朝鮮に於ける支那人』, 1924, 63쪽.
7) 이옥련, 『근대 한국 화교사회의 형성과 전개』, 인하대학교 박사논문, 2005.
8) 손승회는 관련 식민지 자료를 검토한 결과 일치하는 수치를 찾기 힘들며 각 자료마다 상당한 차이가 있기 때문에 식민지 시기 중국인의 인구를 정확히 파악할 수 없다고 한다. 손승회, 「1931년 식민지 조선의 배화(排華) 폭력과 화교」, 『중국근현대사연구』 41, 2009, 143쪽.
9) 「滿洲事變の朝鮮に及ぼした經濟的影響」, 『(京城商工會議所) 經濟月報』 1932~1934, 40쪽.

고, 화상들의 모습을 조선 전역에서 흔히 볼 수 있게 되었다. 상업 활동에 참여했던 대다수의 화교들은 소규모 식당과 이발소를 운영하거나 잡화품들을 판매했지만, 동시에 식민지 경제에서 특히 중요한 역할을 맡았던 상당수의 부유한 상인층 또한 존재했다. 부산과 경성 사이에 5,000원 내지 10,000원의 자본 융통 능력을 보유한 화상 업체들은 약 200개 가량 되었으며, 전 조선에 그 숫자가 약 1,000개였다고 기술한다.[10] 조선의 항구와 철도 나들목을 따라 어디에서든 화상들을 볼 수 있었고, 상당수는 대형 상점을 운영했다. 중국인 조선 거주민들은 아시아 전역에 확산되어 있는 중국인 커뮤니티들과 유사하게 조선의 틈새경제를 파고들었으며, 상업에 집중된 근면한 이민자들의 모습이었다.

중국인 노동자들의 조직적 구조

중국인 노동자들이 조선에 거주하는 화교 네트워크의 지원을 받으며 혜택을 입었기는 하지만, 그들은 그들만의 고유한 조직적 구조에 기인하여 다양한 면에서 조선 화교들과는 따로 분류할 필요가 있다. 일반적으로 중국인 이주 노동자들은 고력방(苦力幇)이라는 공동 조직에 소속되었다. 이는 노동자들의 생활을 통제하는 작업반장을 수반하고 있었고, 방(幇)의 구성원은 10명부터 100명에 이르기까지 다양했는데, 몇몇 조선의 대형 방들은 신의주에서 활동했다고 하며 그 구성원은 1,000명이 넘었다고 한다.[11] 중국인 노동자들은 그들이 원하면 다른 방으로 옮길 수

---

10) 「朝鮮商工業者救濟座談會」, 『(京城商工會議所) 經濟月報』 1932.7, 6쪽.
11) 朝鮮總督府, 『朝鮮に於ける支那人』, 1924.

있었지만 동시에 하나 이상의 방에서 일할 수는 없었다. 각 방을 지휘하는 고력두(苦力頭)들은 그 구성원들에 대해 엄격한 통제력을 지니고 있었고, 그들에게 숙식을 제공하였다. 생활비는 임금에서 공제되었으며, 이러한 작업반장들이 노동자들을 대표하여 근무에 대한 협상을 담당하였다. 고력방은 종종 귀향 후에도 같은 지역사회에 거주하는 구성원들에 의해 산둥 지방에서 형성되기도 하였다. 조선에서 고력방 체제에 속해있지 않았던 이주 노동자들은 고용되기가 매우 어려웠다. 하지만 그렇다고 해서, 방에 소속된 신분이 조선에서 중국인 노동자들의 성공적인 구직을 보장하지는 않았다. 그 예로, 1920년대의 한 신문 기사는 식비를 지불할 수 없어 인천 내에서 도피 중인 60여 명의 중국인 노동자 무리들에 대하여 보도하였다.[12]

식민지 정부의 사법 기록들과 신문들은 종종 중국인 고력두들이 방의 노동자들을 기만함으로써 폭력적 분쟁을 야기했던 사건들에 대해 기술하고 있다. 따라서 대다수의 중국인 노동자들이 무사히 왕래했던 반면, 방 제도 자체가 문제를 내포하고 있지 않았던 것은 아니다. 중국인 노동자 전부가 방에 속해 있었던 것은 아니었고, 보다 숙련된 노동자들은 고력방과는 다르게 운영되었던 수공업 조합과 유사한 조직에 소속되어 있었다. 하지만 다수의 비숙련 노동자들은 그들의 고향을 멀리 떠나와 구직 기회를 얻을 다른 방법이 방 이외에는 없었다. 조선에 머물렀던 중국인 노동자 집단의 조직적 구조는 아시아 내 다른 지역의 그것들과 닮아 있었기 때문에 특기할 점은 아니다. 일본에 존재했던 조선인 노동자들조차도 언어와 문화적 장벽 때문에 이와 비슷한 단체 조직의 양

---

12) 『동아일보』 1924.4.23.

태를 보였다. 식민지 조선에서 중국인 노동자들의 존재는 다중언어 작업 환경을 조성하였고, 이것이 효율적으로 운영되기 위해서는 세 가지 언어에 대한 지식이 요구되었다. 예를 들면 철도 산업에서 공용되는 용어에 대한 가이드북은 일본어, 조선어, 그리고 중국어로 제공되었다.[13] 중국인 이주 노동자들은 일본제국하에서 식민지 전역을 탈바꿈시켰던 수많은 식민지 시기 건설 사업과 철도 사업의 주요 구성원이었다. 이러한 중국인 노동자들에게 유동성과 풍부한 저임금의 노동을 공급을 가능하게 했던 조직적 구조를 고려하지 않고서는 식민지 노동시장에 대한 어떠한 논의도 전개될 수 없다.

식민지 조선 중국인 노동자 문제

중국인 노동자들은 식민지 자본가들에게 환대받았던 반면 민족 간 긴장을 고조시켰고 1931년에는 유혈적인 민족분쟁 사태를 초래하였다. 식민지 시기의 기본 인프라 공사인 교통·통신·토목·건설 분야에서 많은 노동력이 필요했기 때문에 중국인 노동자들의 수요는 급격히 늘어났으며, 1920년대에는 조선인 노동자와 중국인 노동자의 충돌이 종종 발발했다.[14] 조선인 노동자들이 많은 공업과 건설 현장에서 구직에 어려움을 겪게 되자, 1920년대 초반부터 식민지 조선의 신문들은 중국인 이주 노동의 문제에 대해 고발하였고 점차 출입국 제한의 필요성을 요구하였

---

13) 大上信一, 『(鐵道工事) 現場ことば』, 朝鮮鐵道協会, 1938.
14) 김태웅, 「1920~1930년대 한국인 대중의 화교 인식과 국내 민족주의 계열 지식인의 내면세계」, 『역사교육』 112, 2009.12, 106~111쪽.

다. 예를 들어서 『조선일보』 1930년 7월 26일자 사설은 "중국 로동자 제한업시 조선에 입국하야 조선 로동자 생활 위협, 대책 강구해야"라는 제목으로 중국인 노동자의 입국을 반드시 제한해야 한다고 주장하였다.[15] 중앙 차원에서 중국인 노동자 출입통제가 이루어지 않자 여러 지방에서 경찰과 지방행정 차원에서의 해결책을 요구하는 압력을 가하게 되었다. 『조선일보』의 1927년 10월 25일자 보고에 의하면, 경기도 경찰서장 회의에서 중국인 노동자들이 조선 내 노동시장을 위협한다는 이유로 중국인 노동자의 경기도 입도 금지령에 대하여 토의하였다고 한다.[16] 『동아일보』는 신의주 근변의 충류수리조합에서 수리 공사를 진행하는 과정에서 요시노구미(吉野組) 회사가 중국인 노동자들을 주로 고용하자 조선인 노동자들이 경찰 당국에게 중국인 노동자 제한을 호소한 사건을 보도하였다.

어찌된 일인지 중국인 노동자를 주로 사용하고 조선인 노동자 사용을 불긍함으로 만흐느 희망과 기대를 가지고 잇든 조선인 노동자들은 실망을 당하고 직접간접으로 길야조(요시노구미)의 반성을 구하얏스나 하등의 효과가 업슴으로 부득기 최후수단으로 거15일 소할양시 경찰관주재소를 심항하고 길야조의 중국인 노동자 사용을 제한하고 조선인 노동자를 주로 사용케 하야 달라고 눈물겨운 호서를 하얏다더라.[17]

---

15) 『조선일보』 1930.7.26.
16) 『조선일보』 1927.10.25.
17) 『동아일보』 1929.3.22.

하지만 조선총독부는 중국인의 출입국을 막는 조치가 중국에서 일본 생산품에 대한 무역을 제재하는 반발을 초래할 위험성이 있다는 이유로 중국인 노동자들에 대하여 제한을 가할 수 없다고 주장하였다.[18] 그 당시 중국과 일본 사이에 무역적자가 갈수록 심화되었는데, 통상조약을 개정하는 과정에서 중국인 노동자들을 배척하면 대중국 수출에 차질이 발생할 것이라는 우려를 표출하였다. 이러한 긴장 상태에서 1931년 완바오산 사건이 발발했는데, 조선인 사상자가 속출되었다는 오보가 전 조선에 확산되자 조선인과 중국인 사이의 갈등은 더욱 고조되었다. 분노한 군중들은 거리의 중국인들과 그들의 사업장을 공격하기 시작했다. 사건 당시, 식민지 시기에 조선에서 중국인의 존재에 대한 흔한 표징이 되어 버린 중국인 빵가게가 조선인 폭동자들의 주된 표적이 되었다. 가장 심각한 소요 사태는 중국인 노동자들이 밀집되어 있던 평양에서 발발했는데, 중국 정부는 그 지역에서 133명이 소요 사태로 인해 사망했고, 289명이 부상을 입었으며 250만 엔의 재산 피해를 입었다고 보고했다.[19] 또 조선 전역에 걸쳐서는 142명의 사망자와 546명의 부상자, 410만 엔 가량의 재산 피해가 추정된다고 주장하였다. 심각한 사망 사고와 재산 피해에 더불어 폭력과 반감이 평양을 넘어 서울과 인천, 원산 전역에 확산되었다. 1932년 『동아일보』는 이 시기 조선의 불안정한 상황에 34,000명의 중국인들이 항로나 철로를 거쳐 본토로 귀향했다고 보고하였다.[20] 이

---

18) 『조선일보』 1929.6.18.
19) 손승회, 「1931년 植民地朝鮮의 排華暴動과 華僑」, 155~156쪽. 조선총독부는 공식 기록에서 176명의 사상자가 발생했으며 50명이 경상을 입었다고 주장했다. 朝鮮総督府, 『施政三十年史』, 1940, 292쪽.
20) 『동아일보』 1932.3.1.

사건은 조선 땅의 중국인들에게 명백한 참변이었으나, 그와 동시에 피해의 한편으로는 당시 식민지 전역에 퍼져 있던 중국인 이주자들의 규모를 간접적으로 보여 주는 간접적 지표이기도 하다. 폭력 사건이 발생한 지역들은 철도와 항로에 근접한 지역들이었으며, 이는 중국인 인구가 식민지 조선의 교통망을 따라서 조선 전역에 확산되었다는 사실을 증명한다. 완바오산 사건 이후 중국인들의 귀국은 식민지 조선 경제의 심각한 침체를 유발하기도 하였는데, 특히 그들이 주름잡았던 경제 분야의 침체는 더욱 심각했다.[21]

중국인들의 대대적 출국은 완바오산 소요 사태 이후 몇 달간 지속되었지만, 결국에는 그들 중 다수가 조선으로 재입국하기 시작했다. 그 숫자가 다시 증가하자 1934년 9월, 조선총독부는 처음으로 중국인 노동자들의 출입국을 통제하기 위한 정책을 도입했다. 조선으로 도착한 중국인들에게는 여러 조건을 붙여서 입국을 제한하는 방침이었는데, 특히 문제가 되었던 부분은 현금 100원을 휴대하지 않는 자에게 가하는 제한이었다. 『조선일보』 1934년 9월 13일 기사는 그해 9월 1일부로 실시된 이주 규제 9일 동안 최초로 4명의 중국인들이 중국으로 송환되었다고 보도하였다.[22] 중국인 노동자 강제추방 조치는 조선에서의 화교 커뮤니티의 거센 항거를 초래하였다. 2천 명이 넘는 중국인 거주자들이 중국인 노동자의 입국을 규제하는 총독부의 정책에 규탄하며 거리 시위를 전개했다. 비록 규제는 이주 노동자의 입국을 제한하는 것이었지만, 중국인 화

---

21) Michael Kim, "The Hidden Impact of the 1931 Post-Wanpaoshan Riots : Credit Risk and the Chinese Commercial Network in Colonial Korea", *Sungkyun Journal of East Asian Studies*, October 2010, p.209~227.
22) 『조선일보』 1934.9.13.

교 단체들은 그들의 구성원들이 중국으로의 여행 후 조선으로 되돌아오는 것에 어려움이 있다고 주장하였고, 식민지 정부가 규제를 철회할 것을 요청하였다. 중국 영사는 한 인터뷰에서 구직할 수 없는 중국인 노동자들은 스스로 중국으로 돌아간다고 주장하였다.[23] 이러한 이유로, 중국 영사는 중국인 노동자들의 실업과 위생 문제에 대한 소문에 반박하며 총독부의 출입제한 정책을 비판하였다.

조선총독부의 중국인 출입국 통제에 대한 입장은 확고했고, 중국인들의 대대적인 시위에도 불구하고 중국인 노동자들의 출입을 제한하는 정책을 철회하지 않았다. 그 결과 인천에서는 중국인 노동자 입국제한이 실시된 지 1년 만에 그 수가 절반으로 감소하였다고 한다.[24] 그럼에도 불구하고 중국인 이주 노동자들을 제한하려는 노력은 성공적이지 못했다. 항구를 통해서 입국하는 중국인 노동자 수는 어느 정도 제한할 수 있었지만 육로를 통해서 입국하는 중국인들은 제한할 수 없었다. 『매일신보』는 평양 근처에 있는 사업체들은 여전히 중국인 노동자들을 고용하고 있었고 입국제한이 전혀 영향을 미치지 않았으며, 그에 따라 경찰이 상용 제한 이외의 중국인 노동자들을 고용한 업체들에 대하여 단속을 엄격히 실시하라는 통첩을 발표하였다고 한다.[25] 입국제한이 실패한 근본적인 이유는, 만주 지역이 일본제국에 편입됨에 따라 만주국으로부터 들어온 중국인 이주 노동자들을 제한할 수 없었고,[26] 이후에 점령된 산둥 지방이 일본제국으로 편입되자 출입국 제한의 한계성이 곧 명백하게

---

23) 『동아일보』 1934.9.2.
24) 『매일신보』 1935.9.21.
25) 『매일신보』 1936.2.6.
26) 『매일신보』 1936.7.16.

드러났기 때문이다. 1937년 이후 전시 노동력 부족이 격심해지자 조선에 거주하는 중국 인구의 수는 다시 증가하게 되었고, 전쟁 종료 시점에는 그 수가 70,000~80,000명까지 치솟게 되었다.[27] 궁극적으로 중국인 노동자들을 제한하려는 조치와 식민지 조선의 국경 통제 시행은 이주자 수를 감소시키는 데 미미한 영향만을 미칠 수밖에 없었다.

조선총독부의 중국인 노동자 정책의 모순과 인구 문제

중국인 노동자의 출입제한 정책이 실패했다고 하더라도 이는 여전히 중요한 의문점을 제시한다. 가장 중요한 쟁점은 몇십 년간 중국인 이주 노동자와 관련된 문제를 외면해 왔던 식민지 관료들이 1930년대 중반에 들어서 왜 갑자기 제한을 가하려고 했느냐는 것이다. 분명히 이주 제한의 중요성을 역설했던 조선 지식인들, 그리고 중국인과 조선인 간 민족 분쟁이 큰 원인으로 작용했던 것은 사실이지만, 식민지 정부는 그들의 식민지 정책을 시행하는 데 있어서 조선인들의 의견을 무시하기 일쑤였다. 1930년대 중국인 이주 노동자 정책 재고의 이면에는 보다 복잡한 이유들이 존재하고 있었고, 이는 제국 내 조선인과 일본인의 이주에 영향을 미쳤던 수많은 요인들과 식민지 정책적 모순들을 반영하고 있었다.

조선에서 외국인의 출입국을 제한하는 정책은 식민지 시기의 시작인 1910년부터 규정되었지만, 식민지 조선의 특수한 역학 관계는 이 정책의 시행을 느슨하게 만들었다. 식민지 조선의 경계를 명확히 하며 외

---

27) 손승회, 「1931년 植民地朝鮮의 排華暴動과 華僑」, 143쪽, 주 5. 이러한 수치는 여전히 계절 노동자 수를 포함하지 않기 때문에 실제 인구를 파악할 수 없다.

<표 1> 최근 몇 년간의 관영사업 중국인 노동자 사용 수

연도	실제사용연인원(인)
1925	276,510
1926	582,196
1927	899,745
1928	386,354
1929	907,425
1930	678,447
1931	502,476
1932	642,429

출처 : 朝鮮総督官房外事課, 『帝國議会説明資料』, 1933.

국인이 출입을 제한해야 하는 당위성은 조선총독부 내에서 초창기부터 인지되었지만, 식민지 인프라 구축과 일본 자본가들의 투자를 유치하기 위한 풍부하고 값싼 노동력 또한 중요하게 인식되었다. 이러한 의미에서 식민지 정부는 실질적으로 중국인 노동자들의 대대적인 고용자였고, 자본가들의 입장을 수용하기 위해 느슨한 입국 조치를 시행하게 되었다. 총독부가 제국의회에 제시한 자료에 의하면 관영사업에 고용된 중국인 노동자 수는 해마다 수십만 명이었다.

위 표의 수치는 사업장별 통계에 따른 것이기 때문에 실제 인구를 파악할 수는 없지만, 상당한 규모의 중국인 노동자들이 고용되었다는 것에는 의심의 여지가 없다. 중국인 노동자들이 조선으로는 수월하게 입국했던 것에 비해, 일본에서는 중국인 노동자들의 출입국이 엄격히 제한되었다. 1920년대 중반, 일본에서 여러 차례 강력한 입국금지 정책이 시행되었던 반면,[28] 조선에서는 제재 조치를 시행하려는 조선총독부의 의지력이 결핍되어 있었는데, 이는 일본제국 도처에서 공급되는 값싸고 풍부한 중국인 노동자들이 선호되었고 자본가들의 투자를 유인하기 위해서는 값싼 노동력이 필수 조건이었기 때문일 것이다. 만주국과 대만과 조선 도처에 구축된 제국 전체의 인프라는 중국인 노동자들에 의해 뒷받침되었다고 볼 수 있었고, 따라서 표면적으로는 중국인 노동자들의 조선으로의 이주를 막을 이유가 없는 듯 보였다.

하지만 무제한적인 중국인 노동자의 유입은 1920년대 중반에 이미 수많은 사회적·경제적 문제들을 초래했는데, 이는 조선인뿐만 아니라 재조일본인 사이에서도 격렬한 논쟁을 유발했다. 1926년 『조선 및 만주』(朝鮮及滿洲)에 게재된 한 기사는 재조일본인들의 관점에서 바라본 이 사안에 대하여 상당히 상세하게 기술하였다.

지나(支那)인의 생활수준에는 아무런 향상도 없고, 이전처럼 단순한 생활이기 때문에 임금도 특별히 많이 요구하지 않고 생활하고 있는 것이다. 그 때문에, 자본가는 내지인을 사용하는 것보다도 지나인을 사용하는 편이 이익이기 때문에, 사용 수는 해마다 증가할 뿐, 내지인 직공은 조금씩 감소하고, 1922년, 경성부 내에 재주하고 있었던 내지인 석공 160명, 지나인 석공 200명 정도이었지만 지나인 석공은 약 600명 거주하고, 지나인 직공도 과잉해서, 그들의 사이에서조차 상당히 일의 경쟁이 생겨, 조금씩 임금이 저렴해지고 있다. 하물며, 내지인 직공의 위협은 대단한 것으로, 이 봄 문제가 된 경성부 청사의 건축장에서는 내지인 석공 한 사람 하루에 2엔 50전 내외다. 동경의 표준임금의 약 2분

---

28) 『조선일보』 1925.4.11.

의 1 정도다. 관리나 회사원은 조선에 들어오면, 상당의 가봉이나 수당이 있지만, 노동자는 조선에서는 내지보다 저렴하다. 현재 조선은 내지와 다르고, 겨울에 물이 얼어 있는 기간에 토목건축에 관계 있는 제 직공은 무수입이기 때문에, 더욱 이 고통은 크다. 조선에 있는 내지인이 생활난 때문에 내지에 귀향한다고 하는 것은, 우리의 식민지 정책상의 대(大)문제이기 때문에 방치해야 할 것이 아니고, 정부 당국은 성의를 가져서 생각하지 않으면 안 되는 중대한 문제다.[29]

중국인 노동자 출입국 제한은 조선인에게서뿐만 아니라 재조일본인에 의해서도 강력히 요구되었다. 중국인 이주 노동자들이 저렴한 임금으로 일할 수 있었던 가장 큰 이유 중 하나는 그들이 조선에 고정된 거주지 주소가 없기 때문에 세금을 낼 필요가 없었다는 것이었다. 그 당시의 경성부 규정에 따르면 도시 안에 1년 이상을 거주한 자에게만 조세의 의무를 부과할 수 있었다. 중국인 계절 이주 노동자들은 조세부담을 지지 않은 채 조선인·일본인 노동자들과 함께 식민지 노동시장에서 경쟁할 수 있었다. 특히 일본인 노동자들은 식민지 조선에 거주하면서 대다수의 조선인들에게는 공급되지 않았던 교육과 다양한 복지 시설을 제공받기 위해 더 높은 세금을 부담해야 했다. 나아가 중국인 노동자들의 기술숙련도가 점차적으로 향상됨에 따라, 이전에는 일본인들에 의해 독점적으로 수행되었던 일들 또한 중국인 노동자들이 할 수 있게 되었다. 기술 수준이 비슷할 경우, 일본인 자본가들은 조선인이나 일본인 노동자들을 고용하기보다 중국인 노동자들을 고용하는 것을 선호하였다. 그 결과, 일

---

29) 星出正夫, 「朝鮮勞動問題と內鮮支那勞動者との關係」, 『朝鮮及滿洲』, 1926.3.

본인·조선인 석공, 건설 노동자 수는 감소하게 되었던 반면, 이러한 분야에서 중국인 노동자들의 수는 증가하게 되었다. 취직의 문턱이 높아짐에 따라 일본인 조선 거주민들이 일본으로 돌아가기에 이르렀는데, 그 결과 일본인들을 조선 땅에 재정착시켜 조선 거주 일본인 인구를 증가시키려 했던 일본제국의 보다 장기적인 목표는 더욱 어려워지게 되었다.

재조일본인이 당면했던 이러한 구직의 어려움은 중국인 이주 제한 정책에 영향을 미쳤을 것이다. 그러나 조선에서 발생하는 재조일본인 실업 문제보다 일본으로 이주하는 조선인 노동자들로 인해 발생하는 여러 사회 문제들이 일본제국을 한층 더 긴장시켰다. 수십만 명의 조선인 노동자들이 해마다 일본으로 이주한다는 것은 그들의 급진적인 성향과 더불어 일용노동시장에서 일본인 노동자들의 교체를 의미했기 때문에, 수많은 사회 문제의 근원을 제공하는 계기가 되는 셈이었다.[30] 조선인의 대대적인 일본 도항은 결국 조선인의 과잉인구 이주현상과 연관되었는데, 조선총독부는 1920년대 들어 인구 문제에 대한 여러 보고서들을 제작하기 시작했다. 1925년에 발행된 『조선의 인구 연구』(朝鮮の人口研究)는 장래 조선의 인구 증가가 어떠한 문제를 초래할지에 대하여 설명하는데, "이대로 조선의 인구가 증가해 간다면, 통치에 있어서 장래에 각종 뜻밖인 곤란이 생길 수 있다"[31]고 경고하며 인구 증가에 따른 문제점들을 다음과 같이 정리한다.

국민교육의 진보와 국가경제의 발달을 계획하는 것은 당국의 최대 목

---

30) Kawashima, *The Proletarian Gamble : Korean Workers in Interwar Japan*.
31) 善生永助, 『朝鮮の人口研究』, 朝鮮印刷, 1925, 287~288쪽.

적이지만 공교육을 보급하면 당연 조선인들이 권리를 요구할 수 있는
가능성이 크며 이로 인해 인종차별이 더욱 어려워질 것을 우려한다. 의
회정치 참가 허용, 지방자치제로 전환, 그리고 징병제도 실시해야 된다
고 여긴다. 소작지 논쟁은 아직 본격화되지는 않았지만, 소작농들의 사
상적 경향이 변하고 있기 때문에 나중에는 특히 독점사업의 폭리와 고
리대금 횡포가 우려되는데, 이에 대해서 이 민족이 언제까지 묵인할 것
이라고 생각하는가? (……) 공업 발전시, 인구가 증가하기 때문에 생존
경쟁이 극화될 것이며 사상이 과격한 사람들, 또한 민족운동가 —즉,
다수의 광분한 불령선인들이 나올 것이다.[32]

조선인들의 인구 증가가 교육, 복지, 정치 등에서 여러 사회적인 문
제를 초래한 가운데, 미해결시 불만이 쌓인 '불령선인'들이 속출할 것이
라고 우려되었다. 총독부 자료에는 조선인들을 '불령선인'으로 간주하
는 대목이 자주 나타나는데, 이것은 조선 내와 해외에서 폭력적인 행동
을 가하거나 언론·출판 운동을 통해서 불온한 사상을 전파하는 조선인
들을 가리켰다.[33] 중국인 노동자 문제와 관련해서 조선총독부가 실제로
인구 증가로 인해 발생한 각종 문제들을 어떻게 수습했다는 것보다는,
어떤 방식으로 이 문제를 인식했으며 정책적으로 어떻게 접근했는지가
주목할 부분이다. 결국 총독부의 입장에서 보면 조선인들의 이주 문제는
인구정책 문제라는 틀 안에 속했다. 1920년대 후반과 1930년대 초에는
경기침체 속에서 급증하는 조선인 인구를 관리해야 하는 과제가 발생했

---

32) 善生永助, 『朝鮮の人口硏究』, 287~288쪽.
33) 齋藤實, 「朝鮮の統治」, 『朝鮮』, 1921.1, 4쪽.

는데, 여기에는 상당히 곤혹스러웠던 면이 있었다. 1910년대와 1920년대 사이에 조선의 인구는 대략 1.5배 증가했지만, 식민지 도시개발의 특성상 도시의 산업개발이 부진했기 때문에 농촌으로부터 밀려 나오는 인구를 전부 흡수하기에 역부족이었다.[34] 그리하여 이 과잉인구가 결국에는 조선 내에 있는 대도시의 빈민촌을 형성하며 곳곳마다 퍼져 나가는 이동 인구로 변질되는 현상이 일어났다.

1910년대에 실시된 토지개혁 등 여러 소유권과 소작료를 둘러싼 문제들과 농촌의 비참한 빈곤 때문에 유출 인구가 갈수록 증가하여, 1920년대 들어 총독부가 대책을 마련하는 일이 시급해졌다. 특히 일본으로 넘어가 도쿄와 오사카 등 주요 일본 도시로 도항한 조선인들이 급증하자, 이들의 일본 진출을 저지해야 한다는 요구가 조선총독부에 꾸준히 제기되었다. 그러나 사실상 1922년 12월 15일 여행증명제도가 폐지됨에 따라 일본으로 이주하는 조선인이 급격히 늘어난 이후, 조선총독부는 소극적인 모습을 보였으며 간접적인 규제만을 시행했다. 조선인의 이동 인구는 단순히 이주민 형태로만 나타나지 않았다. 때로는 화전민으로 변질되었고, 때로는 경성 부근에 집중되는 토막민(土幕民) 현상으로 나타났으며, 일본으로 도항해서 일용직 노동력으로 전환하거나 만주 이주민으로 나타나기도 했다. 갈수록 유랑 인구가 여러 사회적인 문제로 표출되자 총독부를 강하게 비판하는 목소리가 높아졌다. 조선에서 발행한 『민중시론』(民衆時論)의 편집자 아베 가오루는 다음과 지적했다.

조선인들이 날로 발달되어 가는 도시문화를 옆에서 보기만 하고 정처

---

34) 하시야 히로시, 『일본제국주의, 식민지 도시를 건설하다』, 김제정 옮김, 모티브북, 2005, 58쪽.

없이 유랑하는 것은 경제적으로 압박을 당한 결과이기는 하나, [총독부
는] 유랑군이 나온 이상 즉시 그 대책을 강구해야 한다. 원래 문제의 씨
앗인 화전민 116만 명 이외에 오래 일본 도항이 저지된 4만 명의 노동
자와 17만 명의 만주 유랑군의 급증을 증명하지 않느냐.[35]

조선총독부 인구정책의 결여가 여러 방면에서 비판의 대상이 되었
음에도 불구하고, 총독부는 1920년대에는 총체적인 대책을 제시하지 못
하였으며, 나아가 총독부는 조선인 도항 문제에 관해서 일본의 내무성과
미묘한 입장 차이를 보였다.[36] 조선총독부는 이미 취직이 보장되어 있
는 조선인의 도항까지 막는 조치의 불합리성을 지적하면서, 오히려 심각
한 구직난에 빠져 있는 조선인들이 일본에서 취직을 할 수 있도록 조선
인들의 편의를 도모하는 경향도 있었다. 그러나 조선의 과잉인구 문제와
중국인 노동자들의 무제한 입국이 결국 조선의 실업과 빈곤의 주원인
중 하나라는 인식이 점차 지배적인 견해가 되었고, 더 이상 중국인 입국
에 방관하는 자세를 취하지 못하게 되었다. 남만주철도 경제조사회는 중
국인의 입국과 조선인의 일본 도항의 관계를 설명하면서 근본적인 대책
을 요구했다.

조선 농민의 곤궁 상태에 관해서는, 이미 2장에 있어서 말한 대로이지
만, 이 결과 농촌을 떠나는 농민의 수는 1년에 15만 명이 넘는 상태다.

---

35) 阿部薫, 『朝鮮問題論集』, 民衆時論出版部, 1932, 420쪽.
36) 정진성·길인성, 「일본의 이민정책과 조선인의 일본 이민: 1910~1939」, 『경제사학』 25권 1
호, 1998, 200·-201쪽.

이들 농촌을 이탈하는 농민의 대부분은 노동자가 되려는 사람들이고, 그 결과 노동인구는 증가하고 있다. 이미 이 문제 자체의 해결이 고민되고 있는데도, 앞서 언급했듯, 지나인 입선 수는 해마다 증가하는 추세이고, 그리고 지나인 노동자는 조선인에 비해 대체로 능률이 높고, 게다가 비교적으로 저임금을 받아도 만족하기 때문에, 지나인 노동자가 진출하는 곳에, 조선인 노동자의 모습을 볼 수 없는 느낌이 있어, 조선인 실업자는 결국 내지 도항을 통해 빈곤을 타개하려는 사람이 속출하는 정세이지만 (……) 조선인 노동자의 내지 도항은 그 자체로 내지인 실업자에 대하여 취직의 기회를 잃어버리게 하게 되고, 큰 사회 문제를 일으키는 것이며, 이것에 대한 근본적인 방책을 강구할 필요가 있다.[37]

다양한 목소리들이 중국인 노동자들의 입선을 제한해야 한다고 주장하였지만, 1933년 조선총독부가 일본제국의회에 제시했던 설명 자료는 식민지 당국이 그동안 왜 소극적인 자세를 택했는지를 해명하였다.

중화민국 내의 전화(戰禍)와 군벌의 주구(走狗)를 피하여 조선에 도래하는 중국인 노동자의 수는, 해마다 증가의 추세에 있다. 중국인 노동자들은 그 급료가 저렴하고 내심이 강하기 때문에, 각 방면에서 이들에 대한 수요의 증가를 볼 수 있다. 재계의 불황 때문에 내선인 노동자의 실업이 점차로 심각해지고, 조선인 노동자의 내지 도항을 가급적 금지하려고 하는 한편, 무제한적인 중국인 노동자의 이입을 묵인하는 것은 문제를 일으킬 우려가 있고, 그 대책으로서, 적극적으로 중국인 노동자

---

37) 南滿洲鐵道 經濟調査会,『支那人の入鮮 朝鮮人勞働者一般事情』, 1933.

의 입국의 제한을 단행하면, 국제적인 논쟁을 초래할 가능성이 있기 때
문에, 소극적으로 단속을 할 방침을 채택했다.[38]

　중국인 노동자들의 입국과 조선인의 일본 도항의 관계를 시인하면
서도, 조선총독부는 중국과의 외교적 마찰을 피하기 위해 중국인의 출입
국 제한을 소극적으로 적용했다고 해명했다. 그러나 조선총독부가 대대
적으로 중국인 노동자를 고용했다는 점과 조선인의 일본 도항은 결과적
으로 조선 내의 실업 문제를 완화할 수 있다는 사실을 고려하면, 단순히
외교적인 문제가 주원인이었다는 해명은 설득력이 떨어질 수밖에 없다.
조선인 과잉인구가 계속 증가하고 이 문제를 통제하기 위한 총독부의
능력 미급이 여실히 드러나는 상황에서, 일본 내지 정부는 1934년 9월
에 중국인 입국제한을 시행하는 동시에 1934년 10월에는 각의결정 “조
선인 이주 대책 건”이라는 정책을 준비했다. 이는 조선인의 일본 도항을
억제하며 과잉인구를 일본 대신 만주와 북조선으로 이주시키는 기획이
었는데, 그로 인해 일본으로 넘어가는 조선인 노동자들의 숫자가 일시적
으로 감소했다.[39] 이러한 점에서, 조선총독부의 1930년대 중국인 노동자
대책은 제국의 광범위한 질서를 유지하려는 시도의 일환으로 해석되어
야 하고 조선 내의 상황보다 일본 본토의 입장이 반영된 결과라고 보아
야 할 것이다.

　그러나 조선 내의 중국인 노동자 제한과 일본의 조선인 도항 제한
조치들은 일시적인 효과만 보였을 뿐, 조선인과 중국인의 이주를 통제하

---

38) 朝鮮総督官房外事課, 『帝國議会説明資料』, 1933.
39) 정진성·길인성, 「일본의 이민정책과 조신인의 일본 이민·1910~1939」, 211쪽.

는 것은 식민지 시기 내내 매우 다루기 힘든 문제로 남아 있었다. 중국인들의 이주 경로는 제국의 국경 통제를 쉽게 피해 갔으며, 엄밀히 따지자면 조선인은 일본제국의 신민이었기 때문에 그들의 일본으로의 이동은 법률적으로 저지하기 힘들 수밖에 없었고, 1937년에 대동아전쟁이 발발하자 일본으로 넘어가는 조선인 숫자는 다시 급등하였다. 조선인의 이주 경로는 결국 중국인과 마찬가지로 일본을 비롯해 만주까지 거대한 지역으로 퍼져 나갔는데, 일본 제국주의자들은 조선인이 만주로 나가는 현상만 장려하려고 했으며, 그 시도에는 그들 제국의 인종질서를 유지하며 불령선인들의 일본 도항을 철저하게 저지하려는 바람이 반영되었다.

결론

식민지 조선의 중국 노동자 문제는 조선인들 사이에 분노를 일으켰을 뿐만 아니라, 재조일본인들에게도 경제적인 어려움을 주었으며, 빈곤한 조선인 노동자들의 일본으로의 도항을 촉진시켰다. 초창기 정책의 부재가 상당한 논란을 초래했는데 1930년대에 식민지 당국은 중국인들의 입국을 단속하려는 의지를 보이게 되었다. 일본제국 내의 인구 이동 정책은 단순히 경제적인 논리로 움직였던 것이 아니라, 여러 상반되는 요소들이 충돌하는 과정에서 도출된 결과로 보아야 할 것이다. 이 현상은 일본제국의 확장 과정에서 중국인 노동자들의 이주 네트워크와의 봉착에 따른 결과였으며, 저임금 노동은 아시아를 정복하려는 일본의 야망에 큰 도움을 주었던 반면에 조선총독부의 과잉인구 정책의 부재로 인해 식민지 조선 내의 여러 사회 문제들과 얽히게 되었다. 결국, 일본제국 내에는 국경 횡단에 있어서 일종의 인종질서를 유지하고 싶은 욕망이 존재했으며, 일본인들만이 모든 제국의 경계를 쉽게 드나들 수 있는 제도를 구축하고자 하였다. 조선인은 만주의 국경을 쉽게 넘을 수 있었지만 일본으로 도항하면 '불량선인'의 그림자가 뒤따랐다. 중국인들은 조선으로는 자유롭게 이동할 수 있었지만, 일본으로 넘어가는 일은 결코 쉽지 않았다.

저임금 중국 이민 노동자들은 일본 자본가들뿐만 아니라 식민지 당국에도 많은 이익을 주었기 때문에 오랫동안 허용되었지만, 이는 일본제국의 이상적인 인종질서를 무너뜨리는 결과를 초래했다. 아라라기 신조는 일본과 식민지 사이의 국경은 엄밀히 따지면 열렸지만 실제로는 "내부" 또는 내지 그리고 "외부" 또는 외지의 엄격한 통제 시스템으로 관리되었다고 지적한다.[40] 식민지로부터 일본으로의 움직임은 완전히 통제받지는 않았지만 항상 관리의 대상이 되었다. 제국이 희망했던 국경 통제는 결국 달성되지 않았으며, 이러한 의미에서 제국의 중심으로부터 외부로 이동 인구를 내보내려는 시도는 현실과는 거리가 먼 제국의 환상일 뿐이었다. 그럼에도 불구하고, 이러한 흐름을 통제하려는 일본의 시도는 제국의 상상력을 잘 보여 준다. 그러한 점에서, 거대한 지역 이주 네트워크들을 제국 국경에 포섭하려는 일본의 시도는 단순히 자본적인 논리에 따른 것이라고는 볼 수 없고, 대신에 이는 인종질서의 유지와 국내의 안정을 유지하려는 우려가 경제발전보다 더 중요할 수도 있다는 사실을 입증하였다. 조선으로 들어오는 중국 이주민들에 관한 복잡한 쟁점들은 일본제국과의 많은 상호관계들을 보여 주며, 이것들은 제국의 경계 형성 뒤에 숨겨진 모순적인 긴장 상태에 대한 심도 있는 이해의 필요성을 말해 주고 있다.

---

40) 蘭信三, 『日本帝國をめぐる人口移動の國際社会學』, 不二出版, 2008, 인용 1, XII쪽.

6장 _ 나카지마 아쓰시의 조선소설
: 식민지 도시공간 '경성'을 중심으로

이헬렌

들어가는 글

본 논문은 일본의 소설가 나카지마 아쓰시(中島敦)가 조선의 경성(京城)을 배경으로 하여 쓴 세 편의 단편소설을 통해, 식민지 지배자인 일본인의 시각으로 경험한 경성과 조선인이 중심인물이 되어 경험한 경성이 얼마나 다른 삶의 공간인지를 살펴보는 것을 목적으로 한다.

나카지마 아쓰시의 이른바 '조선 배경 소설'에서 경성은 '지배/피지배'의 시선에 따라, 동일한 도시라고 하기 어려울 만큼 완전히 상반된 공간의 모습으로 표출된다. 그가 작품을 통해 구성한 도시공간에서, 식민지의 저주받고 소외된 인물들은 소설의 시야로 편입되어 시각적으로 두드러지게 묘사되는 반면, 식민제도에 편승하거나 동화될 가능성을 가지고 있는 조선인들은 결국 가시적 질서(regime of visibility)에서 밀려난다. 여기서 서구의 식민지 연구자들이 이론화한 이른바 '식민지 접촉지대'(colonial contact zones)나 '친밀함의 영역'(domains of intimacy)에 관한 이론들이 간과한 심리적 문제들이 부각된다. 또한 서구의 식민지 이론이 쉽게 감지하지 못하는 '식민지 권력관계의 작동 실태'가 드러난다.

본론

나카지마 아쓰시(1909~1942)의 일생은 일본제국의 영토 확장 궤적에 따라 크게 좌우되었다. 1909년에 도쿄 요쓰야(四谷)에서 태어난 나카지마 아쓰시는, 경성의 용산중학교에 한문교사로 부임한 부친을 따라온 1920년부터 도쿄 제일(第一)고등학교에 진학하기 위해 일본으로 돌아간 1926년까지 약 7년 동안의 청소년 시절을 식민지 조선에서 보냈다. 그리고 1941년에 갓 서른 살을 넘긴 나이로 다시 일본을 떠나서, 일본제국의 신생 점령지인 남양군도에 있는 섬인 팔라우(Palau)로 갔다. 일본제국이 남양군도를 총괄하여 지배하게 됨에 따라, 그 산하에 있는 남양청이 주도한 일본어 교육과 교과서 집필에 참여하기 위해서였다. 그리고 이듬해인 1942년에 지병으로 요절했다.[1]

그가 죽은 뒤 그의 작품들은 일본 문단에서 널리 알려지지도 않았고, 높은 평가를 받지도 못했다. 그러다가 제2차 세계대전 이후 그의 작품 「산월기」(山月記)가 일본 국어교과서에 실리게 되면서 그의 존재가 일본인들에게 알려지기 시작했다. 「산월기」는 나카지마 아쓰시가 한학자였던 그의 조부와 부친의 영향을 받아서 지은 작품이다. 8세기경의 중국을 배경으로, 시인이 되려 했다가 세상과 타협하지 않고 결국 호랑이가 되어 버린 이징(李徵)이라는 인물의 이야기이다.[2] 그런데 본 논문에서 다룰 나카지마 아쓰시의 작품들은 「산월기」와는 대조적이다. 모두가 조선을 무대로 한 단편들이고, 나카지마 아쓰시의 초기 습작에 가까운

---

1) 나카지마 아쓰시의 남양 생활에 관한 연구로는 다음의 저서가 있다. 川村湊, 『中島敦父から 子への南洋だより』, 集英社, 2002.

작품들로, 사실상 일본 독자들도 잘 알지 못하는 내용이다.

　　나카지마 아쓰시의 단편소설 중 식민지 조선을 배경으로 한 대표적인 작품은 그가 1929년에 지은 「수영장 옆에서」(プウルの傍らで)와 「순사가 있는 풍경: 1923년의 스케치」(巡査のいる風景: 1923年のスケッチ), 그리고 1934년에 지은 「호랑이 사냥」(虎刈り) 등이다.[3] 나카지마 아쓰시가 작품을 통해 묘사한 식민지 도시 경성은 메리 L. 프랫(Mary Louis Pratt)이 저서 *Imperial Eyes : Travel Writing and Transculturation*에서 서술하고 있는 '식민지 접촉지대'의 한 예를 잘 보여 준다. 프랫은 '접촉지대'를 '불평등한 힘의 관계가 전제된 상황에서 지배와 피지배의 관계에 놓인 두 개의 문화가 만나서 서로 충돌하고 갈등하는 사회적 영역'으로 정의하고, 식민주의나 노예지배를 그 예로 들었다.[4] 그는 이 사회적 영역에서 지리적·역사적 접촉이 지속되기 때문에 강요나 불평등이라는 상황이 유지된다고 설명한다. 이때 접촉이란 불평등한 힘의 관계 속에서 시간적·공간적으로 지속되는 공존(copresence), 상호작용(interaction), 서로 맞물리는 이해와 실천(interlocking understandings and practices) 등을 뜻한다.[5] 여기서 프랫은 '접촉지대'가 주로 식민지 개척자들과 관

---

2) 본 논문 주제인 작가 나카지마 아쓰시에 관한 다른 연구는 다음과 같다. 임중빈, 「나카지마 아쓰시의 「산월기」론」, 『일본문화연구』 6호, 215~229쪽 ; 양순희, 「中島敦 '완벽한 인간상'에 대한 고찰」, 『일어일문학』 43호, 187~204쪽 ; 李善玉, 「中島敦序説 「巡査の居る風景」を中心として」, 『日語日文学研究』 47, 335~350쪽 ; Robert Tierney, "The Colonial Eyeglasses of Nakajima Atsushi", *Japan Review*, 17, 2005, pp.147~196.
3) 나카지마 아쓰시의 조선소설에 관한 연구는 다음의 논문이 있다. 이원희, 「나카지마 아쓰시의 초기 작품과 조선」, 『일본학보』 47호, 363~377쪽.
4) Mary Louise Pratt, *Imperial Eyes : Travel Writing and Transculturation*, London/New York : Routledge, 1992, pp.6~7.
5) Pratt, *Imperial Eyes : Travel Writing and Transculturation*, p.7.

련된 것으로 부연 설명하고 있다.

프랫의 '접촉지대' 이론이 식민사회에서 나타나는 힘의 논리를 토대로 역동적으로 지속되면서 교차하는 지배-피지배의 사회적 관계를 중시한다면, 앤 L. 스톨러(Ann Laura Stoler)는 인도네시아를 지배했던 네덜란드 식민지배 세력에 대한 연구를 바탕으로, 식민지 거주 집단과 피식민자 사회의 접촉 및 정체성의 형성과 유지 과정을 '친밀함의 영역'이라는 지극히 개인적인 영역에 집중하는 방식으로 설명한다.[6] 그는 공식적이고 통제된 생활영역에서 일어나는 식민지 지배/피지배 관계의 여러 양상보다는, 식민지 지배기관의 개입이 적은 지극히 사적인 영역에서 일어나는 일들을 중시한다.

이러한 프랫과 스톨러의 연구는, 나카지마 아쓰시의 작품에서 보이는 '지배자' 또는 '피지배자' 집단의 개인들이 상호접촉을 통해 어떻게 관계를 맺고, 그 관계 속에서 어떻게 서로 교차되는 상호작용을 하는지를 이해하는 데 중요한 근거가 되는 이론적 지표가 된다. 그런데 다른 한편으로 나카지마 아쓰시의 '조선 배경 소설'은 이러한 서구의 식민주의 경험과 이론적 틀로도 포착되지 않는 또 하나의 식민지 공간을 보여 준다. 따라서 결과적으로 서구의 이론이 갖는 한계를 드러내는 역할을 한다고 볼 수 있다.[7]

나카지마 아쓰시의 작품 가운데 지배/피지배자가 사적인 영역에서

---

6) Ann Laura Stoler, *Carnal Knowledge and Imperial Power*: *Race and the Intimate in Colonial Rule*, Berkeley: University of California Press, 2002, pp.41~78.

7) 예를 들어 식민지배-피지배자의 상응 관계를 이론화한 멤미(Albert Memmi)도 저서 *The Colonizer and the Colonized*에서 지배-피지배자가 모순적인 식민 구조 안에서 경제적으로나 심리적으로 상호의존하게 되는 자멸적인 패러다임을 제시했지만, 이는 일본의 조선 식민지 지배에서 일어나는 복잡한 상응 관계를 설명하기에는 어려운 점이 많다.

접촉하는 대표적인 예를 살펴보자. 「수영장 옆에서」에는 주인공인 일본인 남학생이 어리고 약한 조선인 매춘부와 하룻밤을 묵는 장면이 나온다. 이는 서구의 식민지 정착민들, 특히 남성 정착민들의 경우 우려되었던, 지극히 사적인 '친밀함의 영역'에서 벌어질 수 있는 위험한 '성적 모험'을 암시한다. 한편 「순사가 있는 풍경」에는 공공장소인 버스 안에서 조선인 학생에게 빈자리를 알려 주는 '친절한' 일본인 여성이 조선인 학생을 차별적인 언어로 '여보상'(ヨボさん)이라고 부르고, 이에 모욕을 느낀 조선인 학생이 불쾌함을 표시하는 장면이 나온다. 이는 또 다른 형태의 '식민지 접촉지대'라고 할 수 있다. 「호랑이 사냥」에서는, 용산에 있는 일본인 소학교에 사투리를 쓰는 일본의 지방 출신 남학생이 전학 와서, 완벽하게 표준 일본어를 구사하는 조선인 동급생과 만남으로써 벌어지는 사춘기의 심리적인 갈등이 구체적으로 묘사되었다. 이 세 작품을 통해 그려진 '식민지 접촉지대'는 서구의 기존 식민지 연구에서는 볼 수 없는 복잡한 힘의 논리와 불안정한 심리 상황을 보여 주며, 서구의 이론적 틀이 포착하지 못하는 식민지의 역동성을 확인시켜 준다.

「수영장 옆에서」는 주인공 산조가 만주에서 일본으로 귀국하는 길에, 8년 전에 떠난 조선에 들러 자신이 졸업한 중학교 교정을 방문하면서 이야기가 시작된다. 수영장에서 자신의 하얀 피부를 의식하며 수영을 하던 산조는, 조선에 살던 17세 때 수학여행으로 다녀왔던 만주의 펑텐과 어제 지나온 펑텐을 오버랩해서 떠올리고, 까만 고양이가 유일한 친구였던 17세 시절을 회상한다. 당시 사춘기였던 산조는 얼굴의 여드름과 왜소한 체구 때문에 콤플렉스에 시달리고 있었다. 게다가 자신을 낳아 준 생모도 알지 못했고, 이복 여동생과도 사이가 좋지 않았으며, 아버지와는 대화조차 하지 않는 외로운 처지였다. 그러던 어느 날 산조는 동급생 친구와 도시를 배회하다가 우연히 조선인 마을에 들어가게 된다. 그곳의 어두운 아카시아 언덕 위에는 사창가가 있다는 것을 알았지만, 돌아가지 않고 계속 배회하다가 결국 거기에 이르렀다. 호객 행위를 하던 조선인 매춘부들은 길까지 나와서 산조와 그의 친구를 잡아당겼고, 당황한 이들은 서둘러 달아났다. 그런데 겨우 빠져나왔다고 안심하는 순간, 다른 마을로 이어지는 골목 어귀에서 한 어린 매춘부와 마주친다. 어린 매춘부는 산조의 옷깃을 잡고 매달리고, 실랑이를 하다가 그만 셔츠의 단추가 떨어지게 된다. 산조가 어린 매춘부를 뿌리치고 가려고 하자, 그녀는 달려와서 산조의 단추를 돌려주며 어린아이처럼 사과를 한다. 어린 매춘부에게 마음이 끌린 산조는, 동급생 친구를 집에 보내고 다시 그녀가 있는 곳으로 돌아간다. 지붕이 낮은 흙집의 작은 조선식 온돌방에 어린 매춘부와 단 둘이 있게 된 산조는 조선어로 묻는다. "얼마요?" 그러자 그녀는 일본어로 대답한다. "얼마든 상관없어요. 싸요." 그녀가 산조를 손님으로 맞으려 하자, 산조는 그녀를 그냥 누워서 자게 한 후 주머니에서 소설 「폴과 비르지니」(Paul et Virginie)를 꺼내서 읽는 시늉을 한다. 곤란해서 머뭇거리는 어린 매춘부에게 미리 돈을 주고 그냥 자라고 명령을 했지만, 산조는 소설에도 집중을 하지 못하고 계속 같은 곳을 되풀이해서 읽는다. 이 장면에서 이야기는 8년 후 수영장에 있는 산조로 다시 이동한다. 그리고 선배들에게 그 '사건'이 알려져 매 맞은 일을 산조가 회상하는 대목에서 이야기가 끝이 난다.

　「호랑이 사냥」은 이중의 서술 구조로 전개된다. 서두에서 서술자는, 조선에서 호랑이가 마을에 내려와 소동을 빚은 실제 사건을 거론하며, 진짜 호랑이 사냥에 대해 이야기하겠다고 한다. 그러면서 우선 조대환이라는 인물에 대해 설명하겠다고 한다. 소설은 여기서 나카야마와 조대환의 이야기로 들어간다. 사투리를 심하게 쓰는 일본인 남학생 나카야마는 아버지의 직장 때문에 조선으로 이사를 와서, 일본인 소학교 5학년에 들어간다. 거기서 표준 일본어를 완벽하게 구사하는 조선인 동급생 조대환과 만나게 되고, 지배자와 피지배자의 관계로 얽힌 두 남학생 사이에는 크고 작은 심리적 갈등이 벌어진다. 지배자인 일본인의 입장이었지만 나카야마는 조대환에게 열등감을 느낀다. 그러던 어느 날 나카야마는 조대환의 아버지를 따라서 호랑이 사냥이라는 모험적인 체험을 하게 된다. 사냥터에서 쓰러져 기절한 조선인 몰이꾼을 포악하게 걷어차는 조대환을 보고서 나카야마는 그에게서 조선인의 잔인한 피를 느낀다. 이후 학교에서 야영훈련을 하는 도중 상급생과 마찰이 생기게 되어 조대환은 심하게 구타를 당한다. 그리고 경성에서 갑자기 사라져 버린다. 이렇듯 「수영장 옆에서」와 「호랑이 사냥」은 일본인 남학생의 시각으로, 조선에서 겪은 체험을 서술하고 있다.

한편 「순사가 있는 풍경」은 조선인 순사 조교영을 중심으로 이야기가 전개된다. 「호랑이 사냥」과 「수영장 옆에서」가 주인공인 일본인 남학생의 시각에 들어온 제한된 도시공간 속의 접촉지대를 그려 냈다면, 「순사가 있는 풍경」은 식민 도시의 풍경을 하나의 정해진 시각에 의존하지 않고 파노라마식으로 보여 준다. 즉 양자는 시야의 범위가 확연하게 다르다. 예를 들어 「순사가 있는 풍경」에는 빈곤에 찌든 조선인들을 비롯하여, 식민지 조선으로 흘러 들어와 생활하고 있는 중국인과 러시아 난민, 소외계층인 매춘부와 노숙자 등 각양각색의 잡다한 부류들이 공존하고 있다. 이야기에 나오는 도시의 모습 또한 길거리 노점상과 뒷골목 사창가, 용산의 학교와 기지, 남산에 위치한 조선신궁(朝鮮神宮) 등 그 시야의 폭이 매우 넓다. 그리고 이 안에는 식민지 지배권력이 엄격하게 감시하고 통제하는 영역과, 그렇지 않은 지극히 개인적인 영역이 뒤섞여 있다.

「순사가 있는 풍경」은 다섯 개의 장으로 나뉘어져 있으며, 서사가 매끄럽지 않고 일관성이 없다. 서술 시점의 이동도 심해서, 주인공 조교영의 시각에서 그의 심리적 반응을 충실히 묘사하다가도, 갑자기 전지적 시점으로 바꾸어서 조교영을 시야 밖으로 밀어내기도 한다. 예를 들어 첫번째 장에서는 조교영이 일본인 중학생, 조선인 부의원 후보, 그리고 예의 바른 일본인 신사 등과 접촉하는 장면을 묘사하고 있다. 그러다가 다음 장에서는 시각을 조교영으로부터 다른 곳으로 돌려, 그로테스크하고 악취가 나는 도시 빈민가를 상세하게 서술한다. 그곳은 송장이 나뒹굴고, 앉은뱅이와 다리 잘린 거지 등이 살고 있고, 조선인, 일본인, 중국인, 그리고 러시아인들이 뒤엉켜 분주하게 움직이는 공간이다. 서사의 시점은, 그곳의 한구석에 있는 사창가에서 아편에 중독된 매춘부의 무리 가운데 새로 들어온 김동련이라는 이름의 매춘부를 주목한다. 첫째 장과 둘째 장은 하나의 의식의 흐름(stream of consciousness)을 기교적으로 매끈하게 서술하는 방식도 아니고, 하나의 사건을 집중하여 풀어 나가는 구조적으로 정리된 진행 방식도 아니다. 각각의 장면은 식민지의 도시공간에서 끓고 있는 암울한 긴장감을 적절하게 그려 내고 있다. 세번째 장은 다시 조교영의 시점으로 돌아간다. 여기서는 그가 총독을 살해하려던 조선인을 목격하고 체포하는 장면을 주요 사건으로 다룬다. 체포된 조선인의 팔을 잡고 있던 조교영은 말로 표현할 수 없을 정도의 압박감을 느끼면서 독백을 한다. "잡힌 사람은 누구인가? 잡은 사람은 누구인가?" 여기서 이 체포 현장 장면을 주시하던 시선은 갑자기 매춘부 김동련이 있는 사창가로 이동한다. 김동련의 방에서 그녀가 어떤 남자와 이야기를

하는 장면이 그려진다. 그 남자와 대화를 하던 도중 김동련은 남편이 일
본에서 지진 때문에 죽은 것이 아니라 살해되었다는 사실을 알게 되고,
분노에 몸을 떤다. 얼마 후 김동련은 매서운 추위 속에 잠옷 바람으로 뛰
쳐나와 거리를 달리며 미친 듯이 외친다. "당신들은 다 알고 있었지!" 그
리고 곧 순사에게 붙잡혀서 감금된다. 마지막 장은 다시 조교영의 이야
기로 바뀐다. 전날 밤 조교영은 서장과 의견이 맞지 않아서 언쟁을 하다
가 순사직을 잃었다. 집에도 들어가지 않고 사창가에서 밤을 보낸 조교
영은, 어둠이 가라앉은 경성의 거리를 배회한다.

　이야기는 이렇게 일관성 없는 서술 방식으로 진행된다. 작품 속에서
식민지 도시 경성의 모습은 세세한 묘사를 통해 펼쳐진다. 첫 장면에는
얼어 죽은 고양이의 시체가 길바닥에 방치된 모습과 군밤장수의 빨간
광고문이 바람에 찢겨 휘날리는 모습이 그려진다. 그리고 서술 시선은
포장마차에서 검붉은 젖가슴을 드러내다시피 하고 우동 국물을 후루룩
거리며 먹고 있는 여인을 주목한다. 이어서 신문팔이의 종소리, 자동차
의 경적과 덜커덩거리는 소리 등이 합쳐져서 도시를 청각적으로 느끼게
해주고, 길가에 내놓은 거름 수레, 쓰레기 수레 등을 통해 식민지 도시 경
성의 악취를 사실적으로 느끼게 해준다. 작품 전반에 걸쳐서 아편, 마늘,
싸구려 조선 고추, 담배, 빈대, 이, 돼지내장, 고양이 가죽 냄새 같이 섬뜩
하고 불쾌하면서도 생생한 이미지들을 풍부하게 늘어놓음으로써, 시각
과 청각과 후각을 동시에 자극하여 식민지 도시 경성에 대한 감각적 체
험을 하도록 구성한 것이다.

　「호랑이 사냥」과 「수영장 옆에서」가 주인공의 내면세계와 심리에
대한 묘사에 중점을 두었다면, 「순사가 있는 풍경」은 식민지 도시의 거
리와 뒷골목, 사창가 등으로 시선을 확대하여 묘사를 전개했다. 그 시선

에 포착된 식민지 도시 경성의 모습은 번잡하고 무질서하며 각양각색의 사람들이 뒤범벅된 것이었다. 나카지마 아쓰시의 작품에 묘사된 경성의 모습은, 그와 동시대에 활동한 작가 요코미쓰 리이치(横光利一, 1898~1947)가 1928년에서 1931년까지 문예지 『가이조』(改造)에 연재한 작품 「상하이」에 묘사된 도시 상하이를 연상시킨다. 나카지마 아쓰시의 경성과 요코미쓰 리이치의 상하이가 공유하는 두드러진 이미지는 오물, 송장, 질병, 타락, 상실, 노숙자 등이다. 이러한 도시공간에는 온갖 잡다한 악취가 만연해 있다.[8] 나카지마 아쓰시의 경성은, 매섭게 추운 겨울날 성문 밖에 송장이 버려져 나뒹구는 참혹한 곳으로 그려진다. 한편 요코미쓰 리이치의 상하이는, 시체를 의사에게 팔아먹는 비즈니스를 하는 야마구치라는 인물을 등장시킴으로써, 모든 도덕적 기준이 상실되어 버린 상황에서 송장까지 상품화되는 공간으로 묘사된다. 나카지마 아쓰시의 경성에 나오는 조선인들이 빈곤, 마약, 매춘이 만연한 일상 속에서 방황하는 모습을 보여 준다면, 요코미쓰 리이치의 상하이에는 거지, 노동자, 창녀 그리고 한탕을 노리는 기회주의자들이 난무한다. 두 작품에서 공통으로 나타나는 것은 도시공간을 무겁게 짓누르고 있는 염세적 분위기와 그 속에 존재하는 인간들의 허무하고 기계적인 삶이다.

여기서 확인할 수 있는 것은, 나카지마 아쓰시의 '조선 배경 소설'에서 다루어진 식민지 도시 경성은 모든 이들의 삶의 터전이 아니었고, 프랫이 주장한 '공존'이 이루어진 공간, 즉 일본인과 조선인이 동등하게 공존할 수 있는 공간이 절대로 아니었다는 것이다. 예를 들어 「호랑이 사

---

8) 요코미쓰의 소설 「상하이」를 모더니즘 작가라는 틀 안에서 해석한 연구는 다음과 같다. Seiji M. Lippit, *Topographies of Japanese Modernism*, New York : Columbia University Press, 2002.

냥」에서, 일본의 한 지방에서 전학해 온 주인공 나카야마에게 식민지 도
시 경성은 처음에는 콤플렉스를 느끼게 하고 외톨이로 만드는 낯선 환
경이지만, 이후 점차 적응하고 성장하여 어른이 되게 하는 공간으로 변
모한다. 그런데 이렇게 관대한 공간이 나카야마의 조선인 동급생 조대환
에게는 완전히 다른 모습으로 작용한다. 식민지 피지배자이지만 일본어
를 완벽하게 구사하는 문화적 능력을 보여 준 조대환에게 경성은 관대
하게 성장을 허용하는 공간이 절대로 될 수 없었다. 결국 조대환은 경성
에서 자취 없이 사라져 버린다. 일본어를 완벽하게 구사하고, 조선인이
지만 일본인 학교에 다니는 특권을 누리던 조대환을 식민지 도시 경성
은 용납하지 않았던 것이다. 이야기는 훗날 나카야마와 조대환이 도쿄의
어느 거리에서 우연히 잠깐 마주치는 장면으로 끝이 난다. 도쿄에 나타
난 조대환은 "촌놈의 얼굴과 소매치기의 얼굴을 섞어 놓은 듯한" 모습으
로 묘사되고 있다. 또 다른 예로, 「수영장 옆에서」의 주인공 산조는 콤플
렉스와 불만으로 가득한 사춘기를 보내던 중, 우연히 만난 어린 조선인
매춘부와 하룻밤을 보내면서 자신의 지배적 위치를 확인한다. 자신에게
'손님'에 대한 봉사를 하려는 어린 매춘부에게 그냥 자라고 명령을 하고
그 옆에서 위선적으로 무심한 듯 소설을 읽는 시늉을 하면서, 주인공 산
조는 자신감을 만끽한다. 즉 「호랑이 사냥」과 「수영장 옆에서」는, 일본인
주인공들이 결함이나 열등감을 느끼다가 조선인과 관계를 맺음으로써
정신적 보상을 얻고 자신감을 갖는 모습을 잘 보여 준다. 「호랑이 사냥」
과 「수영장 옆에서」에 나타나는 식민지 도시 경성은, 주인공인 일본인
남학생들이 성장의 아픔을 겪으면서 심리적인 문제를 극복하고 더 큰
성장을 준비하게 해주는 기반이 된다. 반면 「순사가 있는 풍경」에서, 조
선인의 시각으로 경험한 같은 도시 경성은 암울한 현재와 기약 없는 미

래, 그리고 그 속에서 좌절하는 조선인의 복잡한 심리가 중첩된 공간이다. 이로써 같은 도시공간일지라도 피지배자의 시선으로 관찰했을 때 식민지 현실의 갈등 구조는 시각적으로 더 명확하게 확인된다는 것을 알 수 있다.

「순사가 있는 풍경」에서 주인공의 시선이 조선인에게로 이동했을 때 부각되는 식민지 도시 경성의 악취와 벨소리, 그리고 그로테스크하고 처절한 모습들은 일종의 감각적인 체험을 제공한다. 또한 조선인이라는 의식이 식민통치체제에서 어떻게 피지배자들에게 각인되고, 어떤 방식으로 수치심이나 열등감을 유발하는지를 보여 준다. 줄거리의 중심이 되는 주요 사건들은 현상의 이면에 억눌린 갈등과 긴장이 폭발하는 순간을 포착하고 있다. 이런 장면들을 통해 드러나는 것은 식민지 피지배자에 대한 식민지 지배자의 깊은 경멸이다. 이러한 식민지 피지배자에 대한 경멸은 때로는 무지에 따른 행위로 보이기도 하지만, 대부분의 경우는 노골적으로 의도된 행동이다. 전차 안에서 벌어지는 상황을 묘사한 장면을 예로 들어보자. 일본인 여성이 조선인 학생에게 빈자리를 권하며 '여보상'이라고 부르자, 조선인 학생이 왜 그렇게 부르냐며 화를 낸다. 이에 일본인 여성은 뭐가 문제냐는 식으로 오히려 불쾌해한다. 이 일본인 여성은 왜 '여보'라는 말을 모욕적으로 느끼는지 이해하지 못하겠다는 반응을 보인다. 비록 짧은 대화지만 이 장면을 통해서 드러나는 것은, 식민지 지배자와 피지배자의 위계적 관계가 의식에 얼마나 자연스럽게 정착되어 있는가이다. 일본인 여성은 호칭이 차별적이라는 것을 인식조차 못하는 것이다. 차별 의식이 무의식에까지 깊게 뿌리내린 인물을 이 일본인 여성이 대변한다면, 그와 대조적인 인물은 조선인 순사 조교영을 노골적으로 얕보는 일본인 중학생이다. 전차 안에서 운전수 옆에 서서 바람을 쐬는 일본인 중학생에게 운전수가 안쪽으로 들어가라고 요구하자, 그 중학생은 조교영을 가리키며 그가 안으로 들어가면 자신도 들어가겠다고 한다. 조교영이 순사라는 것을 알면서도 노골적으로 순사의 권위를 무시한 것이다. 그것은 순사와 중학생의 관계보다 우위에 있는 지배자와 피지배자의 관계가 드러나는 순간이다. 즉 '조선인 순사'의 권위가 일개 일본인 중학생의 발언으로도 허물어질 수 있는 취약한 것임을 적나라하게 보여 주는 광경이다. 이어서 또 하나의 사건이 좀더 공식적인 자리에서 일어난다. 어느 유치원에서 부회위원 선거에 출마한 후보들의 유세가 진행되는 중에, 조선인으로서 유일하게 입후보한 인물의 차례가 되자, 청중 가운데 한 청년이 "닥쳐, 여보인 주제에"라고 외쳤다. 비록 순사들이 이 청년을 끌어내기는 했지만, 후보자가 식민지 피지배자인 조선인 출신이라는 사실이 밝혀진 것이다. 그리고 이로 인해, 식민지 지배자들이 그동안 조선인도 일본인이라고 동화 정책을 펼쳤지만, 내심으로는 그것을 인정하지 않았다는 사실까지 백일하에 드러나 버렸다. 결국 스스로 일본인이라고 주장하면서 선거에 참여한 조선인 후보에게는 공개적으로 '여보'라는 꼬리표가 붙었고, 지배자와 피지배자 사이의 갈등은 봉합될 수 없다는 사실이 세상에 공표된 셈이었다. 이 사건은 식민지에서 피지배자인 조선인으로 사는 한 언제든지 수치를 당할 수 있다는 것, 그리고 조선인이면서 일본인인 척하고 사는 것은 일본인의 자비에 의해 묵인될 때만 가능하다는 것을 보여 주는 전형적인 사례이다. 피지배자인 조선인의 정체성은 지배자인 일본인이 그를 무엇으로 부르는가에 따라 결정된다. 즉 일본인과 접촉해서 차별적인 호칭으로 불렸을 때, 조선인은 비로소 이등시민으로 살 수밖에 없는 자신의 현실과 직면하게 된다. 이때 조선인의 정체성을 규정하는 기준은 피부색도 아니고, 일본어도 아니다. 그것은 조선인을 일본인과 구별하고, 조선인이라고 호명할 수 있는 식민지 지배권력에 의해 결정된다. 여러 식민주의 이론가들이 언급했듯이, 일본제국의 지배담론 속에서 조선인의 정체성은, 조선에 대한 식민지배의 정당화와 일본인의 우월성을 전제로 만들어졌다.

　　이러한 식민지 사회의 구조적 모순은 비겁함과 위선이 난무하는 식민지 도시 경성의 독특한 모습으로 표현된다. 가면무도회와 같이 위장으로 가득한 식민지 현실에는 일본인뿐 아니라 조선인들도 가담한다. 나카지마 아쓰시의 「순사가 있는 풍경」은, 때로는 비겁하고 위선에 가득한 모습으로 가면무도회같은 현실과 그것을 지탱하는 거짓에 가담하는 조선인들을 잘 그려 내고 있다. 식민지 지배권력과 가장 적극적으로 타협하고 위선적으로 사는 인물이 조선인 순사 조교영이다. 식민지 지배권력에 협조하는 조교영의 행위는 결코 단순하거나 순진하지 않다. 그는 자신이 순사라는 직업을 받아들이는 순간 이행해야 할 역할이 무엇인지를 잘 알고 있고, 그래서 때로는 괴로워하고 고민한다. 그러나 순사라는 직업이 가족을 먹여 살릴 수 있는 유일한 수단이기 때문에, 조선인 순사로서 현장에서 좌절이나 갈등을 느낄 때마다 아내와 아이들의 얼굴을 떠올리며 자책감을 외면한다. 조교영은 현실을 직시하기를 두려워하고, 자신의 거짓을 인정하기를 거부한다. 삶의 기반을 유지하는 것이 더 중요한 일이기 때문에, 전략적으로 현실을 직시하지 않는 것이다. 그는 일본인들이 조선인 순사인 자신을 어떻게 보는지를 잘 알고 있다. 또한 여러 사건들을 통해서, 자신이 제국의 위계질서 내에서 어떤 위치에 속해 있는지도 분명히 인식하고 있다. 작품 속에서 순사 조교영이 가장 뿌듯해하는 순간은, 잘 차려 입은 일본인 신사가 예우를 갖춰서 그를 제국의 순사로 정중하게 대해 주었을 때이다. 바꾸어 말하면, 순사로서의 그의 권위가 한 일본인 신사에 의해 규정되고, 조선인 조교영의 가치도 그에 따라 정해진 셈이다.

순사 조교영보다 더 깊숙이 위선에 사로잡힌 인물이 유치원의 유세장에서 연설하는 조선인 후보이다. 그는 자신을 '여보'라고 부른 일본인 청년에게 유감을 표하면서, 자신도 일본인이라고 주장한다. 내선일체의 동화 정책으로 완벽하게 무장한 그는 자신을 향한 모욕조차도 무시할 수 있다. 심지어 일본인 청년을 꾸짖기까지 한다. 일본인 청년이 '여보'라고 부른 것은 제국의 신민인 척하는 피지배자 조선인의 위선적 가면을 벗기기 위해서였다. 그런데 일본제국의 동화 정책을 완벽하게 내면화한 피지배자는 오히려 동화 정책을 집행하는 과정에서 생겨난 불만과 갈등을 제대로 봉합하지 못한 식민지 지배권력과 지배자의 위치에 있는 일본인을 비판했다. 이 조선인 후보가 진심으로 동화 정책을 믿었는지는 판단하기 어렵지만, 이 장면에서 볼 수 있는 것은 일본제국의 동화 정책을 자신의 정치적 야망을 실현하기 위한 도구로 교활하게 이용하면서 심지어 차별과도 담합하는 조선인의 모습이다. 이 상황에서 흥미로운 점은, 모욕을 한 일본인 청년이 끌려 나가고 청중이 소란스러워진 가운데, 이 조선인 후보가 자신도 영광스러운 일본인이라고 선언함으로써 청중을 침묵하게 만들었다는 것이다. 청중들 가운데도, 끌려 나간 일본인 청년과 같이 조선인에 대해 차별의식을 품고 있는 일본인이 있었겠지만, 그들은 별 수 없이 이 조선인 후보에게 박수를 친다. 만약 이 조선인 후보가 한 말을 부정하면, 그것은 곧 일본제국의 정책을 공개적으로 반대하는 것이 되고, 더 나아가 자신들이 식민지 조선에서 누려온 제국의 혜택을 거부하는 것이 되기 때문이다.

나카지마 아쓰시의 「순사가 있는 풍경」에 그려진 식민지 도시 경성은 다른 두 작품 「호랑이 사냥」과 「수영장 옆에서」에 그려진 경성과는 대조적인 공간이다. 「호랑이 사냥」의 경성은 주인공 나카야마에게 흥미로운 모험을 기대하게 만들고 무한한 가능성을 제공하는 도시이다. 「수영장 옆에서」의 경성도 주인공 산조에게는 암울했던 사춘기를 보낸 추억의 도시이며, 향수의 대상이 될 수밖에 없는 도시이다. 경성이라는 공간은 일본인과 조선인 모두에게 방랑과 배회라는 이미지로 각인된 도시이다. 그런데 일본인 나카야마나 산조가 체험하는 것은 시각적 방랑이나 심리적 배회이고, 이는 호기심이나 반항을 계기로 이른바 자기발견을 하기 위한 일시적인 탐색일 뿐이다. 반면 조선인들에게 경성이라는 '식민지 접촉지대'는 비인간적이고 목적 없는 방황을 하게 하는 공간이고, 여기서 방황하는 조선인들은 결국 다시 돌아오지 못하고 소설의 시선 밖으로 사라지고 만다.

결국 「순사가 있는 풍경」에서 그려진 도시 경성은 짓밟힌 암흑의 세계이다. 이 작품은 경성을 묘사하면서 첫 구절부터 빈곤에 찌든 조선인들의 현실을 보여 주고, 그 현실이 얼마나 더 냉혹하고 무자비하게 변해갈지를 적나라하게 서술한다. 앞의 두 작품이 식민지 조선에서 일본인 남학생이 체험한 유년기를 '접촉지대에 대한 체험을 통한 성장'이라는 형태로 그린 반면, 「순사가 있는 풍경」은 조선인들이 갈 곳을 잃고 방랑자로 전락하는 현실을 식민지 도시의 음울하고 비합리적인 이미지를 통해 생생하게 보여 준다. 식민지 도시 경성은 조선인들에게 위선의 가면을 쓰고 살아가기를 끝없이 강요하고, 그러지 못한 이들은 가혹하게 시야 밖으로 내몰아 버린다. 「호랑이 사냥」에 나온 조선인 조대환이 경성에서 사라진 이유도 그 때문이다. 「순사가 있는 풍경」은 막다른 골목과도 같은 장면을 통해, 한없이 추락하는 운명을 그리며 이야기를 끝맺는다. 매춘부 김동련은 미쳐 버리고, 순사 조교영은 직장을 잃은 채 어둠이 내린 경성의 골목을 배회한다. 두 사람 모두 방랑의 무리에 합류한 것이다. 그런데 역설적으로 이러한 몰락이 조교영을 위선과 거짓으로부터 자유롭게 한다. 그는 비로소 조선인으로 돌아갈 수 있었다. 마지막 장면에서 조교영은 식산은행 기둥에 기대어 자고 있는 짐꾼들을 붙잡고 "너희는, 너희는, 이 반도는, 이 민족은……"이라고 울부짖는다. 조교영이 그동안 회피해 왔던 식민지 현실을 직면하고, 조선인의 처절한 처지를 통감하는 순간이다. 그리고 식민지 도시 경성에 내일을 기약할 수 없는 밤이 깊어 간다. 이야기의 결말이 암시하듯이, 조선인 조교영은 제국의 체제에 동화하려고 했지만 실패하고 어둠과 함께 시야 밖으로 사라져 버린다. 그가 다시 식민체제와 결탁하는 것은 불가능해 보인다. 작품은 그의 분노가 단순히 실직한 한 순사의 분노가 아니라, 제국에 대한 조선인의 분노임을 암시하고 있다.

나카지마 아쓰시의 작품에서 공통적으로 드러나는 흥미로운 점은, 식민지 도시 경성의 소외되고 저주받은 존재들이 시각적으로 두드러지게 묘사되는 반면, 제국의 신민으로 동화될 가능성이 있는 조선인들─완벽한 일본어를 구사하는 조대환과 순사 조교영─은 시야 밖으로 사라져 버린다는 것이다. 이렇게 제국의 시각적인 통제 영역을 벗어나서 포착이 불가능하게 된 조선인들은 곧 식민지 지배권력이 견제해야 하는 대상이며 불안 요소가 된다. 여기서 '가시적인 질서'에서 사라진다는 것은, 소비할 수 있는 자와 소비할 수 없는 자의 구분이 된다. 인물들과 도시공간을 매개하는 중요한 요소는 '소비'라는 행위이고, 가시적인 질서에서 이탈하는 순간 모든 소비의 행위도 함께 사라져, 소비할 수 없는 자로 구분되는 것이다. 구체적으로 보면, 「순사가 있는 풍경」에 나오는 버스라는 교통수단과, 「호랑이 사냥」에서 나카야마와 조대환이 함께 금붕어를 보러 갔던 백화점과 같은 소비공간이 대표적인 예이다. 훗날 도쿄에 나타난 조대환이 꾀죄죄한 모습으로 무언가를 훔치려 하는 소매치기처럼 묘사된 것은, 그의 잠적이 초래한 결과가 어떤 것인지를 간접적으로 표현해 준다.

맺음말

나카지마 아쓰시의 '조선 배경 소설'은 경성이라는 도시공간을 무대로 하여, 식민지 지배자와 피지배자가 어떻게 '접촉지대'에서 서로 부딪히고 식민 관계라는 힘의 구조 안에서 길항하는지 그 역학 관계를 잘 묘사하고 있다. 앞에서 살펴본 단편들은 서구의 포스트 콜로니얼 담론에서 논의되어 온 '접촉지대'라는 큰 틀로 담아낼 수 있는 상황들을 그려내고 있지만, 거기서 그려진 식민지 도시는 결국 지배자와 피지배자들이 공유할 수 없는 공간이다. 즉 한편으로는 식민지 도시 경성 내에 있는 저주받은 조선인들의 모습과 그로테스크한 장면 등을 적나라하게 시각적으로 묘사하면서도, 다른 한편으로는 식민체제에 편승 가능한 조선인들을 가시적인 질서에서 사라지게 한다는 것이다. 결국 식민지 도시 경성은, 조선인들에는 심리적으로나 물리적으로 끝없는 방황과 배회를 하게 만드는 공간이고, 일본인들에게는 일시적인 방황이나 배회 등을 거쳐서 성장할 수 있도록 허락하는 공간인 셈이다. 이는 그곳이 곧 공존이 성립할 수 없는 공간, 공유할 수 없는 도시임을 의미한다.

찾아보기

필자소개(논문 수록 순)

유선영 _ 성공회대학교 동아시아연구소 HK교수
조정우 _ 한림대학교 일본학연구소 연구교수
차승기 _ 조선대학교 국어국문학과 조교수
마이클 김(Michael Kim) _ 연세대학교 국제학대학원 부교수
이헬렌(Helen Lee) _ 연세대학교 언더우드 국제대학 부교수

수록논문 초출 서지사항

서론 _ 20세기 전반기, 초국적 이동의 예외로서 식민지민의 이동 : 트랜스내셔널 디아스포라
　　　와는 다른 식민지민의 예외성 _ 유선영
→ 초출.

1장 _ '동아' 트라우마, 제국의 지정학적 공간과 '이등신민'의 정치학 _ 유선영
→ 「'동아' 트라우마, 제국의 지정학적 공간과 '이등신민'의 정치학」, 『사회와 역사』, 94
　　호, 2012년 6월.

2장 _ '척식'이라는 비즈니스 : 식민지 국가기업으로서의 척식회사 _ 조정우
→ 〈서울대학교-도쿄대학 사회학과 합동포럼〉(2010년 10월)과 〈한림대학교 일본학연
　　구소 워크숍〉(2010년 11월) 발표문을 수정·보완.

3장 _ 내지의 외지, 식민본국의 피식민지인, 또는 구멍의 (비)존재론 _ 차승기
→ 「내지의 외지, 식민본국의 피식민지인, 또는 구멍의 (비)존재론」, 『현대문학의 연구』
　　46집, 2012년 2월.

4장 _ 지방주의의 역사-지정학 : 식민지 시기 내지 이주 조선인들의 지방주의적 갈등 _ 차승기
→ 「지방주의의 역사-지정학 : 식민지 시기 내지 이주 조선인들의 지방주의적 갈등」, 『디
　　아스포라연구』 6권 2호, 2012년 12월.

5장 _ 제국의 경계를 재구성하는 관점에서 바라본 식민지 조선의 중국인 이주 노동자 문제
　　　_ 마이클 김
→ 초출.

6장 _ 나카지마 아쓰시의 조선소설 : 식민지 도시공간 '경성'을 중심으로 _ 이헬렌
→ 「나카지마 아츠시의 조선소설 : 식민지 도시공간 '경성'을 중심으로」, 『한국학연구』 28
　　집, 2012년 10월.